每天一堂北大管理课

已得信息

每天一堂北大管理课

张卉妍◎编著

四川人民出版社

图书在版编目（CIP）数据

每天一堂北大管理课 / 张卉妍编著 . -- 成都 : 四川人民出版社 , 2019.5

ISBN 978-7-220-11061-0

Ⅰ . ①每… Ⅱ . ①张… Ⅲ . ①企业管理 Ⅳ . ① F272

中国版本图书馆 CIP 数据核字 (2018) 第 239016 号

MEITIAN YITANG BEIDA GUANLIKE

每天一堂北大管理课

张卉妍　编著

出 版 人	黄立新
策划组稿	张明辉
编辑统筹	罗晓春
责任编辑	薛玉茹　戴黎莎
营销策划	张明辉
插画绘制	金版文化
封面设计	黄健民
责任校对	舒晓利
责任印刷	许　茜
出版发行	四川人民出版社（成都槐树街2号）
网　　址	http：//www.scpph.com
E-mail	sarmcbs@sina.com
新浪微博	@四川人民出版社
微信公众号	四川人民出版社
发行部业务电话	（028）86259624　86259453
防盗版举报电话	（028）86259624
印　　刷	深圳市雅佳图印刷有限公司
成品尺寸	135mm × 180mm
印　　张	14
字　　数	300千
版　　次	2019年5月第1版
印　　次	2019年5月第1次印刷
书　　号	ISBN 978-7-220-11061-0
定　　价	42.80元

前言

Preface

沙滩红楼，未名燕园，北京大学是享誉世界的百年名校，是莘莘学子孜孜以求的学术殿堂。作为中国历史最悠久、地位最崇高、影响力最大的高等学府之一，北京大学历经了百余年的文化积累与沉淀，形成了独特的文化体系与教学理念，培养了一代又一代的社会精英，也取得了无数优秀的科研成果。北京大学的发展，不仅代表了一个学校的成长历程和中国高等教育的成败荣辱，也见证了中国的百年蜕变和世事沧桑。

1985 年，北京大学顺应时代需求，建立了经济管理系；1994 年，经济管理系正式更名为北京大学光华管理学院。作为专门从事管理研究和教育的机构，光华管理学院秉承了北大悠久的人文传统、深邃的学术思想和深厚的文化底蕴，处于中国经济发展与企业管理研究的前沿，以向社会各界提供真正具有国际水准的管理教育为己任，致力于帮助国有企业实现管理的国际化、民营企业管理的现代化、跨国公司管理的本地化。如今，光华管理学院仍然在源源不断地向社会输出管理型人才，而北大管理课教授们的管理学经验，也随着信息化的发展和北大管理公开课的持续推广散发出越来越持久、越来越璀璨的光芒，在给我们带来巨大的学习和借鉴价值的同时，也带来了难得的机遇。2014 年度《金融时报》公布的全球百强MBA排名中，光华MBA项目位居第57位，连续三年在该榜单中引领大陆高校。光华金融硕士项目在《金融时报》2012年度全球金融硕士项目排名中位列第8位，也是排名榜前35位中唯一入选的亚洲院校。

北大是中国人的骄傲，而北大光华管理学院是培养职业管理人的摇篮。然而，能真正走进北大的毕竟是少数，大多数人还是难以如愿以偿。为了帮助莘莘学子及广大渴望有所成就、有所作为的读者不进北大也能聆听到有关管理方面的精彩课程，学到百年北大的管理智慧，我们编写了这部《每天一堂北大管理课》。

管理是一门学问，也是一门艺术。有人说，管理很复杂，确实如此，管理涉及企业的方方面面，有人员管理、团队管理、时间管理、决策管理、风险管理……也有人说管理很简单，其实，如果把所有的想法整合在一起实行，确实很简单。这两种说法都正确，但关键是要能实施成功而有效的管理，把工作程序合理化、科学化，减少不必要的阻碍，使企业的利益最大化。可以说，每一个管理者都在不遗余力地探求最有效的成功管理模式，但是如何掌握其中的奥妙却是众说纷纭，成功管理的哲学与艺术也是仁者见仁，智者见智。当今世界，商业竞争日益复杂，充满诸多挑战，因而比任何时候都需要更多、更优秀的管理者。而在我国，随着市场经济的高速发展，各种各样的企业如雨后春笋般迅速建立起来，各种管理思想、管理书籍也很受欢迎，这表明，我们的企业迫切需要优秀的管理者。管理直接影响着一个企业的兴衰成败。每一位高明的管理大师就像一位技艺精湛的厨师，能够根据实际情况来掌握好管理的火候,并不断地学习和尝试更先进的“烹饪方法”。日本企业的崛起归功于其对西方管理思想的吸收，印度软件业的成功则基本上是依靠现代的组织制度。那么，中国企业的发展靠什么？一位研究员曾经说过：“中国企业最缺的是企业管理。”

现代管理学之父彼得·德鲁克说过：“在人类历史上，还很少有什么事比管理学的出现和发展更为迅猛，对人类具有更为重大和更为激烈的影响。”大到国家、企业，小到个人工作、生活中遇到的各种问题，管理都发挥着无可替代的作用。20世纪末的20年，管理学发展迅猛。随着世界经济的发展，由制造业一统天下的格局已成为历史，金融、贸易、IT产业、跨国集团大举发展，世界经济呈现繁荣多变的景象。游戏规则开始国际化、法制化，企业外部环境和对外关系上升为关乎企业生存的首要问题，公司治理结构取代了企业内部管理，连人力资源管理、市场营销这样的传统管理理论都无法沿袭旧路。

在一个企业中，管理层相当于“神经系统”，担负着整个企业的日常工作运转。企业只有在优秀管理者的领导下，才能健康有序地运作，并在这种状态下发展壮大。因此，越来越多的人认识到先进的管理模式对于企业发展的重要性。然而，管理者一般上有顶头上司，下有基层员工，怎样才能在遵照上司指令的基础上带领下属做好工作，实现卓有成效的管理呢？我们以北大管理课的学术观点为发射源，从企业最根本的生存和发展等问题出发，归纳其生存根基，总结其发展优势，倡导务实的管理艺术，升华可持续性的管理理念。本书从管理者内在素质的培养到外在形象的树立，从管理者识人、用人、授权到激励员工、协调团队，从管理决策、战略到应对危机、创新发展，详尽细致地讲述了一位管理者如何完成从平凡到优秀、从优秀到卓越的蜕变。书中还总结提炼了许多北大著名教授的管理箴言，为广大读者提供了管理企业的方法与思路。同时，本书让你感悟百年北大管理智慧，借鉴大师们的管理经验，为自己的事业创造非凡的成功。北大的管理智慧，将会成为我们走向人生巅峰的一个重要法宝。每一堂北大管理课，都能促进我们事业的发展；每一种北大精神，都将帮我们照亮人生与事业的前进道路。

目录

CONTENTS

RART
09

人性管理课：管理是以他人为中心的包容，不是以个体为中心的自私

RART
10

激励管理课：滋润员工心灵，“在让利中学会分享”

RART
11

沟通管理课：少说多听常点头，“下属的干劲是谈出来的”

RART 12

执行力管理课：大多数时候，人们不知道干什么

RART 13

高效能管理课：错误的工作方式，只会增强劳动强度

RART 14

潜能管理课：激发个人潜力，将“小草”变成“大树”

企业成本
时间成本
材料成本
财务成本
人力成本

RART 21

管理艺术课：难得糊涂，“在恰当的时候做最恰当的事”

RART 22

自我管理课：我不进步，企业就不会进步

PART 01

目标管理课：认定方向就不会改变，用目标凝聚力量

名企为什么这样红——始于伟大的目标

人是不能一天没有目标、没有梦想的，没有目标人生就会迷茫、失落，心理就会脆弱。一辈子的目标要定得高远，但每个阶段的目标就要现实一点儿，要永远比周围人做得好一点儿。

——俞敏洪（新东方教育集团董事长）

无论是俞敏洪、李彦宏还是黄怒波等，他们都具备北大毕业生们的一些共同特点：伟大的目标是他们奋进的不竭动力。

一个企业能走多远，能取得怎样的业绩和成就，完全取决于管理者的眼界有多远。在这个世界上有这样一个现象，那就是“没有目标的人在为有目标的人达成目标”。因为没有目标的人就好像没有罗盘的船只，不知道前进的方向；有明确、具体的目标的人，才能在目标的指引下到达人生的彼岸。

没有伟大的目标是无法引领公司走向伟大征程的。北京大

学林毅夫教授曾这样评价王永庆先生："王永庆董事长'一勤天下无难事'，事事要求'止于至善'等朴素又务实的经营智慧，历久弥新。他远大的眼光与独到的见解，以及创业70多年的宝贵经验，给了海峡两岸青年创业者明确的方向与启发。经历了时代变迁，更能显出钻石般的光芒！"王永庆的创业之路具有很多可借鉴之处，他在向自己的目标奋进的过程中，常常提醒自己目标所在。

1932年，15岁的王永庆离开家乡，独自去嘉义，开始他人生的新旅程。那时嘉义是台湾的商业重镇，更是米谷的集散地。王永庆在亲戚的介绍下，很快就在一家米店找到一份勉强可以填饱肚子的工作。王永庆对这份每个月仅赚40元的工作倍加珍惜，每天早出晚归，尽心尽力工作，深受老板的喜爱。

不过，颇有生意头脑的王永庆没有安于现状。他一边暗中观察老板经营米店的诀窍，一边省吃俭用筹措资金。一年之后，王永庆用借来的200元当本钱，在嘉义开了一家小米店，成了小老板，这是他人生最重要的转折点。

王永庆就这样一步步实现自己的人生目标，几年之后又开始经营木材，变成当地小有名气的木材商人。20世纪50年代初，台湾"工业局"推出了很多发展工业的投资项目，王永庆大胆地接了一个当时无人看好的项目——生产聚氯乙烯，成立台湾塑料工业股份有限公司，被誉为"台湾的经营之神"。

王永庆从小学徒到商界巨子，成就了华人世界的经典传奇。王永庆及台塑的成功，与他

树立的远大目标不能说不无关系。

为自己和企业设定伟大的目标，这些目标也许看起来不切实际或不可能，但他们始终凝视着目标，发掘个人的潜力，朝着这个目标奋进。拿破仑说：“‘不可能’这个词，只在愚人的字典里找得到。”不要在未开始之前就给自己设定了障碍，不可能缘自我们自身思维所受到的限制，正因为如此，它才局限了我们对周围事物的认知，缩小了我们生活的半径，进而限定了我们的目标。

管理者个人的成功往往意味着一个企业的成功。因此，就是要先设立一个伟大的目标。如果你的目标是小山包，你就永远也没有攀登喜马拉雅山的勇气！只有目光远大的管理者才能够从全局出发，制定出伟大的目标，从而引领企业向更高远的方向发展。

一家家具厂的老板向员工谈起他的创业史。

刚开始创业的时候，他和普通的搬运工一样，每天扛着一块块木板到处跑。当他行走在城市的大街小巷，看到路上川流不息、熙熙攘攘的车流时，他对自己说："这里将来一定会有一辆车是属于我的。"当他看到道路旁边的摩天大楼，他对自己说："这些房子里将来一定会有一栋是属于我的。"

曾经也有人问："你凭什么这么想，你拿什么证明？"他不予理睬，因为他有自己的目标和计划：他要拥有一家自己的家具厂。眼前他要做的是把木板扛回去，然后加工成沙发卖给顾客。

后来，他的生意越做越大，有了很大的工厂和数百名员工，有了车子和房子，在业内也有了一定的地位。

他说："人一定要有目标，并且相信自己的能力，通过坚持不懈的努力，一个个地实现它们，这就是成功。"

IBM的管理大师小托马斯·沃森说过，影响一个企业进步或退步的真正原因，不是技术，也不是跟不上消费者的偏好，也不是时尚的变化，它们可能是一部分原因，但不是决定性的因素。世界上任何一家经营多年的大企业，它们成功的真正秘诀也都不在于组织形式或者管理技巧多么成熟或者无人可及，而要归功于信念的力量以及信念对员工产生的巨大凝聚力。

没有伟大的目标，就没有前进的方向。没有起始点，就无从规划自己的航程。有了地图和指南针，你仍然会无可奈何地迷失方向，只有当你明确知道自己现在所处的位置时，地图和指南针才能发挥作用。心中有伟大目标的人，眼神坚定地朝着一个方向勇往直前，他们无论遇到多少艰难险阻，都能到达最终的目的地。

成功学专家拿破仑·希尔认为：“不甘平庸的人，必须要有一个明确的目标，才能调动起自己的智慧和潜力。”一个目标能让人的心中燃起持久的热望，让深藏于心底的潜意识的力量爆发出来。它能长时间地调动你的创造热情，唤起你成功的信念。优秀的企业都有明确而伟大的目标作指引，领导者制定的目标能激发员工的潜力，凝聚企业的力量，为共同实现目标而努力。

一个优秀目标的树立会使人的天赋得到充分发挥，使心中的所有激情与梦想喷薄而出，推动着自己马不停蹄地向成功迈进。而缺少目标的人大多数都只能漫无目的地四处游荡，浪费了上天赋予的才华，最终一事无成。

时常将“这个目标根本不可能”“想都别想”这些话挂在嘴边的人，一遇到棘手的事情就把它们当成最好的遁词，实际上是画地为牢，自己将机会的大门关闭。稻盛和夫在总结自己迈向成功的经验时，言简意赅地说，只要满怀希望，持续不断地努力，人生之路一定光明。当你烦闷时，当你对前途感觉困惑时，你只需要牢记自己的目标，并竭尽全力把你眼前的工作做好，坚持不懈地努力。这样做了，你前进的道路一定会充满光明。

你不妨问自己以下问题并写下来，与你的目标进行对比，以此来寻找差距：

我究竟有什么样的才干和天赋？

我的主要优势是什么？

我最明显的劣势是什么？

我曾有过的成功记录有哪些？

我所处的时代和环境对我有什么机遇？

我的知识和技能，是否跟得上时代的脚步？

达成这个目标都需要哪些专业知识？

我已经具备了哪些知识？

我还需要哪些其他方面的准备才能达到目标？

要让员工相信，实实在在的目标唾手可得

要先把最终目标搞清楚，再坚持不懈地为之努力。

——李彦宏（百度公司创始人）

百度刚刚创建的时候，工作、生活条件非常简陋，作为只有几名员工、在业内没有任何名气和地位的初创公司，在各种条件都非常艰苦的创业初期，该如何搭建团队，吸引人才？李彦宏所做的是给员工描绘美好的理想和远大的抱负，让员工相信在这个公司大有可为。只有胸怀远大理想，有执着追求，乐于艰苦创业的人才能走到一起。

每个企业都有自己的目标，在不同的发展阶段，设定的目标也是不一样的。管理者首先要从明确企业的发展目标入手，不然极有可能会带领企业走入迷途。但是，脱离实际发展的目标容易让员工无成就感，唯有让员工相信企业的目标，才能最终发挥团队合力。

实实在在的目标，对员工而言就是看得见的目标。给你一个看得见的靶子，你一步一个脚印去实现这些目标，就会有成

就感，就会更加信心百倍，向目标挺进。

1952 年 7 月 4 日清晨，世界著名的游泳好手弗洛伦丝·查德威克从卡德林那岛游向加利福尼亚海滩。她的想法并非不切实际，她曾经横渡过英吉利海峡，如果这次她成功了，她会因此再创一项纪录。

这天的雾非常大，连护送的船只都看不见。时间一小时一小时地过去，当她在冰冷的海水里泡了 15 个多小时后，远方仍旧是雾霭茫茫，查德威克感到难以坚持，她再也游不动了。艇上的人们劝她不要向失败低头，要她再坚持一下。浓雾使她难以看到海岸，她不知道自己的目标还有多远。最后，冷得发抖、浑身湿淋淋的查德威克被拉上了小艇。

在这次挑战失败之后，她总结说，如果当时她能看到陆地，她就一定能坚持游到终点。大雾阻止了她夺取最后的胜利。事实上，妨碍她成功的是一眼望不到边的大雾，她因此无法确定具体的目标。

两个月后，查德威克又一次挑战。这一次她没有放弃，终于一口气游到了美国西海岸。

目标要看得见、够得着，才能成为一个有效的目标，才会形成动力，帮助人们向着目标获得自己想要的结果。管理者应该得到这样的启示：千万不要让形形色色的雾迷住了员工的眼睛，要让你的员工相信你的目标。实实在在的目标才是唾手可得的，虚无缥缈的目标只会让员工打不起精神。

当代管理大师肯·布兰查德在其著作《一分钟经理》中指出：“在相当多的企业里，员工其实并不知道经理或者企业对自己的期望，所以在工作时经常出现‘职业偏好病’，即做了过多经理没有期望他们做的事，而在经理期望他们有成绩的领域里却没有建树。造成这样的情况，完全是由于经理没有为员工做好目标设定，或者没有把目标设定清晰地传递给员工。”

只有定下实实在在的目标，并制定相应的行动方案，在不断的实践过程中慢慢地接近目标，才能有助于员工理解企业的期望，并获取自身发展的动力，克服一切困难，最终取得成功。

作为一个管理者，让员工能够明确企业的目标，就能让员工最大限度地发挥他们的能力。很多时候，员工没有工作的动力，显得懒散无力，并不是他们不想努力，只是缺乏明确具体的目标，他们找不到奋斗的方向，不知从何处着手。

作为团队的管理者，必须经过客观的调研和科学的计算，才能为企业和员工制定务实的目标，让员工能看得见、摸得着，这样才能让他们有奔头。具体说来，作为管理者，如何做到呢？以下三点可以借鉴：

1. 将目标具体化

量化员工的奋斗目标，并指导员工如何去实施，让员工有信心、有目的地去完成目标。如果管理者能够帮员工明确员工的工作目标，并且能够有效地指导他去实现目标，那么，他一定会变成一个有动力并且持续为目标奋斗的人。

2. 目标要合理化

每位员工的工作能力不同，管理者要根据员工的自身特点，制定其最合理的工作目标，目标既不能太难、太远，也不能太容易实现，要具有挑战性。

3. 目标要有激励性

最大限度地激发员工的积极性，可以根据员工完成目标的具体情况，给予员工适当的奖励和惩罚。当然，这种奖惩制度不要仅仅流于口头，可以以制度的形式正式化。比如根据任务的完成情况，确定奖励或惩罚的具体金额。这样的奖惩制定就会变得十分有刺激性，也更有价值，员工就会尽他最大的努力去完成自己的目标。

学会“走楼梯”，分步实现阶段性目标

任何一个大的目标都可以分成许多小的目标来实现，即使你不能一下子达到最高目标，你只要一步一步向前走，最终就能实现。

——俞敏洪

现实生活中不乏志向高远的人，他们中的不少人却沦为了空想家；现实生活中亦不乏具有宏伟战略目标的企业，但能真正实现战略目标，在激烈的市场竞争中生存下来并成为行业领头羊的屈指可数。究其原因，往往不是因为没有设定目标，而是在追赶目标的过程中折戟沉沙。

那么，那些最终达成目标、取得成功的企业家是如何克服这个问题的呢？新东方教育集团的创办者俞敏洪认为，人可以通过不断地给自己创造成就感来避免倦怠，保持实现目标的动力。而拥有成就感最直接的方法就是设立阶段性目标。俞敏洪说：“有些人本身没有什么能力，上来就想赚大钱，一点基础都没有就想做大事业，那肯定是不行的，也不会成功的。”

出国留学失败后，俞敏洪以养家糊口为目标。“我当时的目标很简单，就是一天赚 30 块钱，因为我每天上一次课，一次课当时就是 30 块钱。但是当我达到了一天赚 30 块钱的目标后，我就开始想更高的目标，后来我就一天上两次课，一天赚 60 块钱。再后来，我看到别人办培训班，一天能赚 600，我就想是不是我也试试，因为我的能力似乎不比别人差，

于是我也开办了自己的培训班。这就是一天一天进步的精神，这就是蚂蚁搬泰山的精神。如果一开始就让我创办现在规模的新东方学校，那我会被吓死的。”分阶段实现目标是一种踏实的精神，更是一种智慧。在人生的旅途中，如果我们稍微具有一点儿俞敏洪这样分阶段实现目标的智慧，把大目标分解成若干个小目标去分阶段实现，那么我们的一生中也许会减少许多遗憾和惋惜。

阶段化就是具体化，它使得一个看似遥不可及的目标有了一步步被实现的可能。现实生活中也许有无数个和俞敏洪一样怀揣着创业梦想的青年，但鲜有和他一样最终取得成功的人。他们中的许多也许有着比俞敏洪更出色的才能，或者遇到过更好的机遇，但最后他们都失败了。并不是幸运女神不够眷顾他们，而是他们缺少把大的目标分阶段实现的能力。

为什么将目标阶段化对目标的实现如此重要呢？

将目标阶段化可以使人对梦想保持持续的热情。很多目标的实现过程是一场马拉松长跑而非百米冲刺，想要在终点取胜，仅仅在起点有满腔热情是不够的。暂时的冲动可能让你在比赛的初期占尽先机，但由于道路的漫长，冲动会消退，只凭三分钟热度是无法赢得比赛的。而把大的目标分解成阶段性目标，就如同把马拉松长跑分解成很多个百米赛跑，这样每一个百米终点的冲刺都能带给人完成目标的满足感、成就感。这种满足感会让你持续地保持兴奋，将暂时的冲动蜕变为耐力，将漫长的痛苦蜕变为享受与成长，让你对梦想保持持续的热情。

将目标阶段化可以让目标更为明确具体。成功学家拿破仑·希尔曾举过这样一个例子。

同样是做房地产生意，杰克计划向银行贷款大约 1.2 亿美元，而罗比则向银行贷款 1.1939 亿美元。

最后，银行贷款给罗比，而拒绝了杰克的贷款请求。

在银行主任看来，罗比的预算具体且考虑很周到，说明罗比办事仔细认真，成功的希望较大。

罗比是怎样做到将预算计划得如此详细的呢？罗比介绍了一种将目标逐一击破的方法。利用这种方法，你可以对自己的工作进行规划：

假设你的工作计划为五年，让你的五年宏伟目标获得成功的秘诀是化整为零，每天做一点儿能做到的事。

1. 将你的目标分成五份。你把五年目标分成五份，变成五个一年目标，那你就可以确切地知道从现在到明年的此刻你必须完成的工作了。

2. 将每年的

目标分成 12 份。祝贺你，你将进一步有了每月的目标了。如果要落实你的五年计划，你现在就更能清楚地了解从现在到下月的此时你应该完成什么了。

3. 将每月的目标分成四份。现在你可以知道下星期一早上必须着手做什么了。同时，唯有如此，你才会毫不迟疑地去做自己该做的事，然后，继续进行下一步。

4. 将每周的目标分成五至七份。用哪个数字划分，完全取决于你打算每周用几天从事这项工作。如果喜欢一周工作七天，则分成七份；如果认为五天不错，就分成五份。自动地选择哪一种全靠你自己。但是，不论做何种选择，结果都是一成不变的，你一定要问自己为了成功，我今天必须做什么。

可见，“分”是一种人生大智慧，它能帮助我们明确实现目标的道路。越大的目标越是难以实现，不仅因为它所需的努力和才智越多，更因为实现它的道路更加曲折，有时甚至让人难以辨认，迷失方向。阶段化目标是最好的解决方法，将大的目标阶段化可以使人对整个过程更加清晰，明确实施过程中所需的环节，按部就班，步步为营，从而到达最终的目的地。

分阶段实现目标使人更具行动力，在工作中充满激情。外在的行动力源于内在的自信心，当我们对一个目标没有信心时，行动力疲软也就不足为奇。很多时候，由于目标过大，当我们的意识按照当前自己所处的位置去衡量和目标之间的距离时，会得出“遥不可及”的结论。

通过将大目标阶段化，与阶段性目标间的距离就会缩短，我们对目标的实现信心满满，自然干劲十足，踏实完成小目标才能实现最终的大目标。

目标的恒一性——“20年来坚持做同一件事情”

百度的创立源于我作为一个技术人员的梦想，这个梦想就是用技术来改变世界，来改变普通人的生活。经过六年的努力，百度已经变成了全球最大的中文搜索引擎，每天回应数亿次网民的检索需求。

——李彦宏

李彦宏曾表示，多年来坚持做一件事情，并且跟着公司不断成长，“最根本的原因，还是自己心目当中的一个理想，想把一件事情做成”。在追逐理想的过程中会发生各种各样的变化，这时是否还能坚持理想，是成功与否的关键。

美国哈佛大学对一批大学毕业生进行了关于人生目标的调查，结果如下：

27%的人，没有目标；60%的人，目标模糊；10%的人，有清晰而短期的目标；3%的人，有清晰而长远的目标。

哈佛大学在25年后再次对这批学生进行了跟踪调查，结果是：

那3%的人几乎都成为社会各界的成功人士、行业领袖和社会精英，因为他们始终朝着一个长远的目标不断努力；10%的人，成为各个领域中的专业人士，大多生活在社会中上层，他们的短期目标不断实现；60%的人，他们过着安稳的生活，也有着稳定的工作，却没有什么特别的成绩；剩下27%的人，生活没有目标，并且还在抱怨他人，抱怨社会不给他们机会。

由此可见，是否有长远恒一的目标是决定一个人未来发展乃至最终成败的关键因素。那些成功的企业家在事业的道路上深谙目标恒一性的益处。

1999年，马云回到杭州，以50万元创业，建立阿里巴巴网站。

这一时期，正值中国互联网最疯狂的时候，新浪、搜狐、8848风生水起，互联网被人们称为“烧钱”的行业。作为其中一员，马云和他的追随者们也被认为是一群疯子。但马云清楚自己的目标是什么，他要做的就是充满激情地向前走，永远地走下去。

2003年，阿里巴巴的股东孙正义召集了他投资的所有公司的经营者们开会，每个人有五分钟时间陈述自己公司的现状，马云是最后一个陈述者。他陈述结束后，孙正义做出了这样评价：马云是唯一一个三年前对他说什么，现在还是对他说什么的人。

2005年12月6日至16日，在中央电视台经济频道举办的2005中国经济年度人物评选创新论坛上，马云应邀在北京大学中国经济研究中心演讲。在这次演讲中，马云再次重申了阿里巴巴对专心致志地做好一件事的坚决态度。

他说，他不知道以后阿里巴巴会是什么样子，但是在未来的三年到五年，他仍然会围绕电子商务发展自己的公司，他觉得阿里巴巴绝对不能离开这个中心。十年的创业告诉他，阿里巴巴永远不能追求时尚，不能因为什么东西起来了就跟着做，不能做着这个想着别的。

马云正是坚持着多年来一直在做的一件事——电子商务，才获得了阿里巴巴今天的辉煌成就。

当目标最终确定后，企业的全体员工就会在工作中为实现这个目标而努力。如果管理者在目标确定之后还随意地更改，就会给公司的发展方向带来极大的不利影响。正所谓“牵一发而动全身”，朝令夕改的目标会让企业失去前进的方向。

春秋时代，楚国有一位拥有高超射箭技术的人。楚王很羡慕他的本领，于是就请他教自己射箭。楚王兴致勃勃地练习了一阵子，渐渐能得心应手，于是就邀请他一起到野外去打猎。

随从将躲在芦苇丛里的野鸭子赶出来。野鸭子被惊扰后振翅飞出。楚王弯弓搭箭，正要射猎时，忽然从他的左边跳出了一只山羊。

楚王于是又将箭头对准了山羊，准备射它。在这个时候，右边突然又跳出一只梅花鹿，楚王把箭头对准了梅花鹿。

忽然大家一阵惊呼，原来从树梢上飞出来一只较为珍贵的苍鹰，振翅便往空中飞去。

正当楚王的注意力被苍鹰吸引，要将箭头瞄准苍鹰时，苍鹰却迅速地飞走了。楚王便只好又转过头去射梅花鹿，但是梅花鹿最终也逃走了。于是便只好再回头去找山羊，但山羊也早早地溜掉了，最后连那一群野鸭子都飞得无影无踪了。

楚王拿着弓箭比画了半天，结果什么也没有射着。

随意更改目标，会让你一事无成，瞄准了一个目标后，就要全力以赴，绝不能在执行的过程中随意变更。管理也是如此，只有认真地细分市场，瞄准目标并锁定目标，并且加强部门或团队间的协调配合，全力推进企业宏伟目标的实现，才能最终将目标转化为现实。

确定目标后，就要坚持目标。这就告诫管理者在确定目标时，一定要考虑周全，确定了目标后切勿随意更改。这样才能保证企业员工都能履行各自的岗位职能，企业的发展才能按部就班，从而实现最终的目标。

否则，管理者随意更改发展目标，只会让团队失去方向感，只会使公司彻底缺乏向心力和凝聚力！

尽可能提前完成目标的最后期限

如果不给员工一个具体的完成期限，目标的引导作用会大打折扣。

——北大管理理念

北大的管理理念认为，如果一个目标没有了完成期限，那反而会成为一种阻碍。比如说，管理者只说明让员工完成30万元的销售额，却没给他一个明确的期限，是一个月，一个季度，还是更久呢？这样对员工而言，这样的目标根本不能称之为目标。

管理者确定企业或部门的目标之后，如果没有完成期限，最终可能也不能取得预想中的结果。试想，当一个目标本可在三个月内完成时，他们却用了半年甚至更久，那并没能起到提高企业业绩、提振士气的作用。

联想集团在创办之初，柳传志就为联想达到的目标设定了时限。他说联想要做一个年销售额达到200万元的大公司，结果当年销售额达到了300万元。之后，柳传志再设定了一个阶段性的目标，用10年的时间达到4.5亿美元的销售额。

这个远景规划目标在很多人看来不太可能完成，但事实证明，柳传志是正确的。随着联想业务的扩张，到了1995年的时候，联想内部把2000年的目标修正为20亿美元，结果最终营业额达到了30亿美元。管理者应该善于为目标设定“最后期限”。任何事情如果没有时间限定，就如同开了一张空头支票。只有懂得用时间给自己施加压力，才能保证如期达到目标。

有些目标能够在短时间内完成，而有些则需要相当长的时间才能完成。总之，目标都需要有一定的期限，这样才能进行有效的考核。

给员工一定的压力，他们尽最大的努力在规定的时间内完成目标，其结果往往就会实现目标并在一定程度上超过目标，给企业带来更大的效益，也提高了企业的竞争力。例如，要求员工在6月30日前完成上半年的工作目标，这样既能给员工一个时间上的标准，也能让员工感受更大的压力，最终达到甚至超过预定的目标。

一个优秀的管理者，最好制定自己每日的工作时间进度表，记下事情，定下期限。明朝画家兼诗人文嘉有首著名的《今日歌》：“今日复今日，今日何其少。今日又不为，此事何时了？人生百年几今日，今日不为真可惜。若言姑待明朝至，明朝又有明朝事。”管理者要善于为目标设定最后期限，并且要让员工明白，一定要在最后的期限内完成。

为目标设定最后期限，不仅能让员工积极行动起来以按时完成各项工作，还能激发自身的能动性。反之，没有时限的目标，会让人不自觉地拖延起来，让目标的实现之日变得遥遥无期。任何目标都必须受到时间的限制。只有善于给目标设定最后期限，懂得用时间给自己施加压力，才能出色、高效地完成工作。

很多员工都有这样的经验：上级在星期一一大早就布置了工作任务，要求在星期五之前必须完成，同时强调最好是尽快完成。可以想到的是，很多人从星期二到星期四几乎很难安下心来把任务完成并主动交上，总是在星期四晚上或星期五早上才把任务赶完。如果上级布置工作任务时要求星期三之前交上来，即使不强调最好尽快完成，那么你也会在星期三之前把任务完成。

拖延从某种意义上来说是人的本性，当给员工规定完成目标的最后期限时，管理者应该带领员工尽量把最后期限定在前面。否则，过于宽松的最后期限在很多时候起不到提高我们工作效率的作用。

把工作目标和最后期限紧密地结合在一起，才能让工作效率得以提升。不妨给自己和员工设定合理的完成目标的最后期限，让目标激励团队勇往直前。

PART 02

战略管理课：生存下去并且发展起来，“你的利润空间会很大”

定战略——确定何所为，何所不为

做企业首先要求管理者要有远大的目标，不要被短期诱惑，还要有梦。

——周其仁（北京大学中国经济研究中心教授）

管理之父彼得·德鲁克的一句话说得很经典：“每当你看到一个伟大的企业，必定有人做出过远大的决策。”这里，他讲的是战略的重要性。

如果企业在一种无序、无战略的状态下简单经营、粗放经营，这样的企业注定会失败。在现代管理中，“战略”一词演变为泛指统领性的、全局性的、左右胜败的谋略、方案和对策。企业战略可以理解成企业谋略，是对企业长期发展的计划和谋划。

制定战略的过程，就是确定何所为，何所不为，就是为企业未来发展进行选择和定位的过程。战略确定企业的所为与不为，战略代表着未来商业的重点，战略为根据企业自身资源结合外部环境而选择的一个可获得持续竞争优势的空间。

忽视战略，仅关注战术和执行，就会给企业带来灾难。战略很重要，企业的经营管理者对企业的发展思考一旦停止，企业的发展就会走下坡路。管理者的这种思考，不是好高骛远，不是个人兴趣，不是一时冲动，是在正确评估企业资源和条件，科学对待企业发展前景的基础上为企业发展所设计的安全航道。

据《中国工业报》报道，2012 年 1 月 19 日柯达公司最终申请了破产保护。

柯达是胶片成像时代的巨头，但 20 世纪 90 年代以来，发生了由胶片到数码成像的变革。数码时代的到来标志着人类社会的新变革，但对于固守的昔日胶片巨头们来说，这却是致命的打击。数码时代的到来瞬间淹没了整个影像王国，昔日胶片机的王朝已不复存在。

在这个严峻的时刻，各老牌胶片机企业纷纷转型，但柯达这个昔日胶片巨头却被昔日的辉煌冲昏了头脑，错失转型良机。

自2000年起，数码相机市场便呈现高速增长的态势，佳能、索尼、尼康、三星等数码企业纷纷崛起，其绝对的技术优势对传统胶片领域构成了致命的冲击。这一年，全球数码成像市场翻了将近两倍。

以柯达领衔的全球彩色胶卷的需求由此开始渐入低潮，此后以每年10%的速度开始急速下滑。但此时柯达的决策者们对公司战略的转型仍显犹豫，还将重心放在传统胶片上。随着时间的推移，当柯达发现自己已背负超过100亿美元的巨额债务时，再谈转战数码似乎为时已晚。

在2004年，柯达推出六款数码相机，但其数码相机业务利润率仅占总收入的1%，其82亿美元的传统业务（含胶卷）的收入则萎缩了17%。

柯达的另一个重要战略失误在于，它长期在低端消费市场游离。数据显示：单反数码相机和单电数码相机的关注度逐渐上升，高端数码相机正在一步步走进消费者的内心。这对于一直以低端战略为发展主线的柯达来说，无疑又是一个打击。

从昔日的辉煌到最终破产，这与柯达在数码相机市场上的战略失误脱不了干系。

“现在是战略制胜的时代”，很多企业家也在摩拳擦掌、跃跃欲试，准备向更多的人传递自己的战略设想，从重量级的柳传志、李东生等纷纷走到前台，参与各种论坛互动，到众多中小企业的广宣策略中不断体现自身企业的目标等，不胜枚举。

成功的企业，必须确定自己何所为，何所不为，如同重拳出击一样，把自己主要的精力放到某种业务方向上。无论在企业的任何发展阶段，企业一定要清楚自己的发展重心。

不管企业实施何种形式的战略，其目的都是在确定企业的未来发展重点。企业经营者应该把发展重点放在具有竞争优势的业务上，稳定而具有相当竞争优势的主营业务，这是企业利润的主要源泉和生存基础。企业应该通过保持和扩大自己熟悉与擅长的主营业务，尽力扩展市场占有率以求规模经济效益，把增强企业的核心竞争力作为第一目标。

一个企业的成功往往是战略管理的成功。战略有问题，单纯靠改善内部运营效率来改善业绩的效果有限。企业战略管理要站得高，才能看得远。我们唯有忽视眼前的浮云，提前实现战略布局。

总有一条道路适合你，战略管理的制高点不在于抢夺，而在于选择。什么是定战略，其实就是对将来道路的定位，确定何所为，何所不为。一旦选择，是苦是甜都在后面等着。

没有必要一开始就把**战线拉太长**

衰败往往是内部发生了问题，比如该转型的时候他没有成功转型，不该扩张的时候他盲目扩张。

——周春生（北大光华管理学院教授）

在很多管理者的思维当中，为分散经营风险，多元化战略常常会作为管理者的宠儿。我们虽然不能说多元化战略一无是处，但对很多企业而言，却不是一件好事，非常容易导致资金、资源、精力分散，所以没有必要一开始就把战线拉太长。

北大管理理念认为，一个企业的精力是有限的，企业进行扩张性的战略，不仅要考虑资金实力的问题，更重要的是你的企业是否具有多元化扩张的管理体制。企业在进行多元化的产业扩张中，每一个产业都需要专业化的人才和技术来支持。没有一定的专业人才和技术积累，盲目扩张必然要付出很大的代价。

在市场竞争激烈的今天，良好的战略规划，为企业的执行指明方向，有助于企业在市场竞争中取得优势。思想家马可·奥留斯有一句话，“我们的生活是由我们的思想造成的”。思想上的超前，必然带来行动上的超前，个人发展如此，企

业发展更是如此。

现在有些企业，自己的主业还没做好就急于向其他领域发展，没有钱也要借钱往里扔，结果统统被套牢。因为战线拉得太长，反倒陷入了企业发展的陷阱中。

春兰集团在20世纪90年代以空调起家，经过几年的发展，逐步形成了集制造、科研、投资、贸易于一体的企业集团。随着1995年春兰集团实施多元化战略，公司在短短几年里在汽车、能源、摩托车、彩电、压缩机等领域不断扩张，使整个集团在资金、管理、技术、人才等方面出现众多问题，最终使春兰集团的多元化发展以失败而告终。原先的优势主业—春兰空调由行业的老大，最终退出了行业前十名，落差如此之大，令人惊叹。

北大管理理念并不反对多元化战略，但是实施多元化战略一方面应该考虑企业自身的优势，把眼光放得更长远一些，企业必须要考虑合不合适走多元化道路，什么时候走最合适，往哪个方向发展最好；另一方面要考虑市场形势，在市场机会很多的时候，多元化发展可以使企业短时期迅速扩大，但是，当市场环境极其复杂的时候，企业一定要慎重决策，避免因为打造成为某种商业帝国而使企业陷入多元化发展的泥潭。

对一个企业而言，资金缺乏、人手不足、资源有限，如果一开始就把战线拉长，实施多元化发展的战略，势必在各个领域都不会深耕。也就是说，即使将所有的资源都集中在单一项目上，依旧存在很多欠缺，如果资源分摊到两三个项目之上，又会是一种什么结果呢？那就是每个项目所能分享到的资源会更加短缺，每一个项目无论在规模上还是在特色上，都要远逊于自己的竞争对手，这样无疑人为加大了发展难度。换言之，与其盲目追求多元化，不如选准自己的目标，把鸡蛋放在一个篮子里。

十几年前，王石发现万科利润的30%来源于房地产，在他看来，房地产这一块并非最大，但是它的发展速度最快。

王石认为，将来市场发展趋势是“专业化”。于是只专注于住宅，开始做“减法”。他当时的“减法”几乎囊括到万科所涉足的零售、广告、货运、服装，甚至还有家电、手表、影视等数十个行业。最终，万科成为行业内的龙头老大，其规模之大令其他企业难以抗衡。

世界一流效率提升大师布赖恩·特雷西说：“成功最重要的前提是知道自己究竟想要什么。成功的首要因素是制定一套明确、具体，而且可以衡量的目标和计划。”一个有理想的企业，或者说一个可持续发展的企业，它一定会结合企业的实际情况，制定合适的战略发展规划。

总之，盲目将战线拉长，也会造成发展的盲目化，对企业经营者而言，制定企业战略必须立足实际，将自己的主营业务做大做强之后再考虑多元化。

成长是第一战略，而不是利润最大战略

企业管理者不仅要有真才实学，有管理能力，而且也要具有战略性的长远眼光。

——俞敏洪

企业家们深谙创业期企业成长的重要性，他们不会为了短期的利润目标而损害长期的成长计划。

在拓展日本这个新市场初期，李彦宏没有把过多的心思放在如何赢利上。2001年，百度在中国刚刚开始做的时候，不但没有赚，而且还亏了。李彦宏当时说是亏得正常，亏得有道理，所以并不期待在日本短期内就能收获利润。

企业的目标是利润，但利润都是有陷阱的，尤其是短期利润的诱惑常常会使企业丧失获得长期利润的源泉。对短期利润的追逐会使企业的有限资源越摊越薄，会造成在主业市场的影响力、管理者精力以及综合竞争力的衰减。

企业需要利润计划。但这个计划的主要任务是去获取一个适度的利润，而不是去追求毫无价值的利润极大化。因为任何时期，成长第一战略是管理者应该遵循的。如果目标利润制定过高，将会把企业带进冒进、疯狂的境地。

市场是讲究平衡的，当你开始为追求高额利润而进行规划时，事实上你已经失去捕捉未来商机的机会。企业的资源和条件是有限的，当所有资源都在为追求高额利润努力时，企业也就全部或者部分放弃了对未来发展的关注。

对于正在走上坡路的企业来说，企业首要的目标是成长第一。如何以合适的价格将适合的产品送到目标客户手中是此时企业战略要考虑的中心议题。企业有限的资源都要围绕企业迅速发展这个目标来配置，配置的效率和效果决定企业未来的生存质量，此时，企业可以将一定的销售额和市场占有率作为衡量标准，将实现它们作为企业战略。

对企业的发展而言，利润无疑是重要的，但成长应该放到更加突出的位置。企业需要特别避免的就是制定不切实际的利润目标，一心想做一个市值几百亿的公司，一心想设计一个没有天花板的舞台，其结果只能是“企而不立，跨而不行”。企业在分配资源时，含各项资源，包括人、财、物、信息、技术等资源，首先应用来确保企业发展的需要。

“稳胜求实，少用奇谋”，这是一代中兴名将曾国藩多年实战经验的总结。做企业也是如此，企业生存的根本是稳步发展，企业领导者要有长远策略，一步一步、一个阶段一个阶段的发展，一味追求利润，可能会掉进冒进的深渊。

傻瓜才会去试图预测，规划是成功的保证

在创新之前，一定要拥有清晰的发展规划。

——俞敏洪

很多管理者不习惯做战略规划是因为有太多的不确定性，他们认为企业经营的内外部环境变化太快，在这样的前提下做战略规划也没有多大的意义，做战略规划如同是在预测。关于战略管理的研究层出不穷，自战略管理成为北大管理课堂的重要内容后，学者们毫无疑问地指出，企业不做战略规划注定是短视的行为。

深受北大管理课堂推崇的管理学大师德鲁克认为，战略不是预测，他给出两个理由：其一，未来是不可预测的。每个人都可以看一看当前的报纸，就会发现报纸上所报道的任何一个

事件都不是十年前所能预测到的。战略规划之所以需要，正因为未来不能被预测。其二，预测是试图找出事物发展的最可能途径，或至少是找出一个概率范围。但是企业的发展往往是独特事件，它将不在预设的路径或概率范围之内。预测往往并不能带来作用。

所谓预测是以概率为基础，并不能适合战略规划的要求。战略规划在于将一个组织引向未来。战略规划的制定者要的是创新和改变我们的工作和生活方式，所谓预测对他们没有什么用处。

有些人会说："我们的行业发展日新月异，每天都得拼尽全力奔跑，哪有时间停下来做战略。"他们总认为船到桥头自然直，用不着战略。认为战略是那些未来比较明确、很官僚的大企业

才会做的“无聊事”。而对成长型企业来说，有太多比战略更重要的事。事实果真如此吗？

彪马（PUMA）公司已成为全球最大的运动鞋、服饰及体育用品制造商之一。其实，它的发展并非一帆风顺，也遭遇过近乎倒闭的生存危机。是什么挽救了这个企业呢？是正确的发展战略。

为成功实施全球市场战略，彪马采用的指导思想是：从全球的视角来看待市场开发。为真正落实这一战略意图，公司CEO首先要做出表率。彪马公司CEO和董事会主席约亨·蔡茨接受采访时说：“作为全球CEO，必须要有开放的头脑和良好的教育，需要利用一切机会去了解各国不同的风土人情，以更好地开阔视野，适应多元化的文化背景和完善自己的做法。这样，当机会来临时，你才可以抓住它。”

自1993年以来，彪马获得了长足发展，其中对品牌内涵、产品研发和渠道发展理念进行重新定位发挥了重要作用。在品牌方面，彪马将体育运动当作一种生活态度，始终贯彻“运动生活”理念，将运动、休闲和时尚元素融入品牌中，而且继承了很多传统元素，最终形成以传统、体育运动、科技创新和崭新设计为基础的品牌理念。

在生产方面，彪马现在已在全球40多个国家采用外包方式进行产品生产。为使产品不失个性，“我们现在主要像教练，而不是运动员。给研发人员足够的创作空间，让他们在设计上有很多自由度，因为我们的宗旨是革新。但我们也要确保他们能够执行好，以达到我们的预期目标。不过，我们的产品是为那些乐意去做一些新尝试的消费群体设计的。”约亨·蔡茨说。

渠道方面，彪马在全球80多个国家建立了庞大的销售网络，包括体育用品店、百货公司和专卖店。现在，彪马加大在批发、零售领域的合作，建立子公司，并在全球采取兼并策略，以建立新的合资公司，发展新的合作伙伴。对不同类型和风格的产品，彪马采取不同的销售渠道，以确保自己可以进行多元化的产品拓展。

战略决策者所面临的问题不是他的组织明天应该做什么，而是“我们今天必须为明天做哪些准备”；问题不是未来将会发生什么，而是“我们如何运用所了解的信息在目前做出一个合理的决策”。这才是实施战略管理的真实意图。

战略规划绝不是求签占卜，放弃通过战略规划来对未来进行预测的幻想之后，企业管理者应该认真思考战略规划作为一种思想与企业经营技术之间的关系。

至少管理者要知道，战略规划应该基于什么样的期望值上，期望值是否合理，或是当预期的情况没有发生，或是不在预期的时间内发生时，什么时候该检验规划。因此，制定战略规划时，管理者不再单凭预感，而是理性的规划。

掌握趋势，确保战略的前瞻性

企业家和商人的区别是，企业家是预见未来、创造未来、改变未来，商人是赌未来，顺应未来，被未来改变。

——黄怒波（中坤集团董事长）

掌握趋势就是掌握未来，掌握发展的机会，当一种趋势的苗头初现时，能够把握这种趋势的，就是优秀的企业家。

伴随着全球化技术革命的发展和网络时代的到来，企业也不再仅仅是对市场需求的快速反应，在做好当下的同时，企业更需要关注未来的发展。企业领导更要有基于前瞻性的战略眼光，领先市场需求一小步，就是对企业贡献的一大步。毕业于北大的黄怒波、李彦宏等优秀企业家通过自己的实例证明了，企业战略必须建立在掌握趋势的基础上。

企业要想有更好的发展，就必然要看清潮流，超前思考，掌握发展趋势，确保战略的前瞻性。假如企业管理者对发展思路、目标都不明确，对发展趋势也不敏感，不善于长远思考、规划未来，那么这样的企业就会从走弯路到走下坡路，又谈何发展呢？

“凡事预则立，不预则废。”这里的“预”就是提前掌握趋势。俗话说“抢先一步赢商机”。如果不善于谋划未来，只会鼠目寸光；只关注当前，那么就会失去未来潜在的效益，企业的发展将会永远慢别人半拍。

在市场竞争激烈的今天，企业管理者必须具备超前的战略意识，具备博学善思的素质。要想走在市场变化的前面，就必须提前了解、研究客户和消费者的潜在需求，通过不断挖掘市场潜力、拓宽产品的市场份额来获得更大的赢利空间，这样才能战胜对手，在市场竞争中

热点

取得优势。

二战爆发后，美国一家规模不大的缝纫机工厂的生意受战争影响，销售情况一直不好。工厂老板汤姆当然知道军火生意最挣钱，但是军火生意却与自己无缘。于是，他把目光转向未来市场，一番思索后他决定改行，改成什么呢？他的回答是："改成生产残疾人使用的小轮椅。"一番设备改造后，工厂生产的一批批轮椅问世了。

因为战争的缘故，很多在战争中受伤致残的人都纷纷购买轮椅。工厂生产的产品不但在美国本土热销，连许多外国人也来购买。随着战争的推进，工厂的工人们也不禁发出疑惑："战争马上就要结束了，如果继续大量生产轮椅，还卖给谁呢？"

汤姆胸有成竹，他反问道："战争结束了，人们的想法是什么呢？一定是想要过上健康幸福的生活。而健康的体魄是人们追求的重点。因此，我们要准备生产健身器材。"

不久，经一番改造后，生产轮椅的机械流水线被改造成了生产健身器材的流水线。刚开始几年，工厂的销售情况并不好。这时老汤姆已经去世了，但他的儿子保罗坚信父亲的超前思维，依旧继续生产健身器材。十几年的时间，健身器材开始大量走俏，不久就成为畅销货。由于他们在健身器材方面起步较早，且这种产品的需求量随着时间的推移越来越大，由此推动企业规模的不断扩大，保罗也跻身到了亿万富翁的行列。

超前意识是一种以将来可能出现的状况面对现实进行弹性调整的意识。它可以创造前景进行预测性思考，可以使我们调整现实事物的发展方向，从而帮助我们制定正确的计划和目标并实施正确的决策。那么，超前意识是怎样培养的呢？

一个成功的企业家，他绝不会轻易做出一项战略。在市场经济时代，能登高望远，对形势的发展有一定的预见性，在商业活动中才能占尽先机，获得的实惠便可以先人百步、千步。一个成功的企业家能始终带领企业奔跑，因为他看得到更高、更远的发展趋势，并为此制定合适的发展战略。朱志平的商海历程以及他的财富积累过程的确是个传奇，因为他总是具有前瞻性，并且能在不同的领域里成为常胜将军。

朱志平出身草根，当他毅然辞职投身商海、创立了他的第一家公司——华泰制衣时，他的全部资产只有400元人民币。其实，朱志平看似冲动的行为背后，有着深刻的思考：家家户户都离不开衣食住行，当时的服装行业市场需求量大、成本低，所以，只要能做出物美价廉的产品，放弃铁饭碗就不会是一次冒险。

事实证明，朱志平的分析没有错，宁波的销售市场很快被打开了，最初的短短三年内他资产增至上百万元。随后，朱志平放弃正在稳步发展的华泰制衣，以初学者的身份踏入股市。与很多人不同，朱志平一直相信成功不能靠侥幸。于是他开始大量学习股票知识。天道酬勤，仅一年后他就成为杭州最早的股评家之一；十年间，他的财富增至几亿。但是，出乎所有人意料，在获得巨大成功时，朱志平再次抽身而退。

凭借令人吃惊的市场洞察力，在离开股市之前，朱志平选择了楼市作为自己下一步的发展方向。2000年，朱志平成立了浙江同方投资集团有限公司，他坚持品牌开发、实力开发、信誉开发，致力为城市的发展、延续尽自己的力量。现在同方联合控股公司已经具有二级开发资质，成为一家以房地产开发为主，建筑材料销售、物业管理为辅的现代企业。

2010年，朱志平因转战商场16年，连战连捷，使得人们佩服他把握经济浪潮的能力。在总结多年的发展历程和成功经验时朱志平说："对于企业而言，最重要的并不是规模，而是抓住机遇的能力。"正是基于领先市场一步的理念，每当朱志平看到一个行业的发展潜力时，就会尽全力抓住时机，他毫无疑问地成了时代的弄潮儿。

掌握趋势不同于追热点，掌握趋势意味着能跑在热点的前面。不少人总热衷于追逐热点，看别人现在干什么赚钱就去干什么，看哪里是热门区域就往哪里跑。可上天总喜欢捉弄人，明明看上去不错的机会，好不容易削尖脑袋挤了进去，可又因为刚刚起步，竞争不过对手，有时候甚至挤都挤不进去。

其实，事物发展总是有比较清晰的发展脉络和趋势。在掌握趋势的基础上，提前占位和先期介入策略没有是非对错，但其实施的前提是要对发展趋势和时间节点有一个较为准确的把握。

如果管理者在准确把握发展趋势的基础上，能够在别人还未行动甚至是浑然未觉之时出手，就能提前占位、占尽先机，当别人发现热门之后再进入，我们已经牢牢站稳脚跟，竞争者再难以同自己相抗衡。当然，提前占位的战略也会带来一些负面效应，那就是先期介入的几年内，需要承受没有赢利或者利润很少的痛苦，对资金实力和个人毅力都有很大的考验。

别生搬硬套，市场才是最好的战略大师

就新东方而言，如果当初不是结合现实，新东方就会偏离轨道，也就不可能发展起来，更不会有如此大的规模。做市场就要结合现实，企业才不会脱轨，才能更好地发展。

——俞敏洪

北大管理课不推崇生搬硬套的战略理论，因为一切脱离了现实的战略都是失败的战略。真正的企业家凡事不是从所谓的战略理论出发，而是从市场反馈中制定最优的战略。市场是最好的战略大师，真正的战略必然是促使企业不断满足市场需求的战略。

优秀企业的战略规划，不是根据战略理论所描述的美好前景去生搬硬套，而是要根据自身的情况与市场变化情况来制定。企业的发展就好比建筑楼阁，需要在坚固的地基上一层一层、严谨有序地进行，每个步骤都应该认真对待，这样才能保证不会出现“豆腐渣”工程。

深入市场，并认真分析消费者的需求、期望，以决定研发什么样的产品来满足市场，以此来制定相关的战略。

劳拉·阿什雷，在20世纪50年代初期于美国创立了劳拉·阿什雷公司，该公司主要生产女性装饰用品。公司成立后，获得很大的发展，尤其是在20世纪70年代人们普遍怀旧的情结下，公司通过其怀旧产品的推出，很快由一家小作坊发展到一个拥有50家专卖店的大公司，劳拉·阿什雷也成为国际知名品牌。

然而，随着时代的发展，越来越多的女性开始走出家庭谋求工作，市场逐步倾向于职业饰物，因此女性装饰行业发生了巨大的改变。但是劳拉·阿什雷去世以后，她的丈夫伯纳德仍沿着劳拉所设立的经营方向，按照原来的经营模式、框架甚至制度规范继续发展该公司。式样陈旧的老式饰物，高昂的生产成本，这些都造成了公司的竞争力日渐衰退。

20 世纪 80 年代末期，一家管理咨询机构明确指出了该公司所面临的挑战，并提出了相应的应对措施。在认识到需要适应变化而采取措施后，劳拉·阿什雷公司的董事会物色了好几位总经理，并且要求他们中的每一位都必须提出对公司进行改组和改造的方案，以提高销售额和降低成本。所有的改革方案都被付诸行动，但都没能够改变公司的战略方向，公司最终走向了衰落。

企业经营的每一个步骤，尤其是企业的开创和业务的拓展，都离不开对市场的考察。企业如果想进军一个新的行业领域或在一个全新的地方安营扎寨，如果缺乏对市场的考察，无异于蒙着眼睛奔跑，最后的结果可想而知。

随着市场的发展和变化，企业战略也越来越呈现出动态化、系统化的特征，越来越急迫地要求企业管理者用市场化的方法来进一步审视企业战略的制定、执行、评价与控制的全过程。

媒体形容蒙牛发展是火箭般的速度，但蒙牛的发展无疑得益于正确的发展战略。殊不知，在蒙牛的起步阶段，其制定出来的发展战略相当低调，但是，没有人否认这个战略的正确性。

在产品选择上，蒙牛当时没有和伊利、光明等当时的强势品牌正面对立，选择在不为这两家所重视的利乐枕产品上进行突破。这为蒙牛赢得了成长空间和时间。果然，后来蒙牛很快就把利乐枕做到全国最大。

当时，一是人人知道内蒙古乳业第一品牌是伊利，但不知道第二品牌是谁；二是人人知道来自内蒙古大草原的牛奶就是好牛奶。于是，他们提炼出“争做内蒙古乳业第二品牌”“请到我们草原来”“自然，好味道”等品牌诉求点，通过把握“神五”“超级女声”等大型事件，开展各种传播和促销活动，迅速获得消费者认知，产品快速覆盖到全国市场，一跃成为行业内的知名品牌。务实的符合市场化的战略规划和发展目标设计，使蒙牛在内蒙古大草原上迅速崛起。分析蒙牛当初的战略，可以看到乳业竞争现实情况和自身资源情况。刚刚起步的蒙牛一穷二白，既没有资金实力，也没有生产实力，他们只好避开锋芒，选择利乐枕产品。正是看到一时无法超越伊利的发展现实，他们提出跟随战略，将自己定位在第二品牌上。

唯有建立在正确分析市场的基础上，制定适合企业发展的战略，一步一个脚印朝前迈进，才能促使企业不断发展。否则，假如企业设定了不契合实际的发展目标，必将付出沉重的代价，甚至被市场淘汰。企业的战略目标不应是空洞的策划、规划，而应该是符合企业发展规律和满足市场环境的科学决策。

成功的战略模式一定是务实的。务实的含义就是把战略的制定建立在对市场需求的准确理解和判断上。

PART 03

决策管理课：学会做决策，但必须“摆脱具体事务的羁绊”

指挥上的“独裁”：必须要抓的大权

对于一个人来说，最重要的能力之一是做出判断、做出选择。如果大家研究过百度的成长过程，你会发现百度在很多时候，是做了正确的决策，或者说我们是选择了比较正确的路子走过来的。

——李彦宏

管理学大师西蒙认为管理就是决策，决策是管理者的主要职责。北大管理理念认为，管理者在某些方面可以授权，但在某些方面则不宜授权，比如决策权方面。李嘉诚就曾经这样给自己定位：“我是杂牌军总司令，我拿机枪比不上机枪手，发射炮弹比不上炮手，但是总司令懂得指挥就行。”管理者就要做一个善于决策的“总指挥”。

一般而言，决策分为以下几种类型：

1. 个人决策和集体决策。个人决策是以个人决定的方式所做的决策，集体决策是管理集体所做的决策。在工作中，根据不同的情况，采取个人决策或集体决策的方式。尤其遇到日常一般性事项和问题，则通常由管理者自行决策，不必事事依靠集体决策，以免延误行动时机。

2. 单项决策和多项决策。单项决策是就单个事项或目标做出决策，其情况（人、事、物）比较单纯。多项决策是涉及多个事项或目标的决策，内容繁多而复杂，涉及时间和空间各个方面。

3. 常规决策和特殊决策。常规决策是指管理者对经常、反复出现的事情做出决策，它具有一定的规律性，因此，可以利用例行的程序进行决策。而特殊决策则是非常规决策，指对偶然出现的事情做出决策。凡是过去没有出现过、涉及面广且新的事情和问题，没有可供决策遵循的程序，管理者必须有能力鉴别出这些特殊的事情和问题，及时做出科学、正确的决策，顺利处理这些问题。

对常规性决策，管理者可以沿用惯例。但是对非常规性决策，管理者需要充分发挥创造性和高超的决策技能。

对管理者而言，决策权是最重要的权力，必须牢牢把握。管理者可以将建议权赋予最了解事情的人，管理者要鼓励不同的人尽量多地给建议，把想法通过各种渠道汇集上来。建立在汇集信息的基础上，管理者拥有最后的决策权。

虽然管理者了解的信息可能没有其他人员直接，但掌握的信息量大，而且更全面。作为管理者，看问题的角度更专业，并且管理者是对全局负责的人，从这个角度来说，决策权作为管理者的保留权力，绝不能轻易下放给其他人。

百度这么多年来做出的决策几乎没有出现过重大的失误。从当年开始创业融资的时候怎么做，确定什么样的商业模式，遇到困难时是否转型做竞价排名，到2005年是上市还是把百度卖给别人，这些决策于百度而言是一个又一个的关键时刻。李彦宏对百度在重大问题上的决策能力很有信心，这也是多年决策积累的结果。

作为管理者，只要你的提议和决策是对的，并且自己拥有最终决策权，决策可以坚决地贯彻下去。

决策从来不是由多数人来做出的。多数人的意见虽然要听，

但做出决策的，只能是管理者一人。当然，作为掌握决策大权的管理者，既要“厚德载物，以理服人”，也得做到“该出手时就出手”，当机立断，掌握大权。没有强势的姿态就做不成事情。

林肯作为一代优秀的美国总统，他上任后不久就将六个幕僚召集在一起开会，讨论其提出的一个重要法案。幕僚们的看法不统一，七个人激烈地争论起来。在最后决策的时候，六个幕僚一致反对林肯的意见，但林肯仍固执己见，他说：“虽然只有我一个人赞成，但我仍要宣布，这个法案通过了。”

很多人可能会被林肯的独断专行所迷惑，其实，林肯已经仔细地了解了其他六个人的看法并经过深思熟虑，认定自己的方案最为合理。

而其他六个人持反对意见，只是因为条件反射，有的人甚至是人云亦云，根本就没有认真考虑过这个方案。既然如此，林肯作为决策者，自然应该力排众议，坚持己见。

管理者在具体决策的过程中，必须依据一定的原则进行决策，主要包括如下：

1. 评优方案，追逐目标。管理者要从各种方案中选出实现目标最适合的方案，必须预先评估和审查各方案的满意程度。要选定最能满足实现目标需要的那个方案，不可偏离目标。

2. 统筹兼顾，适当安排。管理者要从全局出发权衡方案的利弊得失，要考虑到有利无害、有利有害和有害无利三种情况，并具体对比分析三种情况中的利与害的大小后做出取舍。在实施方案时，要有整体观念，做到局部利益与整体利益、长远利益的结合。

3. 不同类型，区别对待。按所处的条件不同，决策分竞争型、风险型、确定型和不确定型决策四种情况。管理者在决策过程中，需要依据不同的类型，区别对待。

需要注意的是，有决策必然会存在风险，就有可能会产生不良后果。管理者对决策可能出现的不良后果，除应采取预防措施来消除外，还必须准备一定的应急措施，以备问题发生时能快速消除或减少影响。发生的可能性小并不意味着不发生，因此，做好决策的预防和应急措施还是非常有必要的。

以下23条简明扼要的提示，提供关于如何做决策的重要信息：

（1）做出决策之前必须小心审视每一个方案。

（2）如果发现以前的决策仍旧有效，可以好好利用。

（3）做长期决策时，同时将短期选择铭记在心。

（4）改变那些不再适用的决策。

（5）考虑每一个决策会牵连到的影响，它们可能会很庞大。

（6）尝试预测以及准备应付任何情势上的改变。

（7）问一下自己，你的决策可能会发生什么错误。

（8）做决策时，要考虑所有可能的结果。

（9）用理性的逻辑分析去平衡直觉式的预感。

（10）评估你的决策能力，并且努力改进。

（11）尽量避免充满意外因素的决策。

（12）可以沿用有效的前例，但若已失效，则应避免使用。

（13）以良好的决策挑战公司的文化。

（14）要让别人知道你善于提出有效的、具有创意的且新颖的想法。

（15）决策要结合智能与直觉。

（16）了解决策背后的权术。

（17）要衡量决策对所有部属的影响。

（18）不要将已指派的决策权紧抓不放。

（19）如果须驳回被委任者的决策，先应该给予充分的理由。

（20）信任他人的决策能力。

（21）永远不要在强大的时间压力下做决定。

（22）当决策失败时，要立即采取行动。

（23）不要拖延一个重要的决策，而应快速地下决定。

决策目标要明确，行动就有针对性

决策目标不明确，选择就会发生偏移，甚至也会出现南辕北辙的后果。

——北大管理理念

管理工作中，管理者会面临各种各样的决策选择。唯有决策目标明确了，行动才会有针对性。

在决策之前，管理者要回答出下面这几个问题：这个决策要实现什么？要达到什么目标？这个决策的最低目标是什么？执行这个决策需要什么条件？

想清楚要达到什么结果，可以帮助我们果断地做出决策，钢铁大王安德鲁·卡内基给我们做了一个良好的示范。

钢铁大王安德鲁·卡内基年轻的时候，曾经在铁路公司做电报员。一天正好他值班，突然收到了一封紧急电报，原来在附近的铁路上，有一列装满货物的火车脱轨了，要求上司通知所有要通过这条铁路的火车改变路线或者暂停运行，以免发生撞车事故。

因为是星期天，一连打了好几个电话，卡内基也找不到主管上司。眼看时间一分一秒地过去，而正有一列火车驶向出事地点。此时，卡内基做了一个大胆的决定，他冒充上司给所有要经过这里的列车司机发出命令，让他们立即改变轨道。按照当时铁路公司的规定，电报员擅自冒用上级名义发报，唯一的处分就是立即开除。卡内基十分清楚这项规定，于是在发完命令后，就写了一封辞职信，放到了上司的办公桌上。

第二天，卡内基没有去上班，却接到了上司的电话。来到上司的办公室后，这位向来以严厉著称的上司当着卡内基的面将他的辞职信撕碎，微笑着对他说："由于我要调到公司的其他部门工作，我们已经决定由你担任这里的负责人。不为其他任何原因，只是因为你在正确的时机做了一个正确的选择。"

卡内基清楚地知道自己想要得到什么结果，那就是必须要避免重大事故的发生。为此，他毫不犹豫地做出了决策，哪怕自己会因为这个选择而丢掉工作，他也不会对此有任何悔恨。

很多人在选择面前犹豫、彷徨，正是因为自己对决策目标的不明确，一会儿想要这个目标，一会儿又想要那个目标。明确目标让我们避免了徘徊与游移不定，让管理者在决策过程中更加果断，更有针对性。

在管理过程中，很多决策是建立在没有明确目标的基础上，这样的决策只会造成管理的混乱。优秀的管理者一定会在决策时首先考虑如何才能达到预期的目标。

二战时，美国作为盟国的军火生产基地，向欧洲同盟国运送了大量的武器。为了尽可能多、尽可能快地将武器运往西欧前线，便让商船加入了运载军火的行列。但是商船常常遭到德军的袭击，损失惨重。

为了让运送军火的商船突破德军飞机的封锁，免受德军飞机的攻击，美国海军指挥部决定在商船上安装高射炮。但是过了一段时间，却发现这些高射炮竟然没有击毁一架敌机。

在海军指挥部内部，有人对在商船上安装高射炮提出异议。针对这一问题，盟军海军运筹小组研究后发现，把在商船上安装高射炮这一决策的目标定为击毁敌机是不妥当的。这一决策的正确目标，应是尽量减少被击沉的商船数，从而保证军火供给。虽然安装在商船上的高射炮没有击毁一架敌机，但实践证明，它在减少商船损失、保证军火供给方面却是有效的。

基于这样的目标，美国海军指挥部最终否决了“不在商船上继续安装高射炮”的意见，继续在商船上安装高射炮。

明确的决策目标会给我们带来清晰的指引，正确的决策目标具有重要意义，而决策目标的不明确或失误有时会造成难以弥补的损失。

北大管理理念认为，决策目标要明确，这就要求决策目标应当有确定的内涵，要求决策目标、概念必须清晰，切忌笼统。具体到决策的过程，必须坚持的目标具备以下两个特征：

1. 目标具体而明确

如“发展成为成功的企业”就不是具体明确的目标。可以把这个目标量化为：五年之内，要发展成为一个资产达1000万元、年销售额达到1000万元的公司。决策目标必须建立在明确具体的基础上。

2. 目标可测量

要把目标转化为可以被量化测量的指标。例如：“完成所有老员工关于‘时间管理’的培训”就可以改为“完成对所有老员工关于‘时间管理’的培训后，学员对课程的评分要在85分以上，低于85分就说明课程的效果不理想，没有达到目标”。

决策以长期理念为基础，即使牺牲短期财务也在所不惜

勇往向前，终会实现目标。做企业也是这样，放弃急功近利的心态，企业才会有长久的生命力。

——黄怒波

在北大管理理念中，一向不推崇急功近利。一个企业的经营决策不能仅仅看它现在的利润率表现，更需要看它未来的发展前景。如果企业暂时赚钱了，却不去提升自己的竞争力，那么以后这家企业的钱是越来越难赚。所以，管理者的经营决策要把精力放在持续赢利的方面。

持续赢利指企业既要能赢得利润，又要有发展后劲，赢利具有可持续性、长久性，而不是一时的偶然行为。

"360 杀毒"是国内免费杀毒软件的开创者，当初做出免费试用的决策，让如今的"奇虎 360"成为互联网行业的新宠。

虽然奇虎 360 只能算是杀毒业的新兵，但在周鸿祎的领导下，360 安全卫士以免费招式掀起了安全领域的风暴。做出免费的承诺，在当时是"冒天下之大不韪"，因为免费软件面临着一个问题：如何赢利？事实证明，免费的决策让 360 尝到了甜头。

顺应互联网的免费趋势，360 安全卫士推行的赢利模式很简单：普遍性服务免费，增值服务收费。周鸿祎和他的团队认为，免费的软件能够吸引足够多的用户群。只有足够多的用户，才能为未来的赢利创造良好的基础。在软件价格低廉的情况下，即使有 1% 的 360 用户，每个月哪怕花费几块钱，这也是一个庞

大的市场。正是基于这样的认识，周鸿祎最终才做出了360免费的决策。

增值业务也体现在360安全浏览器上，上面集成谷歌、百度、有道搜索框，每天有成千上万的人在使用，这些搜索框每天都在给360带来利益，同时360安全浏览器中投放的文字广告也会带来不少收入。

凭借着360安全卫士等免费软件，奇虎获得尽可能多的用户群，并通过提高软件功能和丰富多样的产品种类来满足不同客户的需求。对于那些只有少数人需要的个性化服务，奇虎360将针对部分用户提供增值服务从而赢利。

管理决策必须建立在持续赢利的基础上，持续赢利是对一个企业是否具有可持续发展能力的最有效的考量标准。一旦有了庞大的消费群体，收益就有了保证，这个赢利模式也就能持续。

经营决策考验管理者的智慧，每个企业都是一个复杂的个体，其所处的商业环境不同、客户定位不同、产品与服务的选择不同、拥有的资源不同，所以，如何决策最终实现可持续赢利的问题变得不简单。持续经营靠模式将唤醒经营者们对企业的命门——商业模式的重视、认知和思考，帮助更多经营者掌握识别、规划、评价、创新企业商业模式的知识和技能，以便为企业塑造成功的商业模式，将有助于创业者思考并解开企业持续赢利的奥秘。

决策确定后，要达到持续赢利的道路并不平坦，企业赢利是一个长期积累的过程。在刚开始的时候，肯定会存在很多困难，但是不要轻易放弃。所以，决策之后的坚持很重要，因为坚持会让你的经验越来越丰富，对行业越来越熟悉，客户越来越多，能力越来越强。

成功的商业经营决策要做到放眼未来，而不是追求短期的利润。所以，企业要想持续赚钱，永远立于不败之地，就需要在做决策时以长期理念为基础。当你成为这个行业的专家，自然就成了市场的赢家。

没有充分的调查，就没有正确的决策

发现机会是企业家从事经营活动的出发点，企业家的组织职能和创新职能都是以发现机会为前提的。

——张维迎（北京大学光华管理学院教授，经济学家）

北大管理理念认为，做任何决策前都应该进行科学的市场调查，充分了解信息。如果管理者不深入进行市场调查，而只是凭经验、凭感觉进行决策，在这种情况下所做的决策往往导致企业经营失败。

正所谓“没有调查就没有发言权”。在决策前，针对某一产品或服务的消费者，以及市场运营的各阶段进行调查，有目的、系统地收集、记录、分析及整合相关资料，了解市场的现状及其发展趋势，为市场预测和营销决策提供客观的、正确的资料。

有时依据市场调研做出的经营决策往往并不如预期，这个时候需要思考市场调研的方式方法是否科学。

二十几年前，上海的一家企业决定售卖新型家用电器。他们首先购买了 50 台家用微波炉和电磁炉，然后在一个机电展销会上进行试销。结果全部产品在三天内销售完毕。考虑到展销会的顾客缺乏代表性，于是他们又购买了 100 台各种款式的微波炉和电磁炉，决定在上海南东路的两个商店进行试销，并且提前三天在《解放日报》和《文汇报》上登了广告。结果半夜就有人排队待购。半天时间全部产品都销售出去了。

该企业的厂长让企业内的有关部门做一个市场调查。据该部门的负责人说，他们走访了近万户居民。据汇报上来的数据统计，有80%的居民有购买电磁炉和微波炉的要求。这说明老百姓对电磁炉和微波炉的需求量应该是很大的。如果扩大到附近江苏、浙江等省份，对微波炉和电磁炉的需求量将是一个非常令人惊喜的数字。于是，他们下决心引进新型的生产线，立即进行生产。

可是，当生产线继续投产的时候，该厂的产品已经滞销，企业全面亏损。厂长亲自到已经访问过的居民家中核对调查情况。结果是：他们后来却都没有购买。问其原因，居民的回答各种各样。

最后，微波炉和电磁炉生产线只好停产。

这个案例中的企业，市场调查表面比较充分，实际上不够深入，调查应该设置相关的购买动机、承受能力、使用习惯、目标消费群体的分类等，其市场调查和试销都只有从结果——“销售情况”来分析问题，太过于粗犷。对市场容量的调查缺乏实际，只是凭借自己的想象来下结论，导致盲目扩大产量，产品滞销。

市场调查是做出正确决策的前奏，是制定决策的基础，可供参考的调查方法主要有两种：一是委托专门的市场调查公司，二是由自己一手操办。但总体来说，调查需要遵循以下步骤：

1. 确定明确的市场调查目标

市场调查为管理者经营决策提供科学可靠的依据。这就要求管理者首先要明确：“我为什么要做市场调查？我要了解哪些情况？我要解决哪些问题？”不少管理者由于目标模糊，对市场调查的设想显得杂乱无章。这就要求管理者必须对症下药，

产品
销售业绩
市场调查
投资

在进行正式的市场调查之前，要先通过网络、各类报刊、统计部门、行业协会公布的信息等方式，有效地收集整理相关的二手资料。这样就能够在明确的目标指导下，为市场调查做足准备工作，而在具体调查中，消费者也乐于配合，管理者的市场调查设想也显得井然有序。

2. 设计具体的调查方案

管理者在制定明确的市场调查目标后，接下来的一个步骤就是为实现这一目标设计一个具体的方案。一个切实可行的市场调查方案一般包括以下几个方面的内容：

（1）调查要求与目的。这是每次市场调查最基本也是最为关键的问题。不管准备从事哪一种项目，都应该将需要了解的相关信息具体落实到方案上。

（2）调查对象。通常情况下，市场调查的对象一般分为消费者、零售商、批发商。

（3）调查内容。管理者可以根据市场调查的目的来拟定明确的调查内容。调查内容要求条理清晰、简洁明了。避免主次不分，内容烦琐。

（4）调查样本。

（5）调查的地区范围。

（6）样本的抽取。

（7）资料的收集和整理方法。

企业在做决策前应该要做市场调查，科学的市场调查是决策成功的关键，不少企业因为一个错误的调查结果而导致错误的决策，最终导致全盘皆输。希望更多的管理者能够认识到市场调查对决策的重要性，认识到科学的市场调查是科学决策的好帮手，真正重视市场调查。

90%的信息加10%的直觉，就是成功的决策

对一个决策者来说，直觉犹如一把双刃剑，既有可能帮助他获得成功，也有可能导致失败。

——北大管理理念

作为一个管理者，每天都会遇到大量需要决策的事情。成功的决策者为自己敏锐的直觉感到自豪和欣慰，同时，也应对直觉保持清醒的认识，保持警惕。

美国的巴顿将军就是以他的快速决策而著称的。他的许多决策看似出于本能，出于直觉，而且都是闪电式的。人们都说这归功于他的第六感觉，甚至认为是因为他的第六感觉很少欺骗他。他所做的“闪电决策”几乎都是正确的，这对他在二战中指挥美国第三坦克部队在欧洲取得胜利起了关键性的作用。

巴顿将军“闪电决策”看似依靠直觉，实际上是他拥有精湛的专业知识和掌握丰富信息的结果。

那些获得巨大成功的经营者，在制定方案或决策时，往往十分重视利用他们直觉的经营意识。但同时，他们也会对直觉进行谨慎的判断。

但有些管理者在进行决策时，常常过于相信自己的直觉，领导拍一下脑袋就定下来。他决策的依据不是客观的市场调查

报告、科学的理论原则以及在此基础上对市场未来趋势所做出的正确预测，而是单凭感觉、直觉。因此，“我只相信自己的直觉”，成了许多决策者自我炫耀的口头禅。

不可否认，优秀决策者的直觉在速度和灵活性上是具有一定的优势，但是直觉决策有很大的局限性。

对于企业管理者而言，成功的决策首先必须掌握大量对决策有用的信息，从某种意义上说，决策者能否做到正确决策取决于他掌握的信息量的多少。

孙子曰：“故明君贤将以动而胜人，成功出于众者，先知也。”意思是说，明君和贤将之所以一出兵就能战胜敌人，功业超越众人，就在于能预先掌握敌情。敌情就是信息，也就说，要想获得成功的决策，就需要有利于决策的信息。

1947 年，美国贝尔实验室发明了晶体管。相对于电子管而言，晶体管具有体积小、耗电少等显著优点。

但是，当时这项技术并没有引起广泛注意。可是，盛田昭夫领导下的日本索尼公司却看到了晶体管的辉煌前景。此时的索尼公司名不见经传，它太小了，只是一个做电饭锅的小公司。盛田昭夫认为，电子管和晶体管都是电子设备的基础元配件，晶体管的诞生，意味着一个电子应用全新领域的全面来临，从这个层面上讲，晶体管具有非常重要的战略价值。如果索尼能顺应形势发展，将快速成长为一家大公司。

于是，当时的索尼公司仅仅以 2.5 万美元“令人可笑”的价格，就从贝尔实验室购得了技术转让权。两年后，索尼公司率先推出了首批便携式半导体收音机，与市场上同功能的电子管收音机相比，重量不到1/5，成本不到1/3。三年后，索尼占领了美国低档收音机市场。五年后，索尼占领了全世界的收音机市场。如此成功的决策，就在于盛田昭夫获得了两大利于决策的关键信息：一是消费者具有希望电子产品越来越轻、越来越省电的消费期望，如果能够推出质量轻、待电时间长的收音机，一定会大受欢迎；二是晶体管的研制成功，使消费者期望具有满足的可能。

对管理者而言，正式的决策一般都有严格的论证程序，而且正式的决策大部分都属于战略性的决策，需要更加充分的信息和更科学的程序。但管理者遇到的很多问题是瞬间发生的，管理者在做决策时，通常脑子里没有严格的逻辑思考和推理，这个时候更多地需要依靠信息加直觉来判断。直觉决策有三种表现形式。

1. 便利直觉，使用容易得到的信息做出决策。信息是决策的前提，管理者能否便利地获得需要的信息对决策有很大影响，这包括近期的信息、眼前的信息、下属提供的信息等。尽管这些信息未必真实反映了事物的本质，但是这些信息最可能被用来做决策。例如，在对下属进行评价时，管理者往往依据的是下属近期的表现。下属早期的表现如果没有出现太大问题，只要近期表现良好，管理者的评价一般也是良好。

2. 表象直觉，将某些事物发生的可能性与熟悉的事物相对照做出决策。也许某个事件的发生是偶然的，但人们的天性决定了我们很多时候给偶然的事件找到相应的参照物，从而做出相应的判断。

3. 认同强化，增加对原有决策的投入，从而强化原有的认同，尽管原有决策已存在负面信息。例如，现实中存在大量对失败的决策继续执行以致最终酿成危机的例子。

有人直觉灵敏准确，直觉决策成功率很高，而有的人反应迟钝，直觉决策屡屡失败。如同样是股票投资人，有的人凭直觉屡屡得手，多有斩获；而有的人屡败屡战，损失惨重。这里面当然有运气的成分，但直觉决策能力的高低恐怕也是重要因素。

提高管理者直觉决策的能力，可以从以下几个方面入手：

1. 注意发挥自己的直觉。在每次决策之前，都要明了自己的真实感受，明了自己的直觉指向。面对决策问题，面对备选方案，要验证自己的直觉。当自己的直觉和多数人的意见吻合时再做出决策，其成功的概率就比较大了。

2. 注意验证自己的直觉。面对新情况时所产生的第一印象，往往是一个人的准确直觉。因此，要处处注意第一印象。随着决策的深入，各种意见和方案可能会纷至沓来，面对众多可供选择的方案，一定要将自己当初的直觉作为重要的备选方案，

给予足够的重视。而随着方案的实施，要验证自己当初的直觉的准确性，不断提高自身直觉决策的成功率。

3. 将直觉决策和科学决策结合起来。直觉决策并非完全依赖个人灵感这种非科学信息，而包含着决策人自身的经验、知识和分析能力等科学信息。面对复杂问题，直觉决策应该和科学决策结合起来，以灵光一闪的直觉为启发，依靠科学规范的决策程序，最终做出满意的决策。

直觉有时是准确的，但有时也会出现问题。如果决策者缺乏冷静的判断，以偏概全，否认信息的价值和有效性，不遵循科学规律，单纯依赖自身的直觉，必然使得决策风险增大，失败也就在所难免。

兼听则明，引导员工积极参与决策

一个有活力与创造力的组织，一定会鼓励一线员工坚持自己的观点并敢于直接表达——即便这样可能有悖于某些上级或权威的观点。只有这样才能让每个人的专业性与责任感真正发挥出来，避免企业犯经验主义的错误。

——李彦宏

通常情况下，管理者的决策过程往往是几个人参与的，员工在某项决策出台之前是毫不知情的。这样，导致有些员工不理解决策的含义，由此造成很多员工不知道自己该做些什么，更谈不上是不是努力地去做了。北大管理理念鼓励管理者积极引导员工参与决策，为企业决策出谋划策。

古人云："兼听则明，偏听则暗。"管理者要主动听取下属的意见，这样才能全面、客观地了解事物，做出正确的决策。

战国时期，秦王嬴政执掌大权后，下了一道逐客令：凡是从其他国家来秦国的人都不准居住在咸阳，在秦国做官任职的别国人，一律就地免职，三天之内离境。李斯是当时朝中的客卿，来自楚国，也在被逐之列。他认为秦始皇此举实在不可取，因此上书进言，详陈利弊。

他说，从前秦穆公实行开明政策，广纳天下贤才，从西边戎族请来了由余，从东边宛地请来了百里奚，让他们为秦的大业出谋划策；而当时秦国的重臣蹇叔来自宋国，丕豹和公孙支则来自晋国。这些人都来自于异地，都为秦国的强大做出了巨大贡献，使秦国收复了20多个小国，而秦穆公并未因他们是异地人而拒之门外。

李斯认为，秦始皇的逐客令实在是不可取的，把各方贤能的人都赶出秦国就是为自己的敌国推荐人才，帮助他们扩张实力，而自己的实力却被削弱，这样不仅统一中国无望，就连保住秦国不亡也是一件难事。李斯之言使得秦始皇如醍醐灌顶，急忙下令收回逐客令。正因为秦始皇听取了李斯的建议，不仅留住了原有的人才，而且吸引了其他国家的人才来投奔秦国。秦国的实力逐渐增强，十年之后，秦始皇终于完成统一大业。

对管理者而言，决策建立在丰富的信息基础上，需要对企业经营中的不同情况进行有效判断，但是任何决策者都不可能掌握全部的信息和资源，所以决策者必须重视别人的意见，尤其是员工的意见。

从管理角度来说，决策者全面听取各方意见，尤其是听取下属的反面意见，可以团结有不同意见的下属，也能赢得下属的尊重和信任，提高组织的凝聚力。

尽管某些意见不能被采纳，但至少可以作为决策的参考，即使是那些反对的意见，也可以提醒决策者需要规避决策中的风险。

20世纪80年代初，巴西有个小伙子里卡多·塞姆勒，大学毕业后就进入父亲的机械公司工作。

老塞姆勒希望儿子能接手自己的生意，可是企业每年的销售额却始终停留在几百万美元。塞姆勒上班后，他发现从中国和英国进口的茶叶开始在巴西流行，老塞姆勒觉得既然茶叶流行起来了，制茶机肯定会有市场，于是决定大批量生产制茶机。可是塞姆勒却说："父亲，我们能不能先征求一下员工的意见再生产？"

老塞姆勒不屑地说："员工们难道比我更会做生意吗？做生意就是讲究一个快字，哪有时间和他们商量，谁能抢得先机，谁就是胜利者！"这项决策最终由老塞姆勒拍板。

企业的制茶机生产线全面铺开，然而让老塞姆勒没有想到的是，半年过去了，这些机器却还压在仓库里。他们的投资遭遇了失败。

一天，塞姆勒在车间巡视时，听到两个员工的谈话。一个说："我们根本就不适合生产制茶机！"另一个说："气候条件注定巴西只适合种植咖啡和大豆，茶叶虽然在巴西流行起来了，但巴西本国却无法种植出优质的茶叶来，没人种植，当然就不会有人购买制茶机了！"

塞姆勒无意间听到的这个谈话，却给了他很大的启发。他认为，"智者千虑，必有一失"。所以，一家公司真正的CEO应该是每一位员工。只有尊重每一位员工的意见，才能做出更加明智的决策！

后来，父亲老塞姆勒把公司交给了只有23岁的塞姆勒。塞姆勒接管公司后，首先在办公室门口挂了一个意见箱，员工对公司有何建议，都可以放进意见箱。每一次做决策，塞姆勒都要开会讨论，而且还要把结果公布出来，让所有员工都参与，只有大家同意之后才能实施。

因为员工们能参与决策，使得员工们的工作积极性不断提高，不到五年的时间，公司的销售额已增长到1.6亿美元，成为巴西增长速度最快的公司之一！

这家公司就是巴西最大的货船及食品加工设备制造商塞氏

公司。目前，里卡多·塞姆勒让员工参与决策的管理经验，已经被全球76家商学院作为教学课程进行推广和传授。

很多优秀的企业都积极鼓励员工参与企业的决策，因为一方面能集中员工的智慧，另一方面能激发员工参与企业管理的热情。

决策者要重视别人的意见，积极引导员工参与决策，使管理者处于决策的主动地位，以提高决策的效果。

当断不断，反受其乱：果断决策的重要性

经常会有人站出来反对我，因为在公司已经有一种根深蒂固的思想：我说的不一定是对的。于是有人敢于并且愿意表达自己的观点。我认为我的面子并不重要，在百度，你想说什么就说什么。当然，遇到意见不一致时我来拍板决定。

——李彦宏

“机会可遇而不可求”，这是任何人都明白的道理。但是身为管理者，是否也有这样的经历：面对机会总是犹豫不决，想着多考虑、多分析，为了下一个准确的判断，你迟迟下不了决定。好不容易做了决定之后，又时常更改……到最后，可能决定有了，可是执行的时机已过，浪费了很多宝贵的资源和精力。

有一头著名的驴子，它非常饿，到处找吃的，终于看到了在它前面的两堆草。它迅速地跑过去，却为难了，因为两堆草同样鲜嫩，它不知道应该先吃哪一堆。它犹豫不决，在两堆草之间徘徊，一直在思考先吃哪一堆。因为不知道如何选择，最

终这头驴子在两堆草前饿死了。

寓言故事用夸张的笔法生动再现了生活中的现象：身为管理者在面临决策时总是犹豫不决，在不断的犹豫中流失了宝贵的时间和生命。

兄弟二人前去打猎，在路上遇到了一只离群的大雁，于是两人同时拉弓搭箭，准备射雁。这时哥哥突然说道："把雁射下来后煮着吃。"弟弟表示反对，争辩说："家鹅煮着吃好，雁还是烤着吃好。"两个人争来争去，一直没有达成一致的意见。来了一个打柴的农夫，听完他们的争论后笑着说："这个很好办，一半拿来蒸，一半拿来煮，就行了"。兄弟俩停止了争吵，再次拉弓搭箭，可是大雁早已经没影儿了。

兄弟二人在他们看到大雁时，如果及时射箭会得到雁，而在他们争论结束之后，雁已经飞走了。

犹豫不决的人总是先想到失败的结果，他们不敢做决定，他们无法确定事情的结果，或好，或坏，或者有什么意外，他们害怕承担因此产生的责任，他们害怕明天就会为今天的决定而后悔，因为明天可能会发生更美好的事情。

《孙子兵法》中说道："兵贵胜，不贵久。""其用战也胜，久则钝兵挫锐。"意思是用兵打仗，贵在快速反应，而不宜旷日持久，旷日持久会使军队疲惫，锐气受挫。经营者如果能敏感地发现市场的潜在需求并果断做出决策，调整产品定位，则会更容易迎合市场需求，分享到市场带来的成果。

在这个快鱼吃慢鱼的经济时代中，经营者想得早一点儿，动得早一点儿，就可能率先抢占巨大的市场份额。

2001年2月，海尔举行的全球经理人年会上，海尔美国贸易公司的总裁迈克提出建议，尽管在美国冷柜的销量非常好，但有一个用户难题是，传统的冷柜比较深，拿东西尤其是翻找下面的东西，非常不方便。他说能不能发明这样一个产品，从上面可以掀盖，下面能够有抽屉分隔，让用户不必探身取物。这时候，就在会议还在进行时，海尔集团的设计人员和制作人员便立即行动起来联手设计出新的产品，第一代样机就这样诞生了。

连迈克都感到震惊，他曾回忆起当时的情景："他们拍拍我的肩膀说给我个惊喜。他们把我带到一个小房间里。我看到一些盒子上蒙着帆布。他们让我闭上眼睛，他们掀开帆布。我睁眼一看，17个小时之前我的一个念头，已经变成一个产品，展现在我的眼前了。我简直难以相信，这是我所见过的最神速的反应。"第二天，海尔全球经理人年会闭幕晚宴在青岛海尔国际培训中心举行。一件披着红色绸布的冷柜摆在了宴会厅中。在各国经理人疑惑的目光里，主持人揭开了绸布，当场宣布：这就是迈克要求的新式冷柜，它已被命名为"迈克冷柜"。而当天，这款迈克冷柜就被各国经销商订购。正是这种对于市场需求的迅速反应为海尔集团赢得了经销商们的赞许，并最终占领了美国市场接近40%的份额。

管理者在变幻莫测的市场环境中，必须要做出敏锐的判断。

商业竞争已经跨过了"大鱼吃小鱼"的阶段，现在已经是"快鱼吃慢鱼"的时代了。对于一个企业的经营者来说，对市场的迅速反应与果断决策是建立在一套完整的机制之上的。

管理者必须抓住市场的动向，快速甄别各种繁杂的信息，找出真正能够影响企业策略的信息，并能够立即行动起来。而一个经营者的市场快速反应能力其实是综合实力的一种体现，建立在一定的组织基础之上，又要求企业的产品研发、采购、生产、销售、信息处理等各个部门全力配合。

因此，企业面对瞬息万变的市场，机会总是稍纵即逝，必须以快节奏、快速度抢占市场“空白点”，企业决策者应以敏锐的观察能力和判断能力审视整个市场，果断决策对企业经营者来说尤其重要。

任何时候，都不要让投资人替你决策

创业团队都要把握决策权，只有这样，才能从长远的角度上把握住企业的命脉。

——北大管理理念

面对笑脸相迎带来真金白银的投资人，北大管理理念告诉我们，企业的管理者千万不能乱了方寸，不能以出让决策权作为代价。

企业的创业者们需要特别注意的一点，就是不要让投资人替自己决策，应当始终把握住公司的命脉。创业者不能让任何人替自己决策，因为，创业者始终要对公司负责任，无论这个公司是好是坏，是顺还是不顺，是继续坚持还是转型，都得扛着这个担子，并且这个担子是别人扛不起也无须来扛的。

而且，管理者自己才是最了解公司的，只有自己决策，才能最大限度地让公司按照计划的方向发展。管理者必须自己做决策，绝对不能让投资商替自己决策。

在企业发展过程中，资本进入的情况已经很常见，而决策权也往往容易落到投资人手上。京东商城 CEO 刘强东曾在微博中谈道：“投资人和创业者永远是平等的伙伴关系，你小的时候不代表弱势；你长大的时候也不代表就可以凌驾于投资人之上！”而创业者和投资人之间的关系重中之重就是决策经营权。

因为资本的介入，导致不少企业的控制决策权从创业者转移到投资商手中，进而为企业的管理造成很大阻碍。

众所周知的招聘网站——智联招聘，就是其中一个典型的案例。企业在发展的过程中进行过多轮的融资，随着资本的不断流入，投资商分得的权利也越来越大。与此同时，智联招聘的创始团队很早就淡出，在融资之后，企业的管理团队最后只剩下不到 15% 的股权，而企业管理团队丧失股权的直接下场，实质上就是沦为没有企业运营权的职业经理人，整体而言，企业在外资企业控股的情况下出现了管理

上的混乱。

智联招聘的情况也并非少数现象。根据美国的一项调查显示，创业企业成立后的前 20 个月中，由创业者之外的人担任公司总裁的比例为 10%；到了 40 个月，这个比例上升为 40%；到了 80 个月，80% 的企业 CEO 已不是当初的创业者。

决策权的丧失正是源于“主导方总是出钱多的那位”。正如一位不愿透露姓名的创业型公司高管抱怨的那样：“分歧每天都在发生，而投资方总是‘老板’。”虽然从理论上来说，无论是出于企业投资方利益，还是企业管理层的利益，双方有着一个共同的目标，即努力实现企业盈利的最大化，投资人与企业应当是“情投意合”的。

而事实上，对于国内的一些企业而言，企业所有者，即出资人，往往会表现得财大气粗，“说话有分量”。这样就会让企业走入决策权落于投资人的管理困境，即在双方产生矛盾的时候，虽然名义上会进行协商与表决，但主导方毫无疑问是“出钱多的那个”，实际上是投资人替企业进行决策。

一旦企业的管理团队出让决策权，企业决策的话语权丧失后，在企业运营的过程中很容易与投资人产生矛盾。对于企业管理者而言，任何时候，都不要让别人替你做决策，只有牢牢把握住决策权，才能把握住企业的命运。

PART 04

人才招聘课：用三分之一的时间找人，找最优秀的人，找最适合的人

选人就像赌博，**选错人就会满盘皆输**

选错人比人才空缺能给企业带来更大的损失。

——张维迎

招聘企业需要的人才是管理者的重要工作和技能之一。“选人就像是在赌博，选错人就会满盘皆输。”很多优秀的企业管理者对这句话深有体会。因为对企业管理而言，人才不是培养出来的，而是“选”出来的。也就是说，要么你从一开始就对了，要么从一开始就错了。

从千千万万的人中选聘合适的人，对管理者而言并不是一件轻松的事情。虽然每年的毕业生数以万计，劳动市场仍然是供大于求，但真正找到自己中意的人才恐怕要费一番周折。

企业经营的成败，归根结底取决于选择什么样的人为企业工作。在经营中可能会犯下的最严重的错误就是选错人。如果

一开始就选错了人，不仅仅只是工资的损失，而后继的损失也是无法估量的。你甚至可能会失去发展的基础，因为人才才是企业发展的最坚实基础。因此，很多的管理专家深有感触地说：“管理成功就是选对人。”

为团队招聘合适的人，这是公司发展的关键。当然，管理者也许会聘用一些与公司发展并不匹配的人进入自己的团队。当管理者犯下多次类似错误的时候，不妨反思一下自己是不是在如下几个步骤做得不到位。

1. 做出招聘决定

管理者需要确定自己是否真的需要为某一职位进行招聘。一时的心血来潮或因人设岗等行为可能会造成对今后的负面影响。

2. 工作的内容是什么

既然已经做出了招聘的决定，就需要清楚地了解这项工作

将涉及哪些方面。

3. 寻找什么样的人

决定了需要招聘的职位和工作内容后，就需要决定合适的人选，他应该具备什么样的素质，以此达到人岗匹配。

4. 吸引人员参加竞聘

管理者需要决定的是依靠公司内部力量进行招聘还是需要参加招聘会等形式，不管哪种形式都需要吸引足够优秀的人才前来，以此确定适当的人选名单。

5. 笔试

这个步骤在有些选聘的过程中可以略去，但通过笔试考察应聘者的知识能力是十分有必要的。

6. 面试

这个步骤是至关重要的，作为管理者，必须明确自己的选人标准，对应聘者进行全方位的考察，在相互交流中评估应聘者的个人能力，并判断是否与本企业相适应。必要的情况下，可以现场拍板是否录用。

7. 评估

在完成了整个招聘过程后，有必要检查整个招聘过程中是否存在瑕疵，在招聘过程中的效率和公平是否得以最大化的体现，如果招聘的效果不理想，问题又出在哪儿。

为公司选聘到合适的人，可以极大程度地降低企业的运营成本，提升企业今后的发展空间。其实，只要招聘的各项准备工作做得充分，“赌博”的胜算还是比较大的。

留住好人才，是公司成功的标志。

——翟鸿燊（北京大学客座教授）

优秀的管理者都把相当大的精力投入到寻觅良才上。“贤主劳于求贤，而逸于治事”这一原理出自《吕氏春秋》。其意思是说，贤明的管理者把精力放在求贤用人上，而在管理具体事务上则采取超然的态度。

李彦宏说：“从百度诞生的第一天起，我们就非常重视人才。可以说在百度的发展过程当中，我本人花了三分之一左右的时间来寻找、发现、培养人才。”

人才是企业发展的第一利器，管理者重用一个人才就有可能搞活一个企业。将企业的选人放在第一位，“选对人”比“做对事”更为重要。李彦宏就是舍得在招聘上花费精力的人。

1999 年底，身在北大的刘建国收到一封邮件，一时间让他陷入纠结当中。这是一封邀约信，一个名叫李彦宏的人邀请他一起创业。虽然未曾谋面，但刘建国对李彦宏还是有所耳闻：他是当今搜索引擎领域排得上名号的人物，早几年就在美国获得一项搜索领域的专利，如今从美国回来，志在研发中文搜索引擎，以搜索技术影响并改变世界。

其实早在一年前的夏天，刘建国就曾接到过李彦宏的另一个邀请。当时李彦宏在清华大学举行一次搜索引擎方面的讲座，作为国内第一个基于网页索引搜索的搜索引擎“天网”的开发者，刘建国被邀请参加。后来。因故未出席那次讲座，自己便错过了与李彦宏面对面交流的机会。刘建国没想到这次李彦宏又找上门来。

当时，年仅 35 岁的刘建国在北大已经被评为副教授，而且是当时北大级别最高的副教授。他并没有马上答复李彦宏，只是就一些搜索技术上的问题与他在邮件上展开探讨。一来二去，刘建国发现李彦宏在搜索领域的地位名副其实，他也发现自己和李彦宏真是志同道合的一类人。

李彦宏邀请刘建国加入他的团队，并非无的放矢。他早就了解到国内搜索技术第一人非刘建国莫属，他主持开发过国内第一个大规模中英文搜索引擎系统“天网”，主持开发了第一个面向消息的中间件产品“银燕”，同时在北大带领着一支研发队伍。李彦

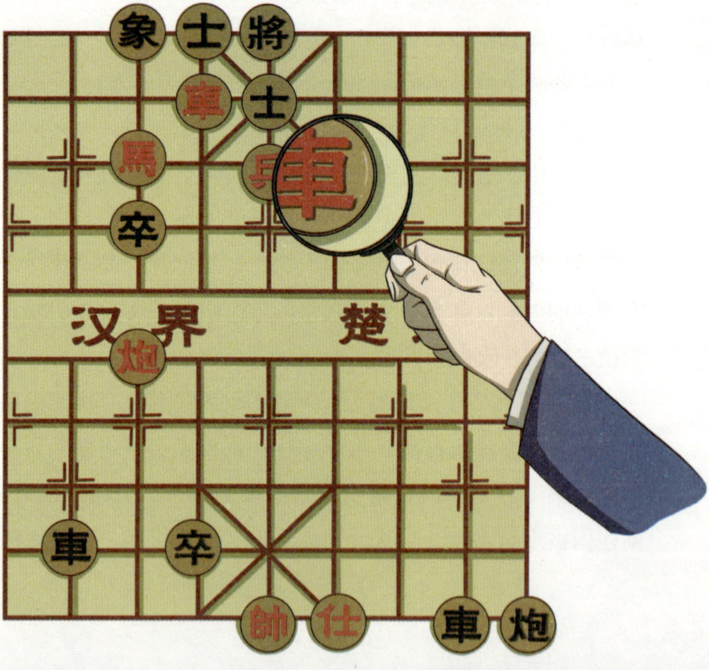

宏心里盘算着，说服了刘建国，就能带动和吸引更多的技术人才来到百度。

2000 年初，房子、车子、地位样样齐备的刘建国，在家人的反对声和同事的质疑声中离开了北大校园，来到了位于北大附近资源宾馆 14 楼的百度办公室，开始了他新的征程。管理者以诚心求贤纳才，必然会为企业选聘到优秀的人才。企业的成功其关键在于管理者是否能够从根本上去重视人才，是否能够主动将求贤纳才作为头等大事来抓。

微软公司总裁比尔·盖茨认为，一个企业家寻找到一个合适的人才，比他的财产增长更能够让他激动。他这样说道："这个世界上无论任何角落，只要有哪个人才被我发现，我会不惜任何代价，将其请到我身边来。"惠普公司前老总戴维·帕卡德也十分重视人才的选用工作，他认为，优秀人才是公司最为重要的资产，一家公司要想持续健康地发展，必须要下大力气选人才。

作为现代企业优秀管理者，必定是抱有求贤若渴的姿态，必定是怀有广纳贤才的决心。但求得贤才未必非要等人才自己上门，不妨走近人才，邀请人才加盟。美国著名的西尔斯公司（原名西尔斯-罗巴克公司）的创始人理查德·西尔斯是做小本生意起家的，他的事业发展到后来那么兴旺，连他自己都感到吃惊。他的成功之处在于他善于发现人才和使用人才。

西尔斯最初在明尼苏达州一条铁路做货物运输代理业务。做这种业务，有一件令人头痛的事情，那就是有时收货人嫌货物不好而拒收，收不到货款不说，还倒赔运费。西尔斯是一个善于动脑筋的人，不多久，他就想到了邮寄这种方式。出乎意料的是，这一方式竟然非常成功，于是同行都纷纷仿效，大有超越他这个创始人的势头。西尔斯意识到必须扩大规模，但扩大规模就得有人手，去哪里找这样的人呢？

在一个月光皎洁的夜晚，他碰到了迷路的罗巴克。两人一见如故，竟然谈了个通宵。罗巴克非常欣赏西尔斯的经营思路，西尔斯万分激动，盛情邀请罗巴克加盟，两人一拍即合，“西尔斯－罗巴克公司”就在那个夜晚诞生了。

两个人搭档使生意突飞猛进，他们开辟了多种经营方式，突破了运输代理范围。他们的生意越做越大，却发现自己已无力管理好公司，因此就想找个人帮他们管理。但是过了好长一段时间他们都没找到合适的人。

突然有一天，西尔斯下班回到家时看到桌子上放着一块妻子新买的布料。“你要的布料，我们店里多得很，你干吗还花钱去买别人的呢？”他有点儿不高兴，因为他经营的小店确实有很多同样的布料。

“这种布料的花式很特别，流行！”妻子说。

“就这种布料，也能流行起来？它不是去年上市的吗？一直都不好卖，我们店里还压着很多。”

“卖布的这么说的，”妻子说，“今年的游园会上，这种花式将会流行。瑞尔夫人和泰姬夫人到时将会穿这种花式的衣服出场。这可是秘密哦，你不要告诉其他人。”

西尔斯感到有些好笑，所谓的流行，不过是卖布的谎言罢了，抬出当地的两位贵妇人，也不过是促销罢了，想不到他这样精明的商人，竟有这么一个轻易上当的妻子。

到了游园会开幕那一天，果然如妻子所言，当地最有名望的两位贵妇瑞尔夫人和泰姬夫人都穿上了那种花式的衣服，其次是他妻子和其他极少的几个女人也穿了，那天，他的妻子出尽了风头。更奇特的是，在游园会上，每一个女人都收到一张宣传单：瑞尔夫人和泰姬夫人所穿的新衣料，本店有售。这哪是什么新衣料啊？但西尔斯突然开窍了：这一切，都是那个卖布的商人安排的！手段可不同凡响啊！

第二天，西尔斯和罗巴克带着妻子的宣传单，到那家店去，想看一下那个商人到底是谁。看到店里拥挤的人群之后，西尔斯和罗巴克一下子对那个商人佩服得五体投地。但当他们见到那个商人时，却不禁哑然失笑：那个商人竟然是他们的老熟人罗森沃尔德——经常和他们做生意的人。

寒暄之后，西尔斯和罗巴克开门见山："我们想请你去做我们公司的总经理。""请我？做总经理？"罗森沃尔德简直不敢相信这个事实，因为西尔斯和罗巴克的生意在当地做得太好了。罗森沃尔德要求给他三天时间考虑，因为他自己正做着生意，面临着选择。

"当然可以，"西尔斯说，"不过，这三天内，你得保证不能到其他公司工作啊。"

"那是肯定的，"罗森沃尔德笑了，"我还没有那么俏，不会有人找我的。"

事实上，西尔斯的担心一点儿也不多余，因为他们刚刚离开，就有两家化妆品公司登门邀请罗森沃尔德加盟了。罗森沃尔德也是一个守信之人，因为西尔斯有言在先，他拒绝了那两家化妆品公司。

出身于市井小店的罗森沃尔德对西尔斯和罗巴克深怀感恩之情，工作十分投入，很快做出卓越的成绩。他和西尔斯、罗巴克一起奋力拼搏，公司业务蒸蒸日上，十年时间，公司营业额增长600多倍。西尔斯公司后来一度成为美国也是世界最大的私人零售企业。

管理者要想招贤纳士、吸引人才，首先要有求贤若渴的态度。技能、知识很容易被教会，而才干则不容易被教会。作为企业的管理者，要想成就大事，就必须找有才干的人为己所用，让自己成为求贤纳才的现代伯乐。

人才是企业最为宝贵的竞争力之一，企业管理者为寻觅符合企业发展的超级人才，应该花费必要的精力。刘备三顾茅庐，最终才能请到诸葛亮，为蜀汉的建立奠定了人才基础。管理者为求贤才，也必须至诚至真，才有可能寻觅到最合适的人才。

道不同不相为谋——选人的前提是价值观的统一

即使是非技术人员，如果进公司的时间早，或者刚毕业没多久就进入公司，他们会更加认同公司的理念，更加认同公司的文化，因而在这个平台上也能够如鱼得水；而进公司晚的，通常需要一个痛苦的转化过程，去学会如何变得更适应百度，更适应百度做事的方式。

——李彦宏

每年的校园招聘，身为百度老总的李彦宏，都必定会亲自到各大高校进行演讲，现场解答同学们的疑问。从母校北京大学到南京大学、华中科技大学、浙江大学，为了寻找合适的人才，李彦宏不惜花费时间和精力，事必躬亲。在招聘的过程中，百度也许会放弃一些优秀的人才，这是为什么呢？因为他们首先需要的是能够“认同”百度的人。

俗话说“道不同不相为谋”，“道”就是一个企业的文化与价值观。一个卓越的团队必须有共同的“道”。没有共同价值观的企业必定是松散而没有竞争力的，如同大海中失去航向的船只。企业价值观中包含的价值理想，这种永恒的追求信念赋予企业员工以神圣感和使命感，并鼓舞企业员工为崇高的信念而奋斗。

心理学研究认为，人对自己所认同的东西会产生极大的热情。管理学则进一步强调，人只有在为自己所认同的目标工作时，才能全身心地投入其中，并充分发挥其创造力。

每个企业都有自己的价值理念和行为准则，如果员工不能认同企业的价值理念，最终的结果只有两种：一是员工主动离开，二是被企业辞退。

如果缺乏认同，人们根本不会自觉自愿地发挥自己的能力，终将碌碌无为，一事无成；一家企业如果没有员工的认同，只会自毁品牌，背离客户，终将倒闭；一个国家、一个民族缺乏人民的认同，这个国家、民族就会日薄西山，没有希望。

对企业来说，员工缺乏认同也就意味着企业缺乏发展的源泉，员工的认同则是企业发展的动力。认同企业的愿景，员工就有了奋斗的方向；认同企业的文化，员工就具备了成长的软实力；认同企业的制度，员工则能在规范内自由发挥自己的能力……有了认同，员工才能心甘情愿地为企业的发展付出。

优秀的管理者会选择并且大胆任用那些志同道合的人才，因为这类人才是企业最需要的人才。对于领导者来说，要善于选用那些价值取向与公司价值观相符的人。

个人价值取向与公司价值观相符，这样能够使企业在内部建立起一个共同目标。如果企业雇用的人在价值观上与企业文化不相符，那他就会认为企业所从事的事业不值得，企业还怎么指望他把该做的事做好呢？

如何才能寻觅到企业发展的同道者，并留住他们呢？管理者可考虑从以下三个方面入手：

1. 招聘环节

通过招聘，遴选同道中人。只有企业和员工的价值观“性相近”“习相投”，才有相互融合的基础，进而也才更容易相互认同。价值观本质上是在各主体的成长过程中缓慢形成的，相对固化于各自的个性之中，正所谓“江山易改，本性难移”。好的招聘过程，一方面能够准确选择潜在的文化认同者，另一方面也能够很好地向这些潜在的文化认同者进行初步的价值观灌输与辐射。

2. 企业培训

通过培训，培养认同感。企业针对核心员工的培训，主要不是技术或技能方面的，而是价值观方面的。目的就是要在系统地向员工灌输企业价值观的基础上，有针对性地培养他们对企业文化的认同感。

3. 文化氛围

通过老员工的言传身教以及员工在工作过程中的耳濡目染，培养员工对企业价值观的认同。企业文化氛围愈浓厚，效果愈明显。

学历与能力：天平该向哪边倾斜

在新东方，很多只有高中学历的人成功地站在了 GRE 的讲台上。

——俞敏洪

哈佛大学教授迈克尔·斯宾塞获 2001 年度的诺贝尔经济学奖，当斯宾塞在哈佛大学读博士的时候，他观察到一个很有意思的现象：

很多 MBA 的学生在进哈佛之前很普通，但在哈佛学习几年后再出去，就能比教授多挣几倍甚至几十倍的钱。这使人禁不住要问为什么，哈佛的教育难道真有这么厉害吗？

斯宾塞研究的结果是：学历具有相当重要的作用。一般来说，企业管理者都会认为，名牌大学也可能出现次品，但这样的概率相对来说要低得多。而且，一个名牌大学的建立，是其多年有效信息、费用累计的结果，没有人愿意轻易地毁掉自己的信誉。所以，学历往往成为招聘人才的一个基本判断标准。由此也会做出一个基本判断：学历更高的人能力也更强。

北大管理课的理念是，学历并不代表能力，只是重要的参考。很多成功人士的经历也表明，学历不一定是唯一的衡量标准，他们学历并不高，但能力很强。古今中外，很多优秀的人才，他们并没有高学历，却为社会做出了杰出的贡献。瓦特，原是一个仪表修理工，发明、改良了蒸汽机而开辟了蒸汽动力时代；法拉第，是一家书籍装订厂的订书匠，创立了电磁理论而开辟了电气时代；莫兹利原是一个铁匠，发明了车床而开辟了用机

器生产机器的机械文明时代；富尔顿，年轻时是一家珠宝商店的学徒，发明了蒸汽轮船；爱迪生是列车上的一个报童，一生做出了1000多项发明。

西门子中国有限公司人力资源经理说："我经常对身边的人形象地比喻，如果解决知识的问题需要两三个月，解决经验的问题就需要两三年，而解决能力的问题，则需要二三十年。能力不行，再有知识也没有用。况且当今社会知识更新非常快，如果不具备学习能力，你有再多的知识也会很快落伍的。"

如果管理者只重视学历，把学历作为招聘人才的主要标准，那对部门、对企业的发展的危害是极大的。这种错误的选人、用人观，会把一些真正需要的有能力的人才拒之门外，看起来他们是在选才，实则是在拒才。

李彦宏也说："百度是一家讲究实际的公司，它不看你的学历，不看你的背景，不看你的年龄，主要还是看你的能力，如果你能够胜任这份工作的话，不管你是刚毕业的学生，还是已经有很好的社会地位的人，我们都是一视同仁的。"

在选人、用人时，优秀的管理者不仅注重学历，更加注重对对方能力的考核。在日本，有一本《学历无用》的畅销书，这是索尼公司的创始人盛田昭夫在总结自己的管理经验时所写的书。书中明确提出要把索尼的人事档案全部烧毁，以便在公司里杜绝学历上的任何歧视。在索尼公司1.7万名雇员中，科技人员有3500多人，但是有相当一部分人并不是"科班出身"。在工作中，大家不论学历高低，只比能力大小，从而使得技术和质量位列"世界第一"的新产品不断问世，且畅销世界。

为什么盛田昭夫说学历无用呢？他解释说："学历，与其说是一种客观评价的标准，倒不如说是一种偷懒的手段，所谓学历标准只不过是管理者避免花力气评价员工的一种借口而已。"

日本欧姆龙公司在招聘人才时，会将所有应聘者的毕业学校以及其他身份标识隐去，其目的是避免对人才的成见和偏见。学历只是对一个人学习情况的总结，而能力才是真正能让人出类拔萃的东西。作为管理者，不应以学历作为唯一的参考标准，而应甄别应聘者的真实能力，大胆任用能力高的人，才能真正为企业招到最优秀的人才。

很多管理者在招聘时，还是倾向于学历，把本科以上学历作为门槛。考虑到人才招聘的成本，设定一定的门槛无可厚非，但也在无形中挡住了一部分真正优秀的人才。有些管理者将人才与名校的硕士、博士画上了等号，而没有真正关注从业者本身的能力与素质。事实上，即便是名校的硕士、博士，其应用能力也未必会得到企业的认可。

有一位企业家说："有用即是人才！"很多民营公司没有遵从"唯学历论"，他们认为，人才的学历重要，但更重要的是要有一技之长，能够独立开展工作，有创新精神，爱岗敬业，脚踏实地地工作。不管他的学历有多低，职称有多低，只要他能够为企业创造价值，这样的人就是人才。

娃哈哈集团董事长宗庆后说得好："有用的人为我所用，有用的人各施其用，那企业就活了。"也正是这句话成为娃哈哈集团的用人标准。宗庆后的娃哈哈集团是最先在全国推行"只看本事，不看学历"的用人标准的公司之一。的确，作为一个明智的决策者，作为一个精干的领导者，应该做到“唯才是用”。

对于每一个企业而言，招聘人才的唯一目的就是“为我所用，能给企业创造价值”。如果招聘的人不能为企业带来利润，即使学历再高、知识再渊博、经验再丰富，招聘也是不成功的。

然而，目前企业识别人才，主要还是看简历、学历和面试情况，甚至有的企业“对研究生敞开门，对本科生开扇门，对专科生关着门，对高中生怎么敲也不开门”。学历已经成为管理者招聘人才的首要标准，但很多工作能力是学历无法反映出来的，这就要求管理者在招聘人才的时候具体问题具体分析，舍弃“唯学历论”，找到真正的人才。

在赛马中相马，**选择人才比培养人才更重要**

企业对人才的甄别就是一个赛马的过程，千里马都是在比赛中表现出来的。

——北大管理理念

企业招聘不宜单纯用“相马制”，因为，企业的管理者不会总能看准人才，看走眼的时候也非常多；管理者的精力有限，不可能给特别多的人才表现的机会。在相对标准录用的方法下，管理者招聘到的员工需要在实际工作中采取赛马制，让千里马脱颖而出。

真正的实力派选手从来都不惧怕比赛，唯有比赛，才能表现出自己的实力。但是，有能力却不去做，就相当于能力没有发挥，其结果无异于没有能力。在企业中选用人才同样如此，人才的判定不仅仅看一个人有没有能力去做某件事，还要看是否情愿去做。人才的选拔是动态的比较过程，而非静态的衡量过程。

在赛马的过程中相马，实践才是检验人才的最重要标准。所以，在挑选人才的时候，不应该仅仅是赛马，能力测试是一个赛马的过程，而心态检验是相马的过程，在赛马中相马，才能选择出最适合的人才。千里马不仅是“赛”出来的，还是“相”出来的。

但现实中有些伯乐因受知识、经历、素质的局限，选中的非但不是千里马，反而是病马、劣质马！由此，海尔集团提出了“相马不如赛马”，即选拔人才不能仅靠印象、感觉去“相马”，要像“赛马”一样让员工在实际的岗位上、工作中竞争，最

终脱颖而出的才是人才。

海尔的用人理念是“人人是人才，赛马不相马”，你能够翻多大跟头，就给你搭建多大的舞台。海尔的人力资源开发从一开始就严格遵循这一理念，人力资源开发中心不是去研究培养谁、提拔谁，而是研究发挥人员潜能的政策和机制。在海尔，各类招聘方式的运用为“赛马”提供了一个舞台。

对于校园、网络招聘和招聘会等形式，在海尔都有不同程度的运用。对于应届毕业生，比较多的方式是校园招聘和网络招聘，对于中高级人才，会采用特色招聘和其他形式的招聘。具体采用哪一种，要根据实际情况来确定。

当员工被海尔录取后，并不是就万事大吉了。对于刚入厂的新员工来说，工作不是给他分配的，而是要竞争的。新员工报到后会有半年的培训，培训合格后，全部岗位竞争上岗。集团将组织一次大型的内部招聘会，新员工可以根据半年来自己对企业的了解和对自己的了解，结合自己的职业生涯规划，选择合适的岗位报名应聘。此举对集团内的各个事业部和新员工都起到了很好的促进作用。对各个事业部来说，他们会创造更好的竞争氛围，以吸引优秀的人才，对新员工来说，需要更好地完成培训和实习，为竞争适合自己的岗位增加砝码，同时也有了更多选择的空间。

在海尔，每周都会有一次内部人才流动招聘会，综合业绩排序前30%的员工都可以报名，应聘相应的岗位。正如海尔的理念所说的，“拆掉企业内部的墙，把企业经营成一条快速流动的河”。

通过海尔内部的平等竞争，有能力的新人很快就能实现自我价值，人才也能很快就被“赛”出来。

在张瑞敏看来，“赛马”在用人机制上有着“相马”无法比拟的优势，并保证人才辈出。由此可知，企业最可信赖的人才选拔方式，就是在实践中观察、发现和培养。

当然，在赛马中相马，这种方式需要漫长、持续、稳定、艰苦的努力，但是，因为它依赖的是一贯的业绩和可靠的行为，所以是最值得信赖的。

因此，在招聘中准确识人，并在实践中考察人，两种方式并举，既要“相马”又要“赛马”，才能得到最合适的人才。

伯乐相马：寻找有潜力的员工

如果一个老师能够把教学内容、激情、励志与幽默完美地结合在一起，那他就能够成为新东方的品牌老师，成为新东方的骄傲。

——俞敏洪

管理者要做一个知人识人的伯乐，就要学习伯乐“识马”的能力。春秋时期的孙阳对马的研究非常出色，人们便称他为伯乐。

一次，伯乐受楚王的委托，购买能日行千里的骏马。伯乐跑了好多地方，没发现中意的良马。一天，伯乐从齐国返回，在路上看到一匹马拉着盐车，很吃力地在陡坡上行进。马累得呼呼喘气，每迈一步都十分艰难。伯乐对马向来亲近，不由走到跟前。马见伯乐走近，突然昂起头来瞪大眼睛，大声嘶鸣，好像要对伯乐倾诉什么。伯乐立即从声音中判断出，这是一匹难得的骏马。

伯乐对驾车的人说："这匹马在疆场上驰骋，任何马都比不过它，但用来拉车，它却不如普通的马。你还是把它卖给我吧。"

驾车的人认为这匹马实在太普通，拉车没气力，吃得又多，还骨瘦如柴，毫不犹豫地同意卖给伯乐。伯乐牵走了这匹马，来见楚王，拍拍马的脖颈说："我给你找到了好主人。"这匹马抬起前蹄把地面震得咯咯作响，引颈长嘶，声音洪亮，如大钟石磬，直上云霄。楚王听到马嘶声，走出宫外，但看到马瘦得不成样子，有点儿不高兴。

伯乐说："这确实是匹千里马，不过拉了一段时间车，又喂养不精心，所以看起来很瘦。只要精心喂养，不出半个月，一定会恢复体力。"

楚王一听，有点儿将信将疑。不久之后，马变得精壮神骏。楚王跨马扬鞭，但觉两耳生风，片刻之间已跑出百里之外。"伯乐相马"的故事经久流传，就是"千里马常有，而伯乐不常有"，不少人才都发出这样的慨叹。

作为"伯乐"，要具备"相马"的技能，需要从无名之辈中发现贤才，从石头堆里寻到珍宝，善于发现那些有发展潜力的人。

不少优秀的企业都深谙此道，成为优秀的"伯乐"。凤凰卫视的选人原则就是"有眼识得金镶玉"，这里的"金镶玉"就是未遇伯乐的千里马。凤凰卫视的管理者正是靠着敏锐的眼光，

发现了不少具有潜力、潜质、潜能的人才。

因为在众人中挑选那些有潜力的员工是一项非常艰巨的任务，管理者要想跳出用人识才的误区，较快地识别出应聘者的潜能，应当注意以下几点：

1. 听其言

有发展潜力的人大多是没有发现的人才。他们在公开场合打官腔、说假话的机会极少，所说之言，绝大多数是在自由场合下直抒胸臆的肺腑之言，是不带“颜色”的本质之言，因而更能真实地反映和表达真实的思想感情。

2. 观其行

从一个人的行为能看出他是一个什么样的人。例如，一个讲究吃喝打扮的人，所追求的是口舌之福和衣着之丽；一个善于请客送礼的人，所追求的是吃小亏占大便宜，等等。任何一个人，一旦进入了自己希望进入的角色，就会为了保住角色而多多少少地带点儿“装扮相”。只有那些处在一般人中的人才，既无失去角色的担心，又不刻意寻觅表现自己的机会，所以，一切言行都比较质朴自然。领导者若能在一个人才毫无装扮的情况下透视出其“真迹”，而且这种“真迹”又包含和表现出某种可贵之处，那么大胆启用这个人才，十有八九是可靠的。

3. 析其能

有潜能的人虽然未曾被人发现，他可能处于成长发展阶段，有的甚至处在成才的初始时期，但既是人才，就必然具有人才的先天素质。或有初生牛犊不怕虎的胆略，或有出淤泥而不染的可贵品格，或有“三年不鸣，一鸣惊人”之举，或有“雏凤清于老凤声”的过人之处。一位善识人才的伯乐，正是要在千里马无处施展腿脚之时识别出它与一般马匹的不同。

4. 闻其誉

善识人才者，应时刻保持清醒头脑，有自己的独立见解，不受表面现象所左右。对于已成名的人才，不应当跟在吹捧赞扬声的后面唱赞歌，而应多听一听反对意见；对于未成名的潜力人才所受到的赞誉，则应留心在意。这是因为，人大多有“马太效应”心理，人云亦云者居多。大家说好，说好的人越发多起来；大家说坏，说坏的人也会随波逐流。当人才处在潜伏阶段，“马太效应”对其毫不相干。再者，别人对其吹捧没有好处可得。所以，其称赞是发自内心的，是心口一致的。管理者如果听到大家都对某一名应聘者进行赞扬时，一定要引起注意。

通过面试识人，让你招到精英

选聘人才是管理者的重要工作，识人水平的高低，往往直接决定其工作成效的好坏。

——北大管理理念

“知人者智，自知者明。”这句古训高度概括了识人的重要性。对于管理者而言，管理工作的起点本质上是人而非事，因为任何管理活动，最终都会归结到人身上。

对于管理者而言，用人的前提是识人，必须练就慧眼识人的本领。

李鸿章推荐三个人去见曾国藩，碰巧曾国藩出去散步，这三人在门口等候。

曾国藩回来的时候，一眼就看到门口有三个人，但他未动声色。李鸿章问老师对此三人的评价，曾国藩回答道：“左侧之人可用，但只可小用；右侧之人万万不可用；中间之人可用，且可大用。”他继续解释说：“左侧这个人，我看他一眼，他也看我一眼，我再看他一眼，他就把眼皮顺了下来，不敢再与我对眼神了。这说明他心地比较善良，但是气魄不够大，所以可用，但只可小用。右侧这个人，在我看他的时候，他不敢看我，当我不看他的时候，他又偷偷地看我，很明显这个人心术不正，所以万万不可用。然而，中间这个人，我看他一眼，他也看我一眼，我上上下下扫他一眼，他又堂堂正正地打量了我一番。说明此人心胸坦荡，气魄宽广，可用，而且可以大用。”此时，李鸿章幡然领悟。

中间这个人就是被李鸿章重用并成为台湾第一任巡抚的刘铭传。

曾国藩没有通过应聘者的衣着、学识来鉴别来人是否能成才，而是通过应聘者面对突发状况的反应就一眼看穿了应聘者的内在素质。

应该说，集体面试然后选聘人才是一个有效的方法。几个面试官，一般包括与职位相关的几个管理者，首先向应聘者提出一系列自己认为重要的问题，然后再结合学历、工作经验、谈吐和感觉，形成各人的判断，最后汇总意见加以讨论，确定最终入选者。通过这种面试的方法识人，就是一种有效的面试方法。

可以说，面试是人才招聘过程中极其重要的一环，优秀的企业通过面试，就能为企业选择最优秀的人才。

在一次招聘会上，北京某外企人事经理说，他们本想招一个有丰富工作经验的资深会计人员，结果却破例招了一位刚毕业的女大学生，让他们改变主意的起因只是一个小小的细节：这个学生当场拿出了两块钱。

人事经理说，当时，女大学生因为没有工作经验，在面试一关即遭到了拒绝，但她并没有气馁，一再坚持。她对主考官说："请再给我一次机会，让我参加完笔试。"主考官拗不过她，就答应了她的请求。结果，她通过了笔试，由人事经理亲自复试。

人事经理对她颇有好感，因为她的笔试成绩最好，不过，女孩的话让经理有些失望。她说自己没工作过，唯一的经验是在学校掌管过学生会财务。找一个没有工作经验的人做财务会计不是他们的预期，经理决定收兵："今天就到这里，如有消息我会打电话通知你。"女孩从座位上站起来，向经理点点头，从口袋里掏出两块钱双手递给经理："不管是否被录取，请都给我打个电话。"

经理从未见过这种情况，问："你怎么知道我不给没有录用的人打电话？""您刚才说有消息就打，那言下之意就是没录取就不打了。"

经理对这个女孩产生了浓厚的兴趣，问："如果你没被录取，我打电话，你想知道些什么呢？""请告诉我，在什么地方我不能达到你们的要求，在哪方面不够好，我好改进。""那两块钱……"女孩微笑道："给没有被录用的人打电话不属于公司的正常开支，所以应该由我付电话费，请您一定打。"经理笑了，说："请你把两块钱收回，我不会打电话了，我现在就通知你：

你被录用了。”

有人问：“仅凭两块钱就招了一个没有经验的人，是不是太感情用事了？”经理说：“不是。这些面试细节反映了她作为财务人员具有良好的素质和人品，人品和素质有时比资历和经验更为重要。第一，她一开始便被拒绝，但却一再争取，说明她有坚毅的品格，财务是十分繁杂的工作，没有足够的耐心和毅力是不可能做好的；第二，她能坦言自己没有工作经验，显示了一种诚信，这对财务人员尤为重要；第三，即使不被录取，也希望能得到别人的评价，说明她有反省力，她可以不把每项工作都做得很完美，我们接受失误，却不能接受员工自满不前；第四，女孩自掏电话费，反映出她公私分明的良好品德，这更是财务工作不可或缺的。”

在招聘的过程中如果识人不慧，糟糕的结果是什么？把本来合适的应聘者放走了。那比这个更糟糕的结果是什么？是把能力不合适的求职者选进了公司。我们综合了知名企业的种种，给出以下几种非传统面试方法，供企业管理者们参考。

1. 不考即考

没有言明或没有任何迹象表明是在考试，但考试早已开始。“大家都别走啊，等会儿我们一起吃个饭，增进一下了解。”小林和其他四位考生一起参加了某协会秘书岗位的求职面试。正当所有人准备离开时，招聘者忽然发出了饭局邀请。

饭局开始，大家依次入座。菜不错，单位领导很热情，五位学生望着偌大的包厢，有些不知所措，只有一位叫小林的面试学生，举止较为得体。

饭后，招聘单位负责人告诉五名应聘者，刚才设下的饭局，也是面试的一部分，惊讶很快写在每个人的脸上。招聘负责人表示，小林被录取了。

该单位一名金姓女负责人说，其实第一轮面试，了解五位考生大致情况后，发现他们的水平不相上下。当时恰好临近晚饭时间，于是有了通过饭局进一步考察考生的想法。没想到通过这种方法，找到了需要的人。

2. 即兴发言

管理者给应试者一个题目，并在发言之前向应试者提供有关的背景材料，让应试者稍做准备后按题目要求进行发言。

即兴发言的主题可以随机设定，可以是公司面临产品销售的暂时困难时，向全体员工做一次动员，要求大家齐心协力共渡难关；可以是就新产品的推出，做一次新闻发布会上的发言；也可以是在新年职工联欢会上发表祝词等。

通过即兴发言，可以测试应试者的快速反应能力、理解能力、思维的逻辑性及发散性、语言表达能力以及风度举止等。

3. 现场分析

给予应试者有关某一问题的相关资料，要求他对这一问题做出全面分析。应试者可以通过向考官提一些问题，从而获得更多的信息。现场分析能有效考核应试者的综合能力水平。

4. 编组讨论

将应试者编成一个或几个不同的小组，每组的人数大致相等，面试者要求应聘者讨论某些有争议的问题或实际经营中存在的某种困难，最后将讨论形成的一致意见，以书面形式汇报。

考官坐在一边，观察整个讨论过程，倾听讨论发言，然后根据每一个应试者的表现，重点从以下几个方面进行考核：领导欲望、主动性、说服能力、口头表达能力、抵抗压力的能力等。

5. 随意聊天

虽然聊天也是一问一答，但在轻松的氛围中聊到的内容更宽、更广，也更能让应聘者展现更真实的自我，管理者从中得到最全面的判断。

随意聊天测试，最大的特点就是看上去很随和，应试者几乎感觉不到是在面试，而像是在话家常。这种方式的最大优点是从面试过程中识别更为真实的应聘者。

PART 05

用人管理课：每个人都拥有智慧，关键是怎样激发和运用

没有最好的人才，只有最适合的人才

他们有时候也会感觉我在和稀泥，明明觉得那个人不行，却还在那个位置上待着。实际上，我觉得我还没有给他找到更适合他的位置。

——俞敏洪

没有最好的人才，只有最合适的人才。精明的企业管理者对待人才要做的就是将合适的人才放在合适的位置，达到人事相宜。

很多管理者认同“没有平庸的人，只有平庸的管理”。传统的管理把人看成一个模子，仅仅依照工作的制度安排人的位置，结果许多讷于言辞的员工被安排去外联，许多善于表达的员工被安排做机械性工作……作为一名优秀的管理者应该知人善任，让自己的下属去做他们适合的事情，这样才能实现用人之长。

有的员工谨慎小心，有的员工讲究工作效率，有的员工非常善于处理人际关系，有的爱表现，有的好宁静……总之，员工的类型有很多种，管理者需要做到的就是人尽其才、才尽其用。作为管理者，要懂得把适合的人才安排在适合的岗位上，做到资源的优化配置。

企业唯有通过不同岗位人才的配合，才能最终实现企业的良好发展。但如果优秀的人才没有用好，企业的运营也会出问题。

为扩大规模，某企业高薪招聘了20多位出色的人才，优越的工作环境、高薪的挑战等都让这些人跃跃欲试。然而，不到半年的时间里，看似强大的团队却问题连连，团队的工作效率较之规模扩大前明显降低……

这样的情况在不少企业都能见到。人才具有相应的能力，但并不表示管理者就能充分用好这些人才。作为管理者，要能够认清不同下属之间的差异，找到他们之间不同的特点与优势，这样才能在安排任务时做到合理，让他们在最适合的位置做最适合的事。

一个人只有处在最能发挥其才能的岗位上，才有可能干得好，把自己的能力全部发挥出来，为企业做出最大的贡献。关于这个道理，庄子讲得很明白：

庄子认为，弯曲的大树，虽然也很高大，但却疙里疙瘩，不符合绳墨取直的要求，它的树枝弯弯扭扭，不适应圆规和角尺取材的需要。因此，它虽然生长在道路旁，可木匠连看也不看。难道这样的树，真的大而无用吗？庄子的回答是否定的。他说，如今你有这么大一棵树，却担忧它没有什么用处，怎么不把它栽种在什么也没有生长的地方，栽种在无边无际的旷野里，悠然自得地徘徊于树旁，悠游自在地躺卧于树下……

由此可见，树的疙疙瘩瘩并不是无用的原因，只是安排的位置不适合。一棵树不符合绳墨取直的要求，不能做梁、做椽，却可以供人欣赏乘凉等。一个企业，将人才安排到恰当的岗位，不但有利于稳定人员结构，更能够挖掘人才的潜能。

在这个世界上，每个人的能力和每个地方的需要都是不同的。不同的工作需要不同能力的人，而不同的工作环境也可以培养不同能力的人。

适合的人才，用在适合的岗位上，能够实现所在岗位利益最大化。根据下属的不同类型，可以安排不同的工作内容，以达到人尽其才、才尽其用。一般而言，下属主要分为以下四种

类型：

1. 能力超群的人

这类员工经验丰富，能力卓越，管理者可以尽管放手让他们完成工作。同时，因为这种人具有很强的能力，他们往往自视较高，甚至自负。管理者应给予他们充分发挥的余地和空间，让他们感到被重视，能够实现自我价值。

管理者要求这类下属从事的工作任务应该是与他们的才能相适的，要具有挑战性，有较大的决策权和相应的责任。例如组织一次展销会，拟订一个大型的公关宣传活动计划等，这些任务对上将型下属有较大吸引力。

对这类下属，要给予他们充分的信任，切忌干涉他们的工作。

2. 能力较强的人

这类员工是指有一定经验，能力较强，有一定的决策力，但需要不时地支持和鼓励的下属。

管理者启用这类员工，需不时检查他们的工作进度，但要顾及他们较强的敏感心理，检查应不露痕迹地进行。可以给他们具有一定的挑战性，需要一定的经验方能出色完成的工作。这类工作对热衷于承担更大责任的下属来说，是再适合不过的了。

3. 有积极性的人

这类下属缺乏经验，需要向有经验的前辈学习该怎么做，他们常常是刚入公司的年轻人，他们在公司中是不可缺少的一部分。管理者切不可忽视这批人的存在，因为他们中间必将出现一批优秀人才，支撑起公司的明天。管理者要做的正是发掘这批人，给他们机会，锻炼和选拔他们。

4. 有一技之长的人

这类下属让管理者有点儿头疼，因为他们的工作能力算不上优秀，但是在工作能力之外却往往有一技之长。其实，这样的员工对于企业也是财富。高明的管理者能通过有效的管理让这类下属充分展现自己的特殊才能。正如孟尝君收留鸡鸣狗盗之徒，颇得企业管理的精髓。

用人之长，避人之短：知人善任的领导是最聪明的

其实刘邦并不怎么会打仗，通过人才的使用和配备，具有融合人才的领导才能。身边的几个朋友有这样的特质，他们不一定懂行、不一定很能干，但却能通过科学配置发挥手下人才的最大优势。

——俞敏洪

一位优秀的企业领导者，假如把每个下属所擅长的方面有机地组织起来，就会给企业的发展带来整体效应。因此，高明的领导者应趋利避害，用人之长，避人之短。如此一来，则人人可用，企业兴旺，无往而不利。

三国时的魏国成为最强盛的国家，离不开曹操的知人善任，使得当时曹操的身边人才会聚，为魏国的强盛奠定了基础。

公元215年，曹操西征张鲁，东吴孙权见有机可乘，便率军攻打合肥。当时镇守合肥的是张辽、李典、乐进等三员大将。这三个人无论是在资历、能力，还是在地位、职务上都旗鼓相当，

不相上下。

也正因为如此，三个人互不服气，谁也不愿意成为被统帅的人。面对孙权的大军，三人在是战是守，以及谁为主将、谁为副将的问题上一直不能取得一致意见。曹操经过深思熟虑，依据三人的特点，做了如下安排："若孙权至者，张、李将军出战，乐将军守城。"一开始，三人对于曹操的安排都有意见，但最后迫于曹操的军令，不得不以大局为重，各负其责，协调一致，最终大败孙权。

正所谓"知人者智"，曹操能让三人扬长避短互相配合，可见曹操善于用人之一斑。他最终能够雄霸天下，和他对人才的运用也是分不开的。

在常人眼中，短就是短，而在有见识的管理者看来，短也是长。即所谓："尺有所短，寸有所长。"在成功的管理者眼里，人才通常都会具有很多特点，要用人之长、避人之短，关键在于你如何去运用他。

美克德公司是一家经营唱片和音响的日本企业，在二战前名声显赫。由于战争影响，这家拥有一流人才的公司，却迟迟不能开展重建工作。最后，由松下电器公司接管。为了使它从战败的挫折中复兴起来，松下幸之助非常慎重地思考经理的人选。最后，他决定把这个重担托付给野村吉三郎。

野村在二战期间曾担任过海军上将，退役后转任外务大臣。虽然他在企业经营方面没有经验，但他的长处就是善于用人。这个人事决策使许多人大感意外，他们认为野村对企业的经营完全是外行，对唱片、音响更是一窍不通，让一个门外汉主持美克德的工作,简直是无稽之谈。但松下看好野村会用人的优点,坚持自己的看法。事实上,野村主持美克德业务时,的确对这个行业非常不熟悉。

有一天,在干部会议上,有人提议要和美空云雀签约出唱片,野村先生却问:“美空云雀是谁?”美空云雀是日本排行第一的红歌星,拥有众多的歌迷,可以说是当时家喻户晓的人物,像这样有名的艺人,身为唱片音响连锁企业经理的野村居然不知道,这让很多人觉得不可思议,也成了外界讥讽他的材料,甚至有人说:“一个唱片公司的经理居然不认识美空云雀,那他一生中能认识几个人呢?”

然而,一个人优秀与否,既要靠才能也要靠合理的运用。野村对唱片业不太了解,却非常善于用人,所以松下让他去做唱片店的经理而不是去推销唱片的人,这正是松下用人的高明之处。事实也证明,他的这个用人策略是完全正确的,正是这位不认识美空云雀的经理,使美克德迅速地从战争的废墟中建立起来。

松下这种用人之长、避人之短的人事决策,充分体现了其独具慧眼的识人之术。知人善任是企业管理的核心,是企业管理者的重要工作和共同责任。

管理者要注重发挥人才的长处和优势,合理地使用、培育人才和留住人才,使企业内部形成有利于人才发展的环境和文化。

但需要提醒管理者注意的是,你所需要的不一定是最优秀的人,但一定是最适合这个岗位的。人才的使用要根据岗位而来,因为,只有最合适的才是最好的。

凡是真正必不可少的人物，肯定不会让他走

人才是一种资源，这种资源能否长期为管理者所用，是一个很重要的、值得管理者深思的问题。

——俞敏洪

任何团队都存在真正必不可少的人物，作为团队的顶梁柱型员工，是企业的核心人才，管理者必须尤其看重他们。

在产品、技术、渠道等要素趋于同质化的市场环境里，人才成为企业构造差异化竞争力的关键因素，而创造了企业80%效益的核心人才，更是成为企业竞争力的灵魂。甚至可以说，企业之间的竞争，归根结底取决于企业是否拥有、用好和留住核心人才。因此，加强对核心人才的管理，提高核心人才的忠诚度，成为管理者的重要任务。

西门子全球人事副总裁高斯说："西门子企业能将几十万员工凝聚在一起，靠的是两大法宝：一是金钱，二是人力资源管理。"企业中真正必不可少的人物，他们为企业创造的效益远远高于普通员工，根据按劳分配原则，他们的所得也应远远高于社会平均薪酬。因此，核心人才的薪酬应随行就市，确保其薪酬与其创造的价值相等，甚至不能低于意欲挖角的竞争对手的出价。支付具有绝对竞争力的薪酬，是留住核心人才的第一招数。

除了以高薪来留住核心人才之外，对企业而言，为核心人才提供必要的培训也是必不可少的。对于核心人才来说，要维持、拓展自己的工作业绩，保持长久的竞争力，必须不断地充

电。给予核心人才持续不断的充电机会，可以提高他们的忠诚度，同时也为核心人才跳槽设置了较高的机会成本，更为企业的可持续发展奠定了基础。

给予核心人才一定的经费、人员、资源的支配权，让他们参与企业决策，为他们搭建一个宽广的平台，有助于提升他们的忠诚度和工作热情。

企业管理要提高亲和力，在布置任务时，切忌生硬地下命令；人力资源部做好协调沟通工作，建立良好的人际关系，通过谈心等方式将管理的触角延伸到员工的生活领域。避免核心人才之间的过度竞争。适度竞争很有必要，但要控制好竞争的度，防止核心人才间的内耗，出现“一山不容二虎”的局面；倡导核心人才之间的尊敬、团结与协作。

亲密无间的交流与沟通对于企业提高核心人才的忠诚度具有重要意义。沟通能对核心人才起到激励作用，管理层通过对核心人才的工作及时做出反馈，可以引导其积极行为，起到强化激励的作用。通过交流与沟通向员工传递企业的远大战略和宏伟目标，有利于增强核心人才的主人翁意识，促使核心人才畅所欲言，提出工作意见，并努力工作，不断创造新的业绩，促进企业的改革与发展。

留住最优秀的人才，防止人员跳槽，这是当今每一位管理者都面临的头痛问题。你应该未雨绸缪，早做防范，绝不可轻易让优秀人才从自己手中溜走。

1. 量才而用留人才

如果优秀人才不辞而别另择高就，公司上下事先却无人觉察，或知道并没人报告，实际上这是公司经营管理不善的表现。对此应早有发现，并尽量使其回心转意。

一个员工工作量的多少并不能说明他对公司的满意程度如何。经常有人仅靠自己的能力和遵守公司的管理制度就能圆满或超额完成自己的定额，但内心里他并不真正喜爱这份工作。一位负责销售工作的部门主管，工作成绩在公司连年都超定额，收入、利润都很可观，是公司的骨干。但他却对制作电视广告情有独钟，希望有朝一日成为电视制作部门的主管。从公司角度出发，他留在销售部门是最理想不过的，但他却一心想去电视制作部门。此时，如果有合适的广播电视公司，他一定会义无反顾地离开销售工作去做电视制作人。

这种情况下，可以让他同时兼做两项工作，如果他确实才华横溢，兼做两项工作都很出色，不仅满足他对兴趣的追求，又为公司留住了人才，不会因人才流失而担心销售额下降了。

2. 宽以容才

有些人走的原因很简单："与领导不合！"与领导不合的离职原因是很常见的。人们常常认为，责任在领导，如果他能在发生冲突时，显出自己的宽宏大量，不去斤斤计较，那么许多问题是可以解决的。

一名管理者对其下属应宽容体谅，而员工则应随时把自己情绪上的波动、工作中的合理要求及时告诉管理者。作为领导，很难真正了解下属的内心世界，经常相互进行沟通、思想交流是保持上传下达、减少隔阂的有效办法。

3. 谨慎破格升职

破格升职，在为公司招揽人才的同时，往往也带来一些不必要的麻烦。

当你的公司招聘到一位能力强、有开拓创新精神的年轻人，并且舆论公认此人日后必然会成某经理的接班人时，你必须认真思考：给他什么样的职位，如何提拔他更好？

如果在他的任用问题上稍有疏忽，处置不当，将会给公司带来不必要的麻烦。要么这位能者会因位置不好而另谋高就；要么会使那些资历比他高、工作时间比他长、职位较低甚至较高的人为此而抱怨公司一碗水未端平，厚此薄彼。用人的事，不是小事，不可轻视。

4. 注重早期培养

假如一位胸怀抱负的能人在公司里仍做低级员工的工作，其才干并没有得到充分肯定，此时此刻他要求离职另求发展是很正常的。

刚刚离开学校到公司工作的大学生、研究生，若不对他们加强管理、注重早期培养、压担子的话，在两三年内他们最容易跳槽。他们年轻有为，前程远大，正是公司的希望所在，并且已熟悉了公司业务，如果让他们流失，公司将不得不再去培养新手。对这些，不少公司并没有引起高度重视。

对此，应把新来的员工看作是公司的一笔长期投资，精心培养他们。安排公司有能力的主管或员工指导他们，让他们承担一些力所能及或是超过其能力的工作。这一切就如一个长期项目，并不期待马上得到回报或收回投资。只要他们在公司工作的时间愈长，公司得到的回报将愈大。

5. 适时加薪

波音公司的专家们对 450 多名跳槽者的调查表明，其中有 40 名为增加工资与管理者进行了谈判，27 名因被加薪而留下来继续为公司效力。

实践表明，适时加薪，能使大多数员工看到前途与希望。从另一角度说，一些老员工本身就是公司的一笔巨大的无形资产，与所加薪资比较，聪明的管理者会倾向于选择什么呢？这当然是不言而喻的了。

6. 不强制留人

企业管理强制留人，留得住下属的人，但却留不住下属的心。强制留人，不但对下属不利，对企业也不利，实际上是愚蠢的双输行为。

强扭的瓜不甜，留人留不住心，人才潜能发挥不出来，只会产生副作用：一是个人不好好干，甚至吃里爬外，把单位技术资料外传；二是搅乱人心，影响其他人。

有些企业，对要调离者降职、调换工作，企图“杀一儆百”，最后发展到意气用事，企业为不放人而不放人，个人为调走而调走。其实这正好南辕北辙，要调走者后路已无，一心要走，舆论也会日渐同情他。如果员工对公司做出过贡献，现在和公司闹僵被贬，大家心理上会感到为公司干了半辈子最后竟落到如此下场而寒心，害怕自己有一天因为调走或什么事得罪了领导，得到和他一样下场。这实际上挫伤了留下者的积极性，损害了企业形象。

如果我们在放人的同时，还开一个小范围的欢送会，肯定过去的成绩，给予实事求是的评价，表明忍痛割爱的心情，这样的好聚好散是有战略眼光的做法。留下者看到企业爱才，处理问题实事求是，充满了温馨和人情味，不是人走茶凉，调离者感恩戴德，企业在无形中为自己树立了良好的形象。

人才重要，善用对手的人才更重要

我觉得对于一家互联网公司来说，没有好的人才就没有好的价值。服务器三年就折旧了，办公楼是租的，这些没有真正的价值可言，人才才是真正的核心竞争力。

——李彦宏

对管理者而言，唯有任用“自己人”才会让自己放心、省心。很多时候，我们会看到这样一种现象，当一个新上任的管理者接手工作之后，便急于清理前任管理者器重的人，再安排一些自己满意的人，所谓“一朝天子一朝臣”。

其实，对于一个优秀的管理者而言，要敢于大胆地使用人才，尤其是那些在竞争对手手下得到过重用的人才，一切以团队的发展为首要考核标准，对企业而言是福音。

齐桓公继位后，准备任命鲍叔牙当宰相。岂知鲍叔牙却偏偏提出："我虽然对您是忠心耿耿的，但我只是一个庸臣，不会有大的作为。您要想把齐国治理好，就必须任用管仲来做宰相。"齐桓公问："为什么一定要用他做宰相呢？"鲍叔牙说："我与管仲相比，我有五点是不如他的：宽厚仁慈，能安抚百姓，这我不如他；治理国家，能抓住根本，我不如他；忠信可结于诸侯，我不如他；能给国家制定规范和礼仪，我不如他；能站在军门前指挥练武，使将士勇气倍增，我更不如他。管仲有了这五个强项，所以要是他当宰相的话，一定可以使齐国很快强盛起来。"齐桓公说："可是他阻挡我回来当国君，在交战时又射中了我的带钩，几乎置我于死地。他是我的仇人，我怎么能用他做宰相呢？"鲍叔牙说："当时两军对峙，他忠于其主。他是箭在弦上，不得不射。换了我，也会为您去射公子纠的。"

在鲍叔牙的再三劝说下，齐桓公终于不再计较一箭之仇。命人择定吉日良辰，用"郊迎"的大礼，亲自迎接管仲并同车进城。齐桓公与管仲一连谈论三日三夜，句句投机，即拜管仲为相国，且尊称为"仲父"，言听计从，专任不疑。从此，在鲍叔牙的协助下，管仲出谋划策，在齐国顺利实行了他的治国之道。

有些管理者会片面地认为，对手重用过的人才具有危险性。其实不然，很多优秀的管理者都懂得利用对手的人才，历史上的唐太宗所重用的魏徵正是太子李建成的门臣。

美国企业家比尔·休利特说："没有什么比自己的人才成为对手手中的武器更让人感到可怕的了。"他认为，人才是企业最为宝贵的资产，尤其是同行中优秀的人才，更是企业最难得的财富。他们不但有你所需要的一流的业务技能，你还可以从中了解到对手的一些情况。所以，聪明的管理者都善于从对手那里挖掘人才。

因为某种原因，一些优秀的员工离开了原来的企业后，如果管理者能够不失时机地将他们纳入自己的公司为己所用，同样可获得优秀的人才。

对管理者而言，要善于利用手中的人才，否则你的人才为竞争对手所用，自己所遭受的损失会更大。

艾柯卡在亨利·福特一步步的提拔下当上了福特汽车公司的总裁。福特有一个毛病，就是好计较外表，艾柯卡和他相处得十分谨慎。有一天，福特命令艾柯卡解雇一位高级职员。

艾柯卡迫于压力，不得不把这位职员请了出去，自己也在提心吊胆中过日子。虽然日子不好过,艾柯卡还是取得了好成绩。但成绩到来的时候，霉运也开始了。有一次，100 多个美国银行家和股票分析家聚会，艾柯卡的发言受到了参会者一致的好评。没想到，这让福特发怒了，因为艾柯卡抢了他的风头。

他对艾柯卡说：“你跟太多的人讲了太多的话，他们还以为你是福特公司的主事者，这种情况让我太难受了。”

于是，福特毫不理会艾柯卡的意见，决定不再把小汽车推向市场，结果使得公司急剧亏损。事后，他对此没有做出任何的解释。当一个记者向他采访这件事时，他只回答了一句话:“我们确实碰上了一大堆麻烦。”这时，福特决定把艾柯卡踢出去，他的手段一个接着一个，他还到处散播谣言说：“艾柯卡早已和黑手党搅在一块了。”他是董事长，艾柯卡是他任命的总裁，也是他的得力助手，他竟如此做，实在让人搞不明白。

三年之后，在一次董事会上，福特突然对艾柯卡说："我想你可以离开了。"就这样，功勋卓著的艾柯卡被福特无情地解雇。不久，美国《底特律自由报》同时刊出了两个大标题："克莱斯勒遭到空前的严重亏损"和"李·艾柯卡加盟克莱斯勒"。

两条新闻同时出现，似乎预示了某种关系。其实，克莱斯勒公司已经迅速出击，早将李·艾柯卡请了过来，委以总裁重任。艾柯卡接管克莱斯勒公司的时候，该公司正面临倒闭的危机，两年之间，公司亏损高达 17 亿美元。艾柯卡想尽各种办法解决了公司一个又一个的危机。到 1983 年春，克莱斯勒公司已经可以发行新股票了。本来计划出售 1250 万股，但是谁也没有料到，最终的发行量超过一倍。买股票的人多得排队等候，2600 万股在一个小时内就全部卖光了，其总市值高达 432 亿美元，这是美国历史上占第三位的股票上市额。

1984 年，克莱斯勒公司扭亏为盈，净利润达到 24 亿美元。艾柯卡成为美国人心目中的英雄。由此可以看出，被别的公司踢出去的人，未必就不是人才。

这足以说明，人才重要，善用对手的人才更重要。不要对对手的人才心存芥蒂，只要能为己所用，能促进公司的发展，用人就应该不拘一格。

一个优秀的管理者，应该有让所有人才都为己所用的胸怀，不管他们与自己的竞争对手有着什么样的关系，都应该重用他们，让他们在合适的岗位上继续发挥他们的作用。

PART 06

授权管理课：“从细节中超脱出来”，不去和别人抢权

充分授权：管理者带队伍的诀窍

做企业最重要的是拿得起，更能够放得下。

——俞敏洪

“现代社会许多大小公司的老板、部门主管早已被信息、电讯、文件、会议掩盖得透不过气来。几乎任何一项请求报告都需要他们亲自审阅，予以批示，签字画押。他们为此经常被搞得头昏眼花，根本无法对公司的重大决策做出思考，在董事会议上也很可能是最无精打采的一类人。”这是著名的管理大师史蒂芬·柯维的观点。他认为，做不到合理授权是现代多数经理工作效能低下的主要原因。

杰克·韦尔奇也认为，高度的集权式管理只会让公司的运行减慢，他提倡的是简单式效率型管理。一名优秀的管理者是不会因为过分授权而动摇自己的位置，相反，他会通过授权使

自己的工作趋向于完美。

因此，能够制定合理的授权计划，掌握正确的授权方法，是管理者的必修课之一。管理者必须懂得充分授权的诀窍。

1. 制定合理的授权计划

授权对于管理者而言，必须对此形成完整的计划。这种计划可能不是文字的，但一定要在脑海中形成清晰的框架。盲目的授权，或者未经仔细斟酌设计的授权将带来混乱。

制定授权计划，核心在于弄清楚授权要做的事情有哪些，这些事情的程序、步骤是怎样的，在每个过程中有哪些要点，预测到可能出现的情况是怎样的。

一个完整的授权计划应包含下面几点基本内容：

（1）授权任务是什么，这项任务涉及的特性和范围怎样。

（2）授权需要达成的结果是什么。

（3）用来评价工作执行的方法是什么。

（4）任务完成的时间要求。

（5）工作执行所需要的相应权力有哪些。

当授权成为一项经常性工作的时候，我们就应设计一定的管理表格，也就是授权计划单。它能帮助他人形成完整清楚的授权计划。

具体来说，一份完整的授权计划单主要包括以下几项基本内容：

（1）任务细节：任务的职责范围、完成任务的关键点、特殊目的、时间要求等。

（2）人员详细资料：能力、兴趣和主动性水平、时间可能性、与以往培训和经历有关的内容等。

（3）培训要求：性质、方法、时间、成本。

（4）权力需求：完成工作所需的对人、财、物、信息等组织资源调用的权限。

（5）反馈方式：反馈的方法、频率等。

（6）管理者本人的职责：职责是什么，实现手段是什么。

需要注意的是，授权计划从一开始即要求受权下属的参与。应允许下属参与授权的决定，在授权计划形成之后，应在更大范围内公布授权计划，并根据授权计划向下属进行反馈和提问。这样做的好处是：其一，帮助管理者整理自己的思想，在确有必要时，修改授权计划。其二，使下属充分理解授权的精髓，在最大限度内得到下属的认同，激发其积极性。同时，又能在组织中起到宣传引导作用，形成授权的心理期待。

2. 掌握正确的授权方法

不同的授权方法会产生不同的效果。一名优秀的管理者应当掌握正确的授权方法。授权的方法按照不同的维度可分为不同的种类，但最主要的是充分授权、不充分授权、弹性授权和制约授权。

充分授权是指管理者在向其下属分派职责的同时，并不明确赋予下属这样或那样的具体权力，而是让下属在管理者权力许可的范围之内，自由、充分地发挥其主观能动性，自己拟定履行职责的行动方案。这种授权的方式虽然没有具体授权，但在事实上几乎等于将管理者自己的权力，针对特定的工作和任务，部分下放给其下属。充分授权的最显著优点在于能使下属在履行职责的工作中实现自身价值，获得较大的满足，最大可能地调动下属的主观能动性和创造性。对于授权管理者而言则大大减少了许多不必要的工作量。充分授权是授权中的“高难度特技动作”，一般只在特定情况下使用，基本要求授权对象是具有很高素质和责任心的下属。

不充分授权是指管理者对其下属分派职责的同时，赋予其部分权限。根据所授下属权限的程度大小，不充分授权又可以分为几种具体情况：

（1）让下属了解情况后，由领导者做出最后的决策。

（2）让下属提出详细的行动方案，由领导者最后选择。

（3）让下属提出详细的行动计划，由领导者审批。

（4）让下属果断采取行动前及时报告领导者。

（5）让下属采取行动后，将行动的后果报告领导者。

不充分授权是现实中最普遍存在的授权形式。灵活是它的特点，可因人而异、因事制宜，采取不同的具体方式。但它同时要求上级和下级、管理者和下属之间必须事先明确所采取的具体授权形式。

弹性授权是综合充分授权和不充分授权两种形式而成的一种混合的授权方式。制约授权是指管理者将职责和权力同时委托和分派给不同的几个下属，以形成下属之间相互制约地履行其职责的关系。

3. 授权是一个连续的流程

授权是由计划走向操作化的方案，关键在于把握这一流程中的关节点，授权的全部奥妙正在于这些关节点之中。一个高效授权的管理者，他的全部授权技能体现在对这些关节点的把握之中。

（1）做好授权准备：扫除授权障碍，明确授权意识，创造授权气氛，制定授权计划。

（2）确认任务：有目标授权，针对特定任务授权，任务本身需要整理规范和明确。

（3）选择合适的受权者：根据下属的潜能、心态、人格挑选合适的人完成特定的事。

（4）授权的发布：授权计划的最后商定，宣告授权启动，明确任务及权限，制定考核标准。

（5）进入工作：管理者放手让受权者完成工作，对一般性的工作方式不做干涉。

（6）控制进展：管理者要保证工作以一定的速度进行，应当给下属适当压力，让其感受到责任，保证工作按计划完成。

（7）约束授权者：注视下属行为偏离计划的倾向，防止授权的负面作用，及时反馈信息，保证授权沿预定轨道前行。

（8）检收工作，兑现奖罚：评价工作完成情况，按预定绩效标准兑现奖励或惩罚，总结授权，形成典范，全面提升管理水平。

总之，对于管理者来说，懂得充分授权，赋予团队以活力和不断合作进取的动力，良好的管理的效果才得以彰显。

越聪明的管理者，越懂得“弱治”

“授权”会比“命令”更重要也更有效率。

——俞敏洪

有些管理者忙得好像上紧了发条的陀螺，从开会、交际应酬到企业的各项工作，恨不得一天有 48 个小时可以利用。

但是，优秀的管理者们深深懂得，一个真正能够获得持续发展的组织，必须依靠群体的力量，而非单靠某个人的强势。这就需要管理者懂得授权，将自己的权力合理分授给下属。新东方总裁俞敏洪就深谙授权的重要作用。

身为新东方集团的执行总裁，陈向东在新东方被认为执行力非常强大。

俞敏洪作为新东方的创立者，如今已经渐渐淡出对公司的直接管理。例如，他会直接说：“原来新东方管理干部都是我管的,现在都是陈向东管的,这个变化还不够大吗？”在俞敏洪看来，原来陈向东只负责某一方面的工作，现在他负责各个方面的工作。也就是说，在执行层面的工作如今都是陈向东在抓，这是第二个变化。第三个变化就是主动性上的变化。比如说抓某一部分工作的时候，此前的陈向东有可能受制于新东方各方面的结构，但如果转为抓全面的工作，他调配资源的能力就发挥出来了。

新东方如今正稳步实现“去俞敏洪化”，俞敏洪更多地充当精神领袖的角色。

希望集团的刘永行在接受记者采访时曾说过这样一段话：“企业做大了，必须转变凡事亲力亲为的观念。要让职业经理人来做，强调分工合作。我原来一人管十几个企业，整天忙得不得了。后来自己明白了，是权力太集中，所以痛下决心，大胆放权。”

管理者必须学会适当地弱化自己，培养起一批值得信赖的下属，进行有效授权，尽量做到“弱治”，才能使整个团队充满活力，使组织获得持续发展的动力。

孔子的学生子贱有一次奉命担任某地方的官吏。他到任以后，经常弹琴自娱，不问政事。可是，他所管辖的地方却被治理得井井有条，民兴业旺。这使那位卸任的官吏百思不得其解，因为他每天勤勤恳恳，从早忙到晚，也没有把那个地方治理好。于是他请教子贱："为什么你逍遥自在、不问政事，却能把这个地方治理得这么好？"

子贱回答说："你只靠自己的力量去治理，所以十分辛苦；而我却是借助下属的力量来完成任务。"

将所有的权力集于一身，表面上看是领导者的强大，实际上是弱智无能的体现。不少管理者一方面声称要给员工授权，另一方面却紧紧地握住手中的权力。概括起来，不少管理者不愿授权，主要是因为存在以下障碍：

1. 怀疑下属的能力

许多管理者不信任下属的能力，觉得与其授权，还不如亲自解决。担心他们做不好，最后还要让自己来收拾残局，甚至造成恶劣的影响。但是，每个人的能力都是在工作实践中锻炼出来的，没有哪个人的能力是与生俱来的，包括管理者本人。如果总是怀疑下属的能力，不交由下属去做，下属将永远得不到成长。

2. 习惯于传统的命令式执行

不少员工具有较高的知识水平，可能在工作经验等其他方面有所欠缺。如果要发挥员工的能力，管理者就要摒弃传统的命令式的管理方法，让员工充分地参与进来，通过协作式的管理，加强与员工的平等沟通，调动员工的积极性。

3. 不愿培养下属

有些管理者认为，管理员工是自己的工作，但培养员工并不是自己职责范围之内的事，所以没有必要在这方面殚精竭虑。如果管理者不培养员工，员工就不可能获得成长，管理者所带的团队将永远停留在原有的水平上。

4. 拒绝分享权力

有些人对权力的掌控欲非常强烈，不愿与下属分享权力。这些管理者喜欢紧紧地控制着下属，认为只有这样才能树立自己的权威。

5. 害怕承担风险

授权是有风险的，管理者把某项工作授权给员工去完成时，如果做不好，第一责任人是管理者。有些管理者觉得自己没有义务去承担这种风险，因此不愿意去授权。

6. 乐于事必躬亲

有些管理者喜欢亲力亲为，自己是一个工作狂，愿意揽更多的活，永远不会闲下来。

不善于授权的管理者还会给出许许多多各式各样的理由来证明他们的“不授权”是正确的，是唯一可能的选项。然而，结果往往是这样：他总是匆匆忙忙，总是埋身于事务性的工作，总是抱怨而又总是漏洞百出，他的下属总是缺乏动力，缺乏责任心，总是懒洋洋的，企业总不能以他的期望运转，效率总是可望而不可即……

但是种种原因实际上都是借口，这些理由都是难以成立的，我们再来看这样一些分析：

（1）担心下属做错事的管理者，内心里真正担心的不是下属做错事本身，而是怕被下属做错事所连累。这一类管理者一方面对下属缺乏信心；另一方面又不愿意为下属受过，所以有如唱独角戏那样凡事皆亲自操办。固然下属难免做错事，但若管理者能给予适当的训练与培养，做错事的可能性必然减少。授权既然是一种在职训练，管理者就不能因怕下属做错事而不予训练，反而更应提供充分的训练机会以避免下属做错事。

（2）不可否认，有些管理者因担心下属锋芒太露，或功高震主而不愿授权。但是从另一角度看，下属良好的工作表现可以反映管理者的知人善任与领导有方，所以管理者功不可没。

（3）只有领导力薄弱的管理者在授权之后才会丧失控制。在授权的时候，倘若管理者划定明确的授权范围，注意权责相称，并建立追踪制度，就不会担心失去控制。

（4）基于惯性或惰性，许多管理者往往不愿将得心应手的工作授权下属去履行。另外，有许多管理者基于“自己做比费唇舌去指导下属做更省事”的理由而拒绝授权。这两类管理者的共同缺陷即是将他们有限的时间与精力浪费在他们本来可以不必理会的工作上，而使需要经由他们处理的事务无法获得应有的重视。任何一位管理者管辖的工作，大体上均可区分为五种层次：

① 管理者必须亲自履行的工作。

② 管理者必须亲自履行，但可借助下属帮忙的工作。

③ 管理者可以履行，但下属若有机会亦可代行的工作。

④ 必须由下属履行，但在紧急关头可获得管理者协助的工作。

⑤ 必须由下属做的工作。

在正常情况下，管理者对第三层次以下的工作应授权下属去履行。

（5）“找不到适当的下属授权”常被一些管理者当作不愿授权的借口。

任何下属都具有某种程度的可塑性，因此均可授权予以塑造。如果真的找不到一位可以授权的下属，这是管理者的过失。因为，倘若员工的招聘、培训与考核工作做得不差，又岂会有“蜀中无大将”之理？

可见，授权并非不能，而是管理者愿不愿意的问题。

向下属分权，让看准的人挑担子

多数情况下，直接向我汇报的人，他们每天在哪儿我根本就不知道。他们一天到晚忙各自的事情，有事情来找我，没有事情就各干各的。这样有好处，我放权、信任，他们做事激情很高。

——李彦宏

有很多管理者的工作十分繁忙，可以说：“两眼一睁，忙到熄灯。”一年 365 天，整天忙得焦头烂额，恨不得将自己分成几块。但这种事必躬亲的管理思路太落后了，出路在于善用分身术：管好该管的事，放下不该管的事。而授权就是管理者走向成功的分身术。

随着公司规模的壮大，各项事务只会越来越多，即使是能力很强的管理者，也不能独揽一切。作为管理者应该树立这样一种观念：管理者的职能不仅是做事，还在于成事！因此，管理者必须要学会向员工授权。

北大管理理念认为，授权的好处有很多：管理者可以从琐碎的事务中解脱出来；可以激发员工的工作热情和干劲；可以增长员工的能力和才干；可以发挥员工的专长，弥补管理者自身才能的不足。

其实，人们都知道授权的好处，但是有的授权起到了好效果，有的授权却导致了混乱，这是为什么呢？一个关键的问题在于授权者的态度。

正确的授权应该包括以下四个方面的内容：

1. 要看重员工的长处。任何人都有长处和短处，如果管理者能够着眼于员工的长处，那么他就可以对员工放心大胆地予以重用。如果只看到员工的短处，那么他就有可能由于担心员工的工作而加倍操心。这样，员工的工作积极性必然会降低。作为企业的领导者，不妨在授权的时候让员工真切感受到对他的信任感。

2. 不仅交工作，还要授权力。领导者将工作目标确定以后，需要交付员工去执行，此时必须将相应的权力授给员工。一般来说，将工作委托给员工去干，这一点是不难办到的，因为这等于减少自己的麻烦。将权力授给员工，就不那么简单，因为这意味着自己手中权力的削弱。身为管理者，应该把权力愉快地授给承担相应工作的员工。当然，所授的权力也不是没有边际的。

3. 不要交代琐碎的事情，只要把工作目标讲明白就可以。作为一个领导者，对待员工最忌讳的就是“婆婆嘴”。既然已经授权给下属去做，就不应该为下属指东指西，使下属无所适从。

否则，下属的自主性不易发挥，责任感也随之减弱。

4. 对员工不应放任自流，要给予适当的指导。身为领导者，千万不要以为授权之后就万事大吉了。尽管将权力授予给员工，但责任仍在自己。作为一个领导者，将权力授出之后，还应该对员工进行必要的监督和指导。若是员工走偏了方向，就应该帮助修正；若是员工遇到了难以克服的困难，就应该给予指导和帮助。

不事事包揽，不一竿子捅到底，不越级、不错位、不揽权，管好自己的人，办好自己该办的事，这样的领导才会轻松而游刃有余。

此外，管理者在授权过程中，应该注意到以下几个问题：

（1）“因事择人，视能择权”，一切以被授权者才能的大小和水平的高低为依据。

（2）对被授权者进行严密的考察，力求将权力和责任授权给最合适的人。

（3）必须向被授权者明确所授权的事项、目标和权责范围。

（4）所委托的工作，应当力求是被授权者感兴趣、乐于完成的工作，双方应建立相互依赖的关系。所授权的工作量以不超过被授权者的能力和体力所能承受的负荷为限度，适当留有余地。

（5）不可将不属于自己权力范围内的事授给员工，否则势必造成机构混乱等严重后果。

（6）尽量支持被授权者的工作，被授权者能够解决的问题，授权者不要再做决定或指令。

（7）凡涉及有关全局问题的，如决定组织的目标、方向和组织决策等，一般不可轻易授权。

总的来说，管理者把目标、职务、权力和责任分派给合适的员工，充分信任他们，放手让他们去做，这就是授权的要领。

权责一致，授权也要讲究策略

当管理者授权给下属的时候，不能只是强调他们在工作时无须事事请示，有自己的自主决策权，也要把相应的责任授予他们。

——北大管理理念

北大管理理念认为，权力与责任是对等的，没有人只会享受权力，不负责任；也没有人只负责任，而不享受应有的权力。管理者授权给下属的同时要让他们清楚自己的责任，这样才能让他们在行使相应的权力时，能够考虑得更全面，朝着更加有利的方向前进。

有些人当他们成功地接过领导手中的指挥棒的时候，会误以为自己只是接过了执行的权力，而没能认识到权力后面的责任，尤其是领导没有明示的时候，他们更有可能“胡作非为”，给团队或企业造成极大的损失。

授权是要讲策略的。从责、权的关联度上看，授权有两种形式：授权授责与授权留责。前者是指授权同时授责，权责一致；后者则不同，授权不授责，如果被授权者处理不当，发生的决策责任仍然由授权者承担。

当管理者把权力授予员工时，应该让员工知道，他拥有的不仅仅是权力，还有与权力相匹配的责任。授权的同时，强调权责一致，不仅能够避免因为权责不一致而出现的滥用职权的情况，还可以培养员工勇于承担责任的能力。

某书店店长为了激发员工的工作激情，决定在书店内部推行授权管理，将管理权限下移。他规定：“各部门都可以在各自的职责范围内处理部门业务，只要是有利于书店业务发展的，不需要请示便可以自行决定。”这个店长原以为自己授权后可以轻松下来，不用再事必躬亲，然而让他始料未及的是，“授权令”一下达，反而给书店的管理工作带来了很大麻烦。表现最为突出的是，很多部门不是专心致力于书店业务的发展，而是相继制定起保护各自利益的游戏规则来。

比方说，书店的采购部为了不受监督不再执行以前的采购请示制度，根本不征询销售部的意见就直接决定采购的类别和数量，最后造成了大量图书滞销，销售部门意见很大；而销售部门在制定图书促销计划的时候，也不再会同别的部门一起协商，为促进业绩，他们频繁促销，甚至独断专行地降低图书折扣。虽然销售业绩扩大了，但书店的利润却下滑很多。

从这个例子我们看出，在书店适宜推行“授权授责”，即使被授权者有责任、压力，但这样才能增强使用权力的责任感，避免出现滥用权力的现象。

在授权过程中应注意以下几个问题：

1. 明确目标责任是授权的前提，没有目标责任的授权是无原则的授权，这样的授权无济于管理效益的提高和目标的实现。

2. 授权不是下放领导者的所有权力。授权的适度应掌握在能及时掌握全面信息、控制局面的前提下，通过授权发挥各级的积极性。重大方针政策的监督检查权、决策权，例外事项的决策权不应下放，否则，授权就成了放弃领导。

3. 授权的同时必须要明确指挥关系，建立信息反馈制度，规定下级应汇报的内容、汇报的时间及汇报形式等。

4. 下级在行使权力中出现失误时，不应一味地责备下级。授权是把职权委让给下级，它意味着容许员工犯一些错误，但是应该把全部责任留给自己。领导者要善于耐心指导，坚持激励的原则，热心地帮助下级。

管理者要把握合适的时机，选择一个适当的时机，这个时机的选择对于授权的效果可能会有显著的影响。这种时机既可能是一些特殊的事件，也可能是一些司空见惯的现象再次出现。把握这种时机，导入授权，能让下属切实感到授权之必要，或避免授权进入过程的生硬。

实际上，有效的授权常发生在下列情形出现时。

（1）管理者需要进行计划和研究而总觉得时间不够。

（2）管理者办公时间几乎全部在处理例行公事时。

（3）管理者正在工作，频繁被下属的请示所打扰。

（4）下属因工作闲散而绩效低下。

（5）下属因不敢决策，使公司错过赚钱或提高公众形象的良机。

（6）管理者因独揽大权而引起上下级关系不和睦。

（7）公司发生紧急情况而管理者不能分身处理时。

（8）公司业务扩展，成立新的部门、分公司或兼并其他公司时。

（9）公司人员发生较大流动，由更年轻有活力的中层管理者主持各部门、各团队工作时。

（10）公司走出困境，要改变以往的决策机制以适应灵活多变的环境时。

给下属更多的自由和空间

为优秀人才搭建一个自由、宽松的平台，因为人只有在自由的空间里，其创造力才能真正释放出来；也只有在独立自主地面对与解决问题的过程中，才能得到最高速的成长。

——李彦宏

领导者授权的真正核心是给下属更多的自由和空间，让其发挥自己的潜力，只有这样才能保证员工能大展拳脚并最终赢得员工的拥戴。作为一个管理者，要学会用授权去调动每一名下属的积极性，让他们每一个人都能发挥最大的能量。

北大管理理念认为，人的创造力与迸发力往往是基于较少的束缚基础上。员工需要一定的空间和自由，如果管理者处处“指手画脚”，反倒会使他们变得越来越消极，责任心也减弱，甚至产生逆反心理。作为一个管理者，你可以给下属描绘一个蓝图，至于怎么去完成任务，就让下属以自己喜欢的方式去解决吧。

对于管理者来说，在给自己的下属分配了工作任务之后，还不等人家完成就又亲自动手，这是一个致命的错误。任何一名成功的领导者在管理中都必须遵循这样一个原则，那就是授权给自己的下属时，一定要给下属更多的自由和空间。

1990 年，Sun 公司的软件工程师格罗夫·阿诺德对工作感到厌倦，对 Sun 的开发环境感到不满，决定离开 Sun 公司去别的公司工作。他向约翰递交了辞呈。本来对于 Sun 这样一个人才济济的公司来讲，走一两个人是无足轻重的，但是约翰敏感地意识到了公司内部可能存在着某种隐患。于是他请求格罗夫写出他对公司不满的原因，并提出解决办法。当时，格罗夫抱着“反正我要走了，无所谓”的想法，大胆地指出 Sun 公司的不足之处，他认为 Sun 公司的长处是它的开发能力，公司应该以技术取胜，他建议 Sun 在技术领域里锐意进取，应该使当时 100 多人的 Windows 系统小组中的大多数人解脱出来。这封信在 Sun 公司内引起了很大的反响。约翰通过电子邮件将这封信发送给了许多 Sun 的顶层软件工程师，很快格罗夫的电子信箱就塞满了回信，这些信件都来自于支持他关于公司现状的评述的同事。

在格罗夫即将离开Sun公司的那一天，约翰向他提出了一个更具诱惑力的条件，即成立一个由高级软件开发人员组成的小组，给予该小组充分的自主权，让他们做自己想做的事情，只有一个要求：一定要有惊世之作。于是就诞生了一个代号为“绿色”的小组，这个小组的致力方向是，开发一种新的代号为“橡树”的编程语言，该语言基本上根植于C+之上，但是被简化得异常小巧，以适于具有不同内存的各种机器。

后来，Sun将“绿色”小组转变成为一个完全自主的公司。经过调查研究，公司决定角逐似乎正在脱颖而出的交互电视市场，但是这次努力却以失败告终。面对失败，约翰不是解散公司，而是鼓励他们继续完善这种语言，他坚信这种语言一定会不同凡响。于是，因特网发展史上的里程碑，富于传奇色彩的Java就这样诞生了。它成了约翰的最新法宝。每一个员工都有很大的才能、潜力和创造性，但大多数都处于休眠状态。当领导者授权给员工后，只要求员工拿出最好的结果，就是要求激发员工的潜力。

值得注意的是，当管理者授权与下属开展工作的时候，对下属提供相应的帮助和指导是必需的。

聪明的领导，总是给下属提供自由的工作环境和广阔的施展空间。聪明的领导，在把任务交给下属以后，就不再去干涉他们。管理者可以选择在恰当的时候与下属一起商讨最佳的解决问题的方案、最优的做好工作的方法，但是他们绝不会替下属去决定该如何处理交给他们的事情。

PART 07 创新管理课：复制北大精神，鼓励不断揣摩市场需要的创新

企业管理最大的敌人就是“不懂创新”

很多人谈创新，认为就是做别人没有做过的事情，但大部分创新，都是在前人成就的基础上更先一步。如果有人登上珠穆朗玛峰的时候能够带上一个梯子，站在梯子上他就达到了别人从来没有达到的高度；如果说珠峰是前人的成就，那梯子就是个人的创新，通过创新达到新的高度。

——俞敏洪

北京大学光华管理学院教授、著名经济学家张维迎教授指出：“创新作为企业家的一种基本职能，并非是企业家的一种个人癖好，而是由其所处的社会经济环境决定的。企业家作为一个阶层是商品经济特有的产儿。商品经济本质上是经济变动的一种形式或方式，是鼓励、刺激、强迫人们创新的一种制度。”

当今时代是一个迅速发展的时代，也是一个崇尚创新的时

代，可以说创新已经是企业管理的重要关键词。不积极创新，企业必将走入经营的死胡同，在激烈的市场竞争中被淘汰。

在企业管理中，管理者的思维模式决定了管理模式，因此，一个企业的管理方式能否跟得上时代的发展，关键在于其管理者是否具有创新的管理精神。作为一个管理者，要善于创新、敢于创新，有一双善于发现、善于观察的眼睛，从一些细微的、容易被人忽视的地方发现可以有所作为之处，这样才能不断激发自身的创造性思维，为企业的发展提供帮助。日本松下公司的标语牌写有这样一段话：

如果你有智慧，请你贡献智慧；

如果你没有智慧，请你贡献汗水；

如果你两样都不贡献，请你离开公司。

事实上，优秀的管理者与平庸的管理者之间的本质区别，就是能否拥有创新的勇气和动力，能否引导员工发挥创新的能力和激情。

面对各种各样的问题，如果你只是在唉声叹气、怨天尤人，自然找不到解决问题的正确方法。只要将你的心锁打开，勇敢地去面对问题，开动脑筋，积极创新，也许你会收获得更多。

在企业管理中，我们会发现，在同一个生产线，同一个时段里，同一台设备，生产同样的产品，让不同的人来做，产量和质量就不一样。这除了个人反应能力等先天条件外，关键就在于有的人用大脑在工作，积极创新，他会去考虑如何用有效的方法在最短的时间内获得更多、更好的成果，而有的人仅用双手在劳动，没有融入创新的智慧。

因此，在工作时多动脑筋、勤于思考、善用大脑工作的员工肯定比仅用四肢工作的员工更有工作绩效，同时肯定更受企业欢迎。

乔布斯认为一个团队里最大的敌人就是“笨蛋”，苹果是一家充满活力的公司，他的员工个个精神饱满，精明强干，他无法忍受一个“笨蛋”影响公司生机勃勃的面貌。一旦他发现这样的不合格者，就会立即开除他。

在企业管理中，管理者会遇到各种各样的员工，他们来自五湖四海，能力、性格等方面也是千差万别，受到管理者欢迎的员工，又可分成三类：

1. 机械型员工。有一做一，完全按领导的具体指示一步步做事。管理这样的员工有一个好处，就是执行力比较强，但需要管理者将工作步骤像写程序一样布置给他，否则他什么也不能完成。

2. 智能型员工。这类员工可以将自己的专业知识、专业技能主动地应用于工作，甚至可以为领导提供某些专业方面的合理性建议，就像领导的智囊团。

3. 智慧型员工。这样的员工能够系统化地思考问题，将各方面的知识和道理融会贯通起来，应用于工作，他们用自己的智慧工作，这样的员工才是最受管理者欢迎的员工。

管理者应该鼓励员工的各种创新思维，让员工总是带着智慧去工作，让他们分析工作的具体情况，引导他们该怎么做，鼓励他们在工作中融入创新思维。

不要因为失败而放弃，积极地想办法拒绝“再次失败”

不为失败找借口，只为成功找方法。

——北大管理理念

在企业里总能发现许多才华横溢的失败者，他们看似才华横溢，却在工作中按部就班，缺乏开拓精神和创新精神，随着时间的消逝慢慢变成了普通人。仔细观察就会发现：他们的创新才能已经泯灭，开拓精神已然消失。

如果因为某次失败就放弃了开拓精神，他们将永远安于现状。成功的人不会因为某次失败就放弃开拓，他们懂得发掘自己内部贮藏的力量。

一天夜里，一场雷电引发的山火烧毁了美丽的万木庄园，这座庄园的主人迈克陷入了一筹莫展中。面对如此大的打击，他痛苦万分，闭门不出，茶饭不思。

转眼间，一个多月过去了，年已古稀的外祖母见他陷在悲痛之中依旧不能自拔，就对他说：“孩子，庄园变成了废墟并不可怕，可怕的是，你的眼睛失去了光泽，一天一天地老去。一双老去的眼睛，怎么能看得见希望呢？”

在外祖母的劝说下，迈克决定出去转转。他走出庄园，漫无目的地闲逛。在一条街道的拐弯处，他看到一家店铺门前人头攒动。原来是一些家庭主妇正在排队购买木炭。那一块块躺在纸箱里的木炭让迈克的眼睛一亮，他看到了一线希望，急忙兴冲冲地向家中走去。

在接下来的两个星期里，迈克雇了几名烧炭工，将庄园里烧焦的树木加工成优质的木炭，然后送到集市上的木炭经销商那里。

很快，木炭就被抢购一空，他因此得到了一笔不菲的收入。他用这笔收入购买了一大批新树苗，一个新的庄园初具规模了。

几年以后，万木庄园再度绿意盎然。

爱默生说："伟大人物最明显的标志就是坚定的意志，不管环境变化到何种地步，他的初衷与希望，仍然不会有丝毫的改变，而终至克服障碍，以达到所企望的目的。"卡耐基说："跌倒了再站起来，在失败中求胜利。"这也是历代伟人的成功秘诀。

的确，在工作中我们会遇到很多困难，只有勇敢地去面对，

并努力寻找创新的方法，这样才不会使自己陷入失败的境地。

企业中盛行的“失败借口文化”让企业管理者很头疼，因为员工们总会找出各种冠冕堂皇的理由：“这个事情太难了，没法解决”“时机不成熟，条件不具备，我办不到”……就在他们不断强调这些理由的时候，企业管理者却在内心呼喊那些“不找借口找方法”的优秀人才。

当需要员工来完成工作任务时，如果失败了，员工必然会沮丧。

在担任国家收银机公司销售经理期间，休斯·查姆斯曾面临着一种最为尴尬的情况，公司的销售量一直在下跌。到后来，情况极为严重，销售部门不得不召集全体销售员都来参加这次会议。查姆斯先生主持了这次会议，他请手下最棒的几位销售员站起来，要他们说明销售量为何会下跌。这些销售员在被唤到名字后，他们一站起来，每个人都有一段最令人震惊的悲惨故事要向大家倾诉：商业不景气，资金缺少，人们都希望等到总统大选揭晓之后再买东西等。每个销售员都在列举使自己无法达到平常销售配额的种种困难情况，会场弥漫着一股悲壮的气氛。

这个时候，还是让我们来看看作为企业的管理者休斯·查姆斯是如何做的：

当销售员们还在阐述销售失利的各种原因时，查姆斯先生说道：“停止，我命令大会暂停十分钟，让我把我的皮鞋擦亮。”

全场的人都诧异不已。只见查姆斯让坐在附近的一名小工友把他的擦鞋工具箱拿来，并要求这名小工友把他的皮鞋擦亮。

那位小工友在众目睽睽之下擦鞋子，表现出一流的擦鞋技巧。

皮鞋擦亮之后，查姆斯先生给了小工友钱，然后说道："我希望你们每个人好好看看这个小工友。他拥有在我们整个工厂及办公室内擦鞋的特权。他的前任，年纪比他大得多，尽管公司每周补贴他五元的薪水，而且工厂里有数千名员工，但他仍然无法从这个公司赚取足以维持他生活的费用。

"这位小男孩既不需要公司补贴薪水，每周还可以存下一点儿钱来，一年下来可以赚到相当不错的收入，而他和他的前任的工作环境完全相同，也在同一家工厂内，工作的对象也完全相同。

"现在我问你们一个问题，那个前任男人拉不到更多的生意，是谁的错？是他的错还是顾客的错？"

那些销售员回答说："当然了，是那个男人的错。"

"正是如此。"查姆斯说，"现在我要告诉你们，你们现在推销收银机和一年前的情况完全相同：同样的地区，同样的对象以及同样的商业条件。但是，你们的销售成绩却比不上一年前。这是谁的错？是你们的错，还是顾客的错？"

销售员们异口同声地回答："是我们的错！"

结果，可想而知：他们成功了。

在失败之后，不要把精力放在抱怨问题上，无论它有多么的艰难，只要积极地想办法，全力以赴去做，就能化难为易。

不要因为失败而放弃，放弃就如同腐蚀你的慢性毒药，会慢慢吞噬你的身体。与其把时间和精力用到寻找失败的借口上，不如仔细琢磨采用什么方法解决问题，这才是企业最需要的创新文化。

人的一生是在克服困难和解决问题中不断成长的，“道力要靠魔力推”。失败是永远存在的，再美妙的借口也不能解决问题。身为管理者，要积极引导员工想办法解决问题，避免“再次的失败”！

走出思维的栅栏，甩掉“金科玉律”的束缚

在微软之前，这个世界没有软件产业，是比尔·盖茨把软件和硬件分离开来，创立了软件这个全新的产业。显然，这一产业的创新核心是全新商业模式的创立，而非仅仅技术创新使然。

——张维迎

现在有一句顺口溜：脑袋空空口袋空空，脑袋转转口袋满满。要想取得发展，就要勇于开拓、不断创新，为自身发展闯出更广阔的新天地。

这就要求管理者走出思维的栅栏，对别人的经验不能死搬硬套，不然只会损兵折将，一事无成。其实，这样的事例屡见不鲜。比如，遇到有好的项目，当看到别人通过某种方式挣了钱，很大一部分人马上一拥而上，争相模仿，但结果证明，经验并不总是带来好的结果。

习以为常、耳熟能详、理所当然的事物充斥着我们的生活，使我们逐渐失去了对事物的热情和新鲜感。经验成了我们判断

事物的金科玉律，存在即为合理。随着知识的积累、阅历的增加，经验日益丰富，这些金科玉律使我们变得越来越循规蹈矩，越来越老成持重，阻碍我们成就高效能的道路。要摆脱这种现象，我们就必须打破被人们追捧的所谓金科玉律。

戴高乐说：“眼睛所到之处，是成功到达的地方，唯有伟大的人才能成就伟大的事，他们之所以伟大，是因为决心要做出伟大的事。”只有看到别人看不见的事物的人，才能做到别人做不到的事情。

一块铁的最佳用途是什么？

第一个人是个技艺不纯熟的铁匠。在他的眼中，这块铁的最佳用途莫过于把它制成马掌，他为此竟还自鸣得意。他认为这块粗铁不值得花太多的时间和精力去加工它。他强健的肌肉和三脚猫的技术已经把这块铁的价值从1美元提高到10美元了。对此他已经很满意。

后来，来了一个磨刀匠，他对这块粗铁看得更深些，他研究过很多煅冶的工序，他有工具，有压磨抛光的轮子，有烧制的炉子。于是，他把铁熔化掉，碳化成钢，然后经过煅冶，把它们加热到白热状态，然后投入到冷水中以增强韧度，最后他细致耐心地进行压磨抛光。当所有这些都完成之后，奇迹出现了，他竟然制成了价值2000美元的刀片。

另一个工匠看了磨刀匠的出色成果，不以为然。与前两个工匠相比，这个匠人的技艺更精湛，他能更深入地看到这块铁的分子，不再局限于马掌和刀片，他用显微镜般精确的双眼把生铁变成了最精致的绣花针。他已使磨刀匠的产品的价值翻了数倍，他认为他已经榨尽了这块铁的价值。当然，制作肉眼看不见的针头需要有比制造刀片更精细的工序和更高超的技艺。

但是，这时又来了一个技艺更高超的工匠，他对马掌、刀片、绣花针不屑一顾，他用这块铁做成了精细的钟表发条。别的工匠只能看到价值仅几千美元的刀片或绣花针，他那双犀利的眼睛却看到了价值10万美元的产品。

然而，故事还没有结束！又一个更出色的工匠出现了，他说，这块生铁还没有物尽其用，他可以让这块铁造出更有价值的东西。在他的眼里，即使钟表发条也算不上上乘之作。他知道用这种生铁可以制成一种弹性物质，而一般粗通冶金学的人是无能为力的。他知道，如果煅铁时再细心些，它就不会再坚硬锋利，而会变成一种特殊的金属，富含许多新的品质。

于是，他采用了许多精加工和细致煅冶的工序，成功地把他的产品变成了几乎看不见的精细的游丝线圈。一番艰苦劳作之后，他梦想成真，把仅值1美元的铁块变成了价值100万美元的产品，同样重量的黄金的价格都比不上它。

但是，铁块的价值还没有完全被发掘，还有一个工人，他的工艺水平已是登峰造极。他拿来一块铁，精雕细刻之下所呈现出的东西使钟表发条和游丝线圈都黯然失色。待他的工作完成之后，你见到了牙医常用来勾出最细微牙神经的精致钩状物。1磅这种柔细的带钩钢丝，如果能收集到的话，要比黄金贵几百倍。从几美元到比黄金贵几百倍，这个差距可以归结为创造力的体现，或者说这中间的差价，就是思维的价值、创造力的价值。

一个人能在思维上创新，能想他人之不敢想，为他人之不敢为，就能发现他人视而不见的商机，创造出他人所没有的东西，可谓“观念一新，万两黄金”。

由此，我们不难看出，思路对我们的工作和生活有多么重要。思路决定出路，只有好的思路，对的思路，才能将出路铺向成功之路、理想之路。

每个人都会有“自身携带的栅栏”，若能及时从中走出来，实在是一种可贵的警悟。独一无二的创造态度，绝不自损自贬的自爱意识，在学习、生活中勇于独立思考，在职业生活中精于自主创新，是能够从自我囚禁的栅栏里走出来的鲜明标志。

创造力自囚的栅栏的形成，通常有其内在的原因，即由于思维的知觉性障碍、判断力障碍以及常规思维的惯性障碍所导致的不知变通。知觉是接受信息的通道，知觉的领域狭窄，通道自然受阻，创造力也就无从激发。只有保持通道的顺畅，才可能使信息流丰盈、多样，使新信息、新知识的获得成为可能，才可能使信息检索能力得到锻炼，不断增长其敏锐的接收能力、详略适度的筛选能力和信息精化的提炼能力，这是形成创新心态的重要前提。判断性障碍大多产生于心理偏见和观念偏离。要使判断恢复客观，首先需要矫正心理视觉，使之采取开放的态度，注意事物自身的特性而不局限于固有的见解或观念。这在新事物迅猛增值、新知识快速增加的当今时代，尤其值得重视。常规思维的惯性，又可称之为“思维定式”，这是一种人人皆有的思维状态。当它在支配常态生活时，似乎还有某种习惯成自然的便利，所以不能说它的作用全不好，但是，当面对创新的事物时，若仍受其约束，就会影响创造力的发挥。

可见，要从自囚的栅栏里走出来，还创造力以自由，首先就要还思维状态以自由，突破常规思维。在此基础上，对日常生活保持开放的、积极的心态，对创新世界的人与事，持平视、平等的姿态，对创造活动持成败皆为收获、过程才最重要的精神状态，这样，我们将有望形成十分有利于创新生涯的心理品质，并使得有可能产生的形形色色的内在消极因素及时得以克服。

传统的想法会冻结人的心灵，阻碍进一步变通的能力，干扰你的创造力。以下是对抗传统性思考的方法：

1. 乐于接受各种创意。要摒弃“不可行”“办不到”“没有用”“那很愚蠢”等思想。

有一位非常杰出的推销员说："我并不想把自己装得精明干练，但我却是这个行业中最好的一块海绵。我尽我所能地去吸取所有良好的创意。"

2. 有实验精神。废除固定的例行事务，去尝试新餐馆、新书籍、新戏院以及新朋友，或是采取跟以前不同的上班路线，或过一个与往年不同的假期，或在这个周末做一件与以前不同的事情，等等。

如果从事销售工作，就试着培养对生产、会计、财务等方面的兴趣。这样会扩展你的能力，为以后担当更重要的责任做准备。

3. 主动前进，而不是被动后退。成功的人喜欢问："怎样才能做得更好？"

想一想，如果公司的经理们总想："今年我们的产品产量已达极限，进一步发展是不可能的。因此，所有工程技术的实验以及设计活动都将永久性地停止。"用这种不思进取的态度进行管理，即便再强大的公司也会衰落。

优秀的管理者就像成功的企业一样，他总是带着问题而生存。"我怎么才能改进我的表现呢？我如何做得更好？"做任何事情总有改进的余地，认识到这一点后，他总在探索一条更好的道路。

4. 打破传统思维，建立理性的思维，敢于发挥想象力。

现在，让我们换一个角度来看，假设正如你自己所言，缺乏创造力。但因为每一个人都具有想象力，而想象力正是创造力的源泉。因此，试着将梦境中所见尽量描绘出来，就是一种想象力的运作。发明一样东西或创造一样东西，也都是在发挥想象力。想象力丰富的人，好奇心会比别人强十倍。

一个缺乏好奇心的人，如果想成为一位出色的实业家，那是相当困难的。好奇心强烈的人，不但对于吸收新知识抱有高度的热忱，并且经常搜寻处理事物的新方法。因此，如果没有了好奇心，就不可能花心思研究新事物，只是遵循前人的步伐原地踏步而已，更不用说会有惊人的成就了。

盲目不可取，重大决策性创新要慎之又慎

创新重在务实，不能盲目，要从企业的长远利益出发，适合企业发展的要求。

——北大管理理念

北大崇尚创新精神，但是反对盲目创新，反对不切实际的创新。对一个企业而言，管理者的创新决策在很大程度上影响着一个企业的未来发展趋势。作为一个管理者，敢于创新是一件值得提倡与鼓励的事情，但要着眼于企业的发展目标，立足于实际，多在自己擅长的领域创新，而不能轻易涉足一个完全陌生的领域。

网易创始人丁磊说："我认为很多企业的创新带有一定的盲目性，包括我们公司做产品，有些工程师想出来的创新的点子带有一些盲目性，完全是为了创新而创新。我觉得创新应该是每家企业都有的一个本分，这家企业自身的一个 DNA 就是创新。一个企业的创新，我觉得应该是在满足消费者的基础上进行不断地改良和改进，应该是在继承前人的基础上进行提高的一个

活动。”

有不少公司在关于决策性创新方面吃过亏，但是仍然不能给管理者们以警醒。企业需要创新，不然就会原地踏步，但在对待重大决策性的产品方面，必须要慎之又慎。世界饮料巨头可口可乐，在新产品开发方面也曾经充满着困惑。

1985 年，可口可乐宣布将以一种味道更甜的新配方取代具有 99 年历史的“神秘配方”，这一决定轰动了全美国。

然而，新可口可乐上市，在饮料市场上引起了轩然大波。来自老顾客的抗议电报和信件像雪片一样飞往可口可乐总部。亚特兰大总部的接线员每天要记录 1500 个电话，几乎都是要求恢复老可口可乐配方的。

修改还是恢复原配方的论战成为报纸的头条新闻和电视新闻报道的中心话题。包装商声称,如果这种不利的宣传继续下去，可口可乐无论以何种名称出现，都会面临失去市场份额的危险。

可口可乐咬着牙坚持了三个月后，不得不再次宣布公司将恢复原配方，命名为经典可口可乐，新可口可乐也将继续销售。在重新问世之后六个月，经典可口可乐又成为销量全国第一位的软性饮料，以将近 3 ∶ 1 的优势超过了新可口可乐。

尽管可口可乐公司迅速挽回了因修改配方所造成的损失，但在不到一年的时间内，可口可乐连续推出四种新产品：三种含咖啡因型可乐和节食可口可乐。再加上经典可口可乐、新可口可乐等，共有八种不同口味的新产品，同时出现在市场上。消费者几乎被弄晕了头，就连可口可乐的一些老顾客也被弄糊涂。

有这样一段对话，颇耐人寻味：

"给我一杯可口可乐。"

"您要经典可口可乐、新可口可乐、樱桃可口可乐，还是要健怡可口可乐？"

"请给我来杯健怡可口可乐。"

"您要普通健怡可口可乐还是要不含咖啡因的健怡可口可乐？"

"管他呢！给我来杯七喜。"

…… ……

可口可乐公司受传统的影响太大了，以至于在维护传统与走出传统面前徘徊不定，连续出现失误，传统的市场被蚕食。尽管如今可口可乐仍然占据优势，但已经不是昔日独霸可乐界的局面了。

如果可口可乐公司对调查数据能做出科学的分析，就不会做出更换配方的决策，即使公司战略有打算推出"新可口可乐"，也完全可以在一开始就实行两种可口可乐并行销售的策略，从而也不会发生消费群的不满与抵制，也就避免了这场风波。

对于很多的管理者而言，盲目创新的原因不外乎两点：一是没有经过认真的调查和估算，只是在脑子里把一个概念性的东西组织了一下，自己认为可行就行动了；二是盲目地自信，把自己的能力无限放大，结果在遇到实际问题时往往以失败而告终。

所以，在面对重大决策性创新时，管理者应该要慎重，切不可在没有考虑各方面的情况下就盲目创新。

鼓励创新，找到企业创新的动力机制

改革开放的大政方针给我们的企业提供了参与全球竞争的“入场券”，但是能否屹立于世界企业之林，还要看我们的企业能否通过技术、商务等创新打造出核心竞争力。

——张维迎

对企业而言，创新更多意义上是指技术与管理方面的创新。创新是为了给企业谋取更大的利益，它不是时装秀，不是赶时髦，专挑别人尚未涉足的；也不是疯狂跟风，看到别人、别的企业在某一领域有所成就，也想在那一领域分一杯羹，结果投入重金去搞研发，也难以取得预想中的成绩。

创新作为企业的一项基本功能，是企业管理的一个根本特征。当代管理大师彼得·德鲁克说，创新和企业家精神是人类进入“开拓进取型经济”阶段后的“正常的、稳定的和连续不断的需要”。

北大管理理念认为，创新是企业生命的本质，是企业不断成长的保证。在技术更新不断加快的今天，只有创新的企业才能不断分得更多的市场份额。于是，就出现了创新的企业日新日强，守旧的企业逐渐衰退的局面。

英特尔公司总裁葛洛夫先生有一句话：“当一个企业发展到一定规模后，就会面临一个战略转折点。”也就是说，当一个企业的人力资金达到一定规模的时候，就不能沿袭过去的老路子，就必须改变自己的管理方式和管理制度，并积极对产品、服务、制度等进行创新。否则就难以驾驭和掌控企业，更不用说继续经营了。

任何企业的发展，都要依靠一定的机制来运行，企业的创新也需要一定的动力机制的支撑。一个企业如果锐意改革，就要求它的管理者一定要能摸索出企业的改革动力所在，然后才能顺藤摸瓜，找到一条创新之路，谋得长久的发展。

张瑞敏曾经说，企业不断高速发展，风险非常大，好比行驶在高速公路上的汽车，稍微遇到一点儿屏障就会翻车。要想不翻车，唯一的选择就是要不断创新。创新就是要不断战胜自己，也就是确定目标，不断打破现有平衡，再建立一个新的不平衡，在新的不平衡的基础上，再建一个新的平衡。

张瑞敏是一个“创新论”的积极支持者和维护者，海尔也是一个培养创新人才、鼓励员工创新的企业。在海尔自己创造的“海尔词典”中，有一个“斜坡球体定律”，讲的是：

企业好比斜坡上的球体，向下滑落是它的本性，要想使它往

上移动，需要两个作用力——一个是止动力，保证它不向下滑，这好比企业的基础工作；一个是拉动力，促使它往上移动，这好比企业的创新能力。这两种作用力缺一不可。止动力是企业发展的必要条件，不能保证企业在市场竞争当中一定会获胜；创新是企业发展的充分条件，有了止动力再有创新，就会在市场上获胜。

在海尔，创新的理念已经深入到每一个海尔人的头脑中，使得他们在工作中积极地进行创造性思考，主动为企业解决发展中遇到的各种各样的问题。

有一次，出口到澳大利亚的洗衣机，由于客户的特殊要求，生产工艺变得极其复杂，出现了不少问题。全班人员主动利用下班后的时间进行研究，人多方法多，最后把一项项复杂的程序分解简化，果真彻底解决了瓶颈问题。

空调事业部在安装空调外机、外壳时发现，所用螺丝的螺纹个数对固定的牢固程度起着决定作用。一般国际标准要求是10–12个，但空调事业部的人想，如果把标准提高到14个，不就超出国际标准了吗？但螺纹数提高，螺钉的内应力就会提高，要解决这个问题，就必须更换螺钉材料并做特殊的热处理。内机车间的几个班组长一商量，大家分头行动，很快有了结果。这种看似很小的改革，使海尔空调不论在什么恶劣的环境下，都能做到外壳绝不松动。

这些仅仅是海尔良好的创新氛围的几个例子，但就是这样的一种创新意识，一点点创新的行动，渗透到每一个海尔人的头脑和行为中，才铸就了海尔今日的辉煌。

海尔在创业的时候，没有任何资源：要钱，因为不是国有企业，没有银行贷款给你；要人才，因为它是个集体企业，在计划经济的情况下，不可能有大学生分配过来，大学生都是先分到国家的科研机构、军工企业、国有企业。也就是说，海尔既没有人力资源也没有资金资源。但是海尔就是靠创新，从无到有，从弱到强逐步发展起来的。

海尔的可贵之处在于，它树立了创新无止境的观念，强调创新的空间存在于每个地方、每个人、每件事上。张瑞敏曾以“创新无止境”为题，写下这样的文字：

1984年，海尔砸掉76台不合格的冰箱，以树立员工的质量意识；今天在德国，消费者购买海尔冰箱可以获得政府颁发的节能补贴。

1999年4月30日，我们在美国南卡罗来纳州打下了第一根桩；现在，美国造的海尔冰箱正在向着美国本土化的名牌迈进。

昨天，我们还在为新世纪的到来而憧憬；今天，当我们站在新世纪的门口，想象中的画面已经变成看得见摸得着的存在。

太阳每天都是新的，新经济下没有旧经济，只有守旧者。面对充满挑战和希望的明天，我们只有不断创新，挑战满足感，才能超越自我。我们因创新精神赢得世界的瞩目，我们仍须用不断的创新来赢得新世纪的辉煌。

只有企业所有员工都按照同一个方向——即企业发展的方向出谋划策、开拓创新，我们的企业才能做大做强。

PART 08

制度管理课：谁说了算——慢慢形成“规矩说了算”

从心所欲不逾矩——促进员工规则意识的养成

团队也需要制度去约束。

——俞敏洪

北大管理理念重视制度的力量。“没有规矩不成方圆”，企业的管理基础不应该是随时、随地、随意由管理者临机处置，无章可循。建立企业管理制度，可以大大降低个人因素影响企业的管理，依靠科学合理的授权、约束和控制，以及对制度适时的调整，使整个企业有效、健康地发展。

企业是一个团队的组合，是各种不同人的组合，每个人都有自己的思想和行为。但是，团队需要有自己的愿景和目标，需要尽量避免个人的思想和行为，要求整体步调一致，所以纪律的约束不能缺少。

在每个企业的建立之初，管理者首要做的就是指定明确的纪律规范，为企业画出规矩方圆。制度包括很多层面：财务条例、保密条例、纪律条例、奖惩制度、组织条例等，这些规章制度有利于员工促成规则意识的养成。

90后员工钟浩然，大学毕业后他很顺利地到一家科技公司做市场销售的工作。本来是一份前景很乐观的工作，钟浩然却因为细节上出了一些问题，和老板、同事的关系弄得非常紧张，令他沮丧万分。

上班时，钟浩然无视制度的规定，依旧左边口袋里揣着PSP，右边口袋里揣着手机，讲起电话来没完没了，云山雾罩，唾沫星子乱飞，玩起游戏也是不分场合。

一天，钟浩然正在打电话，讲到高兴处，哈哈大笑，被检查工作的上司逮了个正着，看到他的样子，上司当场就发火了，于是勒令他遵照公司的制度办事，不要在上班时间随意接打私人电话，影响其他同事的工作，并且给他一道选择题，如果保留他的随性，就请另谋高就；如果要继续为公司服务，就请剪掉他“漠视制度”的小尾巴。

在企业中，有些员工不懂“规矩”，不断挑战公司制度的底线，扰乱工作秩序，导致团队工作效率下降。

看看已经有百年历史的IBM、花旗银行、默克制药等企业，我们可以发现，有规矩的企业才能有机会成为真正的百年老店。再往前追溯，中国古代军事家孙武就懂得“立规矩”的重要性。

春秋时代，孙武去见吴王阖闾，吴王问他能不能训练女兵，孙武说：“可以。”于是吴王便选拔了一百多位宫女给他。孙武把宫女编成两队，选吴王最宠爱的两个妃子为队长，然后把一些军事的基本动作教给她们，并告诫她们必须遵守军令，不可违背。

不料孙武开始发令时，宫女们觉得好玩，都一个个笑了起来。孙武以为自己话没说清楚，便重复一遍，等第二次再发令，宫女们还是只顾嬉笑。这次孙武生气了，便下令把队长拖去斩首，理由是队长领导无方。

吴王听说要斩他的爱妃，急忙向他求情，但是孙武说："大王既然已经把她们交给我来训练，我就必须依照军队的规定来管理她们，任何人违犯了军令都该接受处分，这是没有例外的。"结果还是把两位队长给杀了。

宫女们见孙武的纪律严明，都吓得脸色发白。第三次发令，没有一个人敢再嬉笑了。训练也终有所成。

规矩是什么？规矩有什么用？用直白的话说，规矩就是个大染缸，告诉员工如何做，什么该做，什么不该做。防止员工办错事，同时惩罚办错事的人。

美国通用电气前CEO杰克·韦尔奇当年立推"六西格玛管理"，张瑞敏发怒砸掉了不合格的冰箱，这其实都是在立规矩。规矩立起来了，大家就有了准则，有了行动的标杆。从更深的层次讲，企业之间的竞争实际上也是规矩之争，作为制定规矩的企业领导者来说，谁的胸怀和气度大，谁就能立起有效的规矩，谁的企业才能随之长久不衰！

那么，如何使企业制度文化与企业的生产经营实际相"融合"，如何使规则意识在员工心中生根开花，得到他们的认同呢？

让员工接受企业的“规矩”，注重把制度与员工的日常工作结合起来，而不是挂在墙上的纸张，让价值观融入企业的日常作息中，才能让制度充分发挥作用，为企业的发展和员工的成长提供能量。

按制度办事：不要动不动就“例外”

制度一旦制定，任何人都要严格执行，没有例外。

——北大管理理念

汉代有一位名叫丙吉的宰相。有一次他外出巡视，路人打架发生伤亡，有人拦轿喊冤。丙吉问明缘由后却绕道而行。后来看见一头牛在路边不断地喘气，他却立即停下来，刨根究底，仔细询问。随从觉得很奇怪，问为什么人命关天的事情他不理会，却如此关心牛的喘气。

丙吉说，打架斗殴，由地方官吏负责，我不能越权处理。天尚未热，而牛喘气异常，就可能发生了牛瘟或是其他的有关民生疾苦的问题，这些事情地方官吏一般不太注意，因此我要查问清楚。

这则故事有很多耐人深思的地方。打架伤亡事件由专门的律法来管理，因为这些例行事件的处理大都制度化、流程化，并有专门的机构负责处理。相反，“牛喘气”作为一种偶发性例外事件，缺乏制度化、程序化的解决方式，就容易被忽视而造成严重的后果。

丙吉这种放手流程内和例行性事件、专注流程外和例外事件的管理思想，对企业的管理者有着很深的启示。

北大管理理念认为，制度是企业管理的基础和保证。因此，制度一旦制定下来就必须严格遵守，否则企业就会成为一盘“散沙”，危及企业的生存。

1946年，日本战败后，松下公司面临极大困境。为了渡过难关，松下幸之助定下了严格的考勤制度，要求全体员工不迟到、不请假。

然而不久，松下本人迟到了10分钟。本来，松下上下班都是由公司的汽车接送，当天，他早早赶往车站等车，可是左等右等，却不见车来。看看时间差不多了，他只好乘上电车，刚上电车，就看到公司的车来了，便又从电车上下来换乘汽车。由于耽误了时间，到达时整整迟到了10分钟！原来是司机班的

主管督促不力，司机又睡过了头，所以晚接了松下10分钟。

按照制度规定，迟到要受批评、处罚的，松下认为必须严厉处理此事。

首先，以不忠于职守的理由，给司机以减薪的处分。接着，其直接主管、间接主管，也因监督不力受到处分，为此共处理了8个人。

此外，松下认为对此事负最后责任的，还是作为最高领导的社长——他自己，于是他对自己实行了最重的处罚，退还了全月的薪金。

仅仅迟到了10分钟，就处理了这么多人，连自己也不放过，此事深刻地教育了松下公司的全体员工，在日本企业界也产生了很大的影响。

企业管理中，必须做到有制度可依，同时做到有制度必依。制度的制定不是给人看的，而是让人遵守的。一旦制定，组织中的任何成员都必须受到这个制度的约束，这样才能发挥制度的作用。

言传再多也不如身教有效。若想让员工遵守制度，前提是管理者首先要管好自己，为员工树立一个良好的榜样。行为有时比语言更重要，领导的力量往往不是由语言而是由行为动作体现出来的，管理者的表率作用尤为重要。

制度不仅仅让员工的行为有了底线规范，更让管理变得简单、公正。因此，管理者要做好制度的建立者，更要做好制度的守护者与执行者，这样才能确保制度的执行，对企业经营起到持续的正面作用。

制度多是一些硬性规定，一旦遇到特殊的情况，就无法处理了。但是，中国是例外最多的国家，甚至管理者本身也常犯“例外”性的错误。只要指定了制度，任何人都应该按制度办事。

曹操带兵出去打仗的时候，看到麦田里的麦子长势很好，于是下令：大家注意，不要踩到麦田，哪一个人踩踏麦田，斩！刚刚讲完，他的马就踩倒一大片麦苗。

怎么办？当时曹操就拿起刀来，所有的人都跪下去求情：“千万不可以。”曹操坚持认为，自己发布的命令，一定要遵照。大家又赶紧求情：“绝对不行！绝对不行！”那怎么办呢，于是曹操“割发代首”。

身为管理者，在执行制度的同时，注意自己的行为举止，自己不要搞“例外”，否则将在下属面前失去威信，这将给自身的管理工作增加难度。

管理者在制定及执行制度的过程中要遵守三个原则：

1. 要保证制度的严肃性和连续性。朝令夕改会使制度失去效力，流于形式，因此，一个好的企业制度要保证不因企业管理者的改变而改变，不因管理者与被管理者关系的亲疏而改变。

2. 制度要随客观环境的变化而不断改进、修订和完善。制度不可能一成不变，一劳永逸，而必须与时俱进。

3. 所有制度必须依据人的本性来制定，这样便于执行。企业的制度要尽可能少，制度越少，员工重视的程度就越高。制度要简单易懂，要对每一条款都进行解释，以免造成误解，要尽可能吸收员工参与制度的制定。

建章立制，坚决做到“对事不对人”

“对事不对人”的精髓在于注重成果、尊重规则。

——北大管理理念

不少管理者会遇到这样的两难问题：“我有一名下属，他是骨干员工，他明显做错了工作，我想批评他，但他受不了不干了怎么办？如果不进行批评，以后他或其他的同事犯同样的错误怎么办？我怎么解决这个两难问题？”

解决难题最好的办法，就是为你的企业建章立制，处理同类问题“对事不对人”。

“对事不对人”要求管理者把有限的精力聚焦在事情和结果上，不谈论当事人的能力与个性。由此，企业需要两方面的支撑：其一是企业要建立完善和健全的制度和标准体系；其二是管理者能根据制度与标准，客观评价员工的工作成果。

某公司的管理制度比较松懈，公司开会时常常有人迟到。这一天公司又开管理会，前面有两位与会者迟到了，经理没有吭声，后来第三个迟到的人来了，经理实在忍不住了，把他训了一通。第三个迟到的人后来了解到他并不是唯一迟到的人，对经理很不满意，觉得经理对他有偏见并找他当面说理。经理说“我是对事不对人”，但这位员工说：“为什么你只批评我，而对前面迟到的两个人都没有责骂呢？”

这位经理犯的错误是没有一个统一的标准，只批评了最后一个迟到的人，确实没有做到一视同仁。批评者认为自己对事不对人，而被批评者认为别人就是和他过不去的现象非常普遍，原因就是当事人没有统一按标准，或者公司没有统一的标准。比如，如果公司规定“凡迟到者一律罚款 10 元”，然后按制度执行，谁都不会否认这个标准“对事不对人”。

对于制度层面上的管理工作应该一视同仁，比如考勤制度，规定所有员工八点半上班，不管是财务部还是人事部的人都不例外，但是对于市场部可能又不能一刀切，我们也知道外勤人员有时出差，可能半夜才到家，你就不能强求第二天准时上班，这就要有一定的弹性，但是这属于特殊管理，而不是双重标准。双重标准是指针对同一个问题采用不同标准，就比如两个业务员都是出差，到深夜两点才回家，第二天都是10点才到公司报道，你不能一个不算迟到一个算迟到，这就是标准不统一了。

因此，一个企业不应该出台两个相互矛盾的制度标准，也不应该在制定制度之后采用不同的实施标准。管理制度的最重

要的目的之一是体现公平性，按制度办事，就是要做到“对事不对人”。

我们不妨来看看李彦宏是怎样“对事不对人”的。

2002年，百度正处于快速发展中。当时，负责人阿D几乎天天都盯着百度服务器，因为每天承受的访问压力已经接近服务器极限，如果访问人数再增加，就会导致百度独立网站的服务不稳定，严重影响到用户的搜索体验。恰恰这个时候，销售部门新谈成了一个门户网站，希望马上使用百度的搜索引擎服务。

阿D虽然知道这个服务不应该上，因为新服务很可能成为压垮百度服务器的“最后一根稻草”。但最后因为种种原因，阿D没能坚持到底，新服务还是上线了。结果，连续两天，百度网站的服务稳定性很差，用户在提出搜索请求时经常得不到正常的搜索结果，新服务不得不紧急下线。

阿D惴惴不安了好几天，已经做好了挨批评的准备，他明白，以李彦宏的个性是容不得这么大的纰漏的。李彦宏确实对这件事很在意，但是在例会上，他并没有对任何人发脾气，而是平静但认真地对阿D说：“你的职责就是保证百度的服务可依赖，所以这次事故你有很大的责任，要好好反思。”但他接着说，“现在最关键的是怎么解决这个问题，赶紧讨论一下。”阿D说出了自己准备好的解决方案，李彦宏很认真地听着，时而点点头，他觉得这个想法考虑得很全面，然后很投入地和他一起讨论起其中的细节来。

李彦宏谈完事情后，邀请阿D周末一起参加娱乐活动，阿

D心头原本重重的乌云渐渐散去。他完全能感觉到只是这件事情没有做到，李彦宏对他本人并没有成见。

优秀的企业管理者懂得利用企业制度的重要性，他们依据企业的制度，不会将过错都归到某个员工身上，他们处理问题完全能做到“对事不对人”，而员工也能理解并支持管理者的这种做法。

管理制度一定是对事不对人，即一视同仁，即“制度面前人人平等”。

制度的基础：**建立适合企业的组织架构**

组织架构是企业赖以存在的骨架，是其他制度制定的基础，也是命令得以传达的渠道。

——北大管理理念

任何企业的建立，首先面临的是组织架构问题。建立一个完整的组织架构本身即为一种管理程序，在任何有效的管理制度中，是绝对不可或缺的一环。

从19世纪的工业文明开始，德国的马克斯·韦伯的传统官僚式组织方式成为组织架构的传统方式，聚焦于组织内部的制度与流程架构。随着产品与服务的日益丰富，市场作为与组织同时并存的要素，逐步被更多的组织所关注。美国奥利弗·威廉姆森基于交易成本的管理理论，使得组织的创新将更多的精力放在产品革新和服务优化方面。而20世纪80年代组织文化的兴起，让更多的企业开始专注于通过组织内部成员的能力培养来持续提升组织的绩效，因此，那时的组织创新焦点是通过员工成长和能力素质提升，获取组织创新的原动力。随后信息革命的历史车轮，将组织带入一个变化与革新的新时代，组织面临的内外部环境不再是可预测的稳定格局。

组织架构一般有以下几种形式：

1. 直线型组织制度

直线型组织制度是最早、最简单的一种组织制度形式。这种组织制度把职务按垂直系统直线排列，各级管理者对所属下级拥有直接的一切职权，组织中每一个人只能向一个直接上级报告，即“一个人，一个头儿”。它的优点是：各级领导对下属单位是唯一的行政负责人，保证了统一的领导和指挥，各职能部门对下一级组织在业务上负有指导的权力和责任，这样能充分发挥各职能部门的积极作用，让其直接参与管理、参与领导。但这种权力分配方式也有不足，如各职能部门在某一下级单位开展工作时发生的矛盾和冲突，就无法自己解决等。

2. 职能型组织制度

这种组织制度内部除了直线管理者之外，还相应设立一些组织机构，分担某些职能管理的业务。这些职能机构有权在自己的业务范围内，向下级下达命令和指示。下级直线管理者除了接受上级直线管理者的制度管理外，还必须接受上级各职能机构的制度管理。

3. 直线参谋型组织制度

直线参谋型组织制度结合了以上两种结构形式的优点，设置了两套系统。一套是按命令统一原则组织的指挥系统；另一套是按专业化原则组织的制度管理职能系统。直线部门和人员在自己的职责范围内有决定权，对其所属下级的工作实行指挥和命令，并负全部责任，而职能部门和人员仅是直线管理者的参谋。只能对下级机构提供建议和业务指导，没有指挥和命令的权力。

4. 直线职能参谋型组织制度

结合了直线参谋组织制度和职能型组织制度的优点，在坚持直线指挥的前提下，充分发挥职能部门的作用，直线管理者在某些特殊任务上授予某些职能部门一定的权力，如决策权、协调权、控制权等。

5. 事业部制组织制度

事业部制组织制度是在总公司制度管理下设立多个事业部，各事业部有各自独立的产品和市场，实行独立核算，在经营制度管理上拥有自主性和独立性。这种组织制度“集中决策，分散经营”，即总公司集中决策，事业部独立经营。

6. 矩阵型组织制度

把职能划分的部门和按产品（项目或服务等）划分的部门结合起来组成一个矩阵，使同一员工既与职能部门保持制度管理与业务上的联系，又参加产品或项目小组的工作。为了完成一定的制度管理目标，每个小组都设有负责人，在组织的最高领导直接管理下工作。

7. 多维立体型组织制度

多维立体型组织制度是矩阵组织制度形式和事业部组织制度形式的综合发展。

其中按产品（项目或服务）划分的部门（事业部），是产品的利润中心；按职能如市场研究、生产、技术、质量制度管理等划分的专业参谋机构，是职能的利润中心；按地区划分的制度管理机构，是地区的利润中心。

8. 多种标准的综合应用

我们若深究每一个成功大型公司的整个团队系统，将可发现上述几种分组标准应用于不同层次的公司中，而中小型的公司，也可能使用两种或三种标准。所以，若把公司团队形态硬是划分为单纯的“直线型”或“职能型”，并不能表达完整的意义，至多只能说明某一层次或某一公司的背后标准而已。

PART 09

人性管理课：管理是以他人为中心的包容，不是以个体为中心的自私

为企业之道——先存员工

肯为下属着想的人，能得到丰厚的回报。

——俞敏洪

《贞观政要》中有这样一段话：

贞观初，太宗谓侍臣曰："为君之道，必须先存百姓，若损百姓以奉其身，犹割股以啖腹，腹饱而身毙。若安天下，必须先正其身，未有身正而影曲，上治而下乱者。朕每思伤其身者不在外物，皆由嗜欲以成其祸。若耽嗜滋味，玩悦声色，所欲既多，所损亦大，既妨政事，又扰生民。且复出一非理之言，万姓为之解体，怨讟既作，离叛亦兴。朕每思此，不敢纵逸。"

"先存百姓"的思想反映了唐太宗与君臣们心里装着百姓，关心百姓的疾苦，重视百姓的利益。治国之道在"先存百姓"，而企业之道在"先存员工"。如果损害员工的利益，以积累个人

财富为目的，财富积累起来了，也就是众叛亲离的时候。现代管理者更应该明白“先存员工”的道理，把员工的利益放在第一位。

一般而言，公司员工总是对管理者感恩戴德，认为是企业给了他们饭碗。但李嘉诚却不这么看，他指出，是员工养活了公司。

20世纪70年代后期，李嘉诚的长江实业仍在生产塑胶花。此时，塑胶花早已过了黄金时代，根本无钱可赚。而长江地产业当时的盈利已十分可观，就算塑胶花有微薄小利，对长江实业来说，也是可有可无，但它却仍在维持小额的塑胶花生产。

熟悉内情的人知道，李嘉诚“不外乎是顾念着老员工，给他们一点生计”。而公司职员也说，“长江大厦租出后，塑胶花厂停工了。不过，老员工亦获得安排在大厦里干管理事宜。对老员工，他是很念旧的。”

有人提起李嘉诚善待老员工的事，说：“怪不得老员工都对你感恩戴德。”李嘉诚回答说：“一家企业就像一个家庭，他们是企业的功臣，理应得到这样的待遇。现在他们老了，作为晚一辈，就该负起照顾他们的义务。”

当有人说：“李先生的这种精神难能可贵，不少老板待员工老了就一脚踢开，你却不同。这批员工，过去靠你的厂养活，现在厂没有了，你仍把他们包下来。”这时，李嘉诚急忙解释道：“千万不能这么说，老板养活员工，是旧式老板的观点。应该是员工养活老板、养活公司。”

商人皆为利来，只为赚钱。商人不是慈善家，工厂没有效益，关闭是无可厚非的。都说商场是无情的，李嘉诚却化无情为有情，上演了一幕动人的人情戏，他也因此赢得了这批老员工的敬重。

被评为“最佳雇主”的公司，事实上你会惊讶地发现，最佳雇主几乎都是市场表现非常优秀的企业。他们并不是企业有了钱才去体恤员工，而是因为把员工放在第一位才成就了企业。

美国钢铁大王安德鲁·卡内基这样说：“杰出的企业正是要提供给员工这样的一个环境，把所有的忧虑都留给公司，而把所有的精力都留给客户。”员工才是公司最重要的客户，缺乏对员工的信任或者支持，他们失去的将是对组织的信任和工作的快乐，这种不信任和不快乐，百分百地将传递给公司的无数个客户，最终导致公司绩效的低下。

为企业之道，“先存员工”。北大管理理念认为，如果损害员工的利益，不以员工的利益为先，势必会影响企业的管理效果。以员工的利益为重，为员工着想，就一定能留住这些员工，最终激发他们的工作热忱。

“仁爱”是赢得人心的有效方法

管理者都应该熟知孔子的“仁爱”哲学，并且巧妙地将“仁爱”思想运用到管理中，使得整个管理充满人性，这是赢得人心的关键。

——王选（曾任北京大学教授）

如果一个人要创办企业，需要准备一定的资源，比如资金、人员、场地、技术，等等。这些属于“硬件”的范畴，离开硬件是无从创办企业的。但是仅有硬件是不够的，还需要企业文化、企业愿景、规章制度、仁爱之心等“软件”。

北大管理理念看重“仁爱”在管理中的重要性。“仁爱”即对人宽容慈爱，爱护、同情的感情。用在管理中是指管理者对员工给予尊重、激励、同情以及悉心爱护的一种情感投入方式，它是“赢得”下属的最为有效的方法之一。

孔子非常推崇“仁爱”,《论语》中对“仁”的论述也非常多。孔子认为“仁”是完美人格标准的基础,一个人即使非常有才能,但是人格中没有“仁”的存在，也无法成就大事，或者空守着财富与权势，却可能众叛亲离，落得孤家寡人。孔子所说的“仁爱”，对企业管理同样重要。

优秀企业的管理能取得实效，不是用金钱激励出来的，而是靠管理者的“仁爱”之心激发出来的。

当管理者心存仁爱之心的时候，就会不自觉地积极地创造条件让员工的心理需求得到满足。这时候，员工的思想认识也会得到升华，愿意以实际行动为团队增砖添瓦。因此，管理者都应该培养起自己的“仁爱”之心。

海底捞式的管理模式你为什么学不会？其中的一个奥秘恐怕就是在企业管理中的“仁爱”体现。

在海底捞，新员工到店后享受非凡的“礼遇”。因为店里从店长到每一个普通员工，都是在“接待”新员工，并且是“隆重接待”。

在经历培训后，新员工分配到各店，首先由店长亲自接待。店长会告诉新员工一些重要的注意事项，然后带新员工吃饭，店长做自我介绍，然后列举若干榜样，激励新员工好好干。店长之后，大堂经理、后堂经理，以及实习店长、实习经理会轮流接待新员工。他们都留下自己的手机号码，让新员工有困难跟他们说。新员工进入到这样的环境中，任何人都会感受到企业的浓浓暖意。

给予新员工优待，新员工提前下班，单独吃饭。新员工的下班时间要比正常下班早一两个小时。接待经理会亲自通知新员工下班，并且亲自搬桌子、凳子，亲自摆碗筷，亲自给新员工打饭。新员工的这种待遇大概会持续四五天甚至一周。因此，接待新员工并给予优待是店长及经理们的常规工作。

在海底捞，每个师父都会拉着徒弟的手坐到自己身边，大家都会报以热烈的掌声。店长也会很郑重地告诉师父们，要在业务和生活上关心徒弟，徒弟的发展就是他们的发展，徒弟没

有进步就是他们的失职。

然后，会对新员工进行跟踪调查。调查的对象是新员工，但内容却是针对其他人。比如店长有没有在第一时间接待，经理们有没有安排好生活，领班有没有讲解店里的情况，师父有没有认真带你。还有吃得习不习惯，住得舒不舒服之类。

新员工在新来的几天里，全方位感受到企业的温暖环境。而一个月以后就习惯了，就融入到这个团体。

“仁爱”思想是企业管理者必须具有的基本道德素质，是实现企业宗旨的有效价值选择。

从企业管理的角度来说，一个管理者必须具备一颗仁爱之心，才能在所有的管理过程中，体现出对每个人的平等、公正和尊重。

在许多时候，一个管理者如果严格按制度办事，那么很容易被部下误解为“冷血”。因此管理者需要在坚持制度的前提下，对下属多一些“仁爱”之心。

对于企业管理者来说，最大的仁爱是要在规章制度和管理方式上体现对所有职工的仁爱之心，不能制定缺乏人道和缺乏公正的规章制度，也不能采取缺乏人道和缺乏公正的管理方式，这才是真正体现一个管理者或一个企业的仁爱之心的根本之道。

北大管理理念认为，让管理者既能拥有一颗仁爱之心、又能充分维护企业规章制度的严肃性，是考验每个管理者的一道难题，也是检验管理者水平高低的一个重要标准。优秀的管理者往往能处理好这个难题，在坚持制度化管理的同时还能让员工感受他的仁爱之心。

带人要带心，把下属的心暖热

你只要将人心抓住了，就什么都有了。在新东方这样的团队里，任何技术都不起作用，从员工到学生，重要的是抓住人心。

——俞敏洪

风和太阳比试威力，看谁能把行人身上的大衣脱掉。北风先出场：冷风凛冽、寒冷刺骨，结果行人将大衣裹得紧紧的。北风并没有脱掉行人的大衣。太阳后出场：风和日丽、温暖和煦，行人感到阵阵暖意，继而脱掉大衣。很显然，太阳获得了胜利。

这则寓言形象地说明了一个道理：温暖胜于严寒。管理者在管理过程中应该懂得尊重和关心下属，以下属为本，多点儿人情味，使下属真正感受到领导所给予的温暖，从而去掉包袱，激发工作的积极性。

随着企业规章制度越来越健全，许多管理者总认为自己和下属之间的距离越来越远，所谓的激励措施更是无从谈起。俗话说："浇树要浇根，带人要带心。"对于管理者来说，把下属的心暖热，适当的情感管理无疑是一剂激励的良方。

每个员工都有自己的尊严，他们都希望别人看得起自己。管理者对下属的关心，对下属投注的感情，尤其是对下属无微不至的照顾，可以照顾到他们的尊严，甚至让他们感激涕零。

例如，团队中一位年轻人找到了一位伴侣，不久就要喜结连理，难道管理者不冷不热地只管催促着他干活吗？

优秀的管理者大都知道感情投资的奥妙，不失时机地进行一些感情投资，会起到非常好的激励效果。韩非子在讲到驭臣之术时，主要偏重于赏罚两方面，但有时感情投资更能打动人。

管理者对于下属，不仅仅是工作上的领导，要想把工作做好，要想使团队的工作上一个新台阶，管理者对下属的关心和关爱必须落到实处。特别是下属遇到什么特殊的困难，如意外事故、家庭问题、重大疾病、婚丧大事等，管理者在这种时候，对员工无论是物质上还是精神上的关心都可谓雪中送炭。这时候，下属会对领导产生一种刻骨铭心的感激之情。

管理者可以采取措施来激发员工对企业的感情，在企业内部培养一种团队式的友情与和谐的氛围，形成员工同舟共济、苦乐相依的感情链，以此激励员工的工作热情。具体而言，管理者必须从以下几个方面做出努力：

1. 树立关心员工的意识

人是最富感情的动物，每个人都需要得到别人的尊重、信任和关心。作为团队的成员，当然希望得到别人尤其是团队领导者的重视、信任和关心。如果管理者能够给员工一份关怀，员工便会以双倍的努力来报效组织。假若管理者只将员工当作劳动力去看待，在管理过程中不能体现人文关怀，那么员工必定会丧失工作热情。

2. 把员工当作朋友来交往

作为企业的管理者，不但自己需要良好的业务技术素质，还要有良好的思想素质和工作作风，在工作、生活和学习当中要和同事们平等相处。如果总觉得自己在其他员工面前高人一等，员工是不会喜欢这样的管理者的。所以，管理者要以朋友心，善待团队里的每一名员工，真正成为团队成员们的知心朋友。

比如个别员工责任心不强，工作上出了小差错，管理者既不姑息迁就，也不乱加指责，使他切身体会到管理者是真心实意地在关心、帮助、爱护他。

3. 将“情”放到管理中

作为企业的管理者，要处处关心员工，要帮员工所需，解员工所难。员工如果在工作、生活和学习当中出现了思想上不稳定的情绪，决不能对他们动辄训斥辱骂，甚至大发脾气。特别要关心员工的切身利益，决不能靠哥们义气、靠私人感情去管理团队。只有把“情”字放到团队管理当中，才能有效激发员工的工作热情。

管理者如果能从情感上给员工一些温馨和感召，使得在这个团队中工作的人，在情感的驱动下自觉地工作，团队当然会高速运转。

关注员工心理，帮助他们对抗挫折

人性化管理要求管理者关注企业内员工的心理健康状况，尽可能地采取各种有效措施避免员工挫折感的产生，并及时发现和帮助受挫的员工。

——北大管理理念

现代企业中，员工面临的压力无所不在，包括竞争压力、文化冲突、家庭压力等，面对诸多方面的压力，员工很容易遭遇挫折。受挫折的员工往往会表现出消极的心理状态和行为，表现为企业的缺勤率、离职率、事故率增加，员工满意度、归属感下降，团队凝聚力、向心力逐步丧失，管理成本增加等。

有针对性地开展各项工作，从而促使员工能够保持积极、乐观的心理状态和良好的精神面貌，调动员工的工作积极性和主动性，增强员工归属感，最终促使企业与员工的共同发展，这是管理者的重要职责。

造成员工产生挫折感的原因可以是外部的，也可以是内部的。例如员工本想出色地完成上司交办的任务，但缺乏相应的技能，而无法完成。再比如当人们完成工作时，却未得到预期的奖赏，或所得奖赏比预期的要少等。无论是哪种情况，员工都会对工作产生挫折感。

某公司董事长有一次看报看得太入迷以致忘了时间，为了不迟到，他在公路上超速驾驶，结果被警察开了罚单，最后还是误了时间。这位老董愤怒之极，回到办公室，心头的怨气仍然无处发泄，他将销售经理叫到办公室训斥了一番。销售经理挨训之后，气急败坏地走出董事长的办公室，将秘书叫到自己的办公室并对他挑剔一番。秘书无缘无故地被人挑剔，自然是一肚子气，就故意找接线员的茬。接线员无可奈何，垂头丧气地回到家，对着自己的儿子大发雷霆。儿子莫名其妙地被父亲痛斥之后，满肚子的怨气无处可发，便将自己家里的猫狠狠地踢了一脚。

踢猫效应告诉我们：一个人如果遇到挫折或不顺心的事，就必须要将心中的怨气发泄。在团队管理中，管理者要重视员工们的怨气，了解员工产生怨气的原因，提供员工发泄怨气的途径，从而尽快消除员工的工作挫折感，以实现团队工作效率的提升。

当员工遭遇挫折后，若能采取积极的心理自我防卫方式，加倍努力，再作尝试，通常会有利于工作的开展。但是，若员工遭遇挫折后，采取消极的心理防卫方式，轻者将有碍于员工个人的身心健康，降低其工作效率；重者可能轻生或者不断地攻击他人，在组织内制造紧张气氛，影响整个组织的效率。因此，作为与员工直接接触的管理者，应采取必要措施，对员工进行挫折管理。一般而言，挫折管理应包含以下几个方面的内容：

1. 应及时了解并排除造成挫折的根源。管理人员对员工的情绪应有敏锐的观察，应把职工的种种异常行为，如抱怨、发牢骚、吵架等看作是存在问题的征兆，及时了解情况，找出根由，予以解决，防患于未然。

发现员工的挫折以后，还应帮助员工积极寻找产生挫折的原因。把个体成功或失败的行为归于何种因素，对以后工作的积极性有着重要的影响。把成功归于内部因素，如努力、能力强等因素，能够使人感到自豪和满意；若把失败归于内部因素，则使人感到内疚和无助；而把失败归于外部因素，则使人感到气愤和充满敌意；把失败归于稳定因素，如任务难和能力差，以后会降低在工作中的积极性；相反，若把失败归于不稳定的因素，则可能会提高以后的工作积极性。

管理者对员工工作的失败，应尽量引导他们将其归于内部的不稳定因素(如努力不够)，而不宜归于内在的稳定因素。同时，应尽量淡化外部因素（如运气不好），以免引起员工的不满或找借口，这对管理是不利的。

2. 管理者对受挫折的员工应宽容相待，并适当采取心理疏

导、精神宣泄法或改变环境等多种方法，降低员工的挫折感。

人的行为总是从一定的动机出发，经过努力达到一定的目标。如果在实现目标的过程中，碰到了困难，遇到了障碍就会产生挫折，继而产生各种各样的行为，表现在心理上、生理上会有所反应。所以，员工的动机受阻是导致挫折产生的根本原因。因此，管理者可以通过心理疏导，对于员工不合时宜的、在当前的条件下无法满足的需求、动机进行引导，使员工自觉地调整不适当的目标，这样可以有效地避免员工产生挫折感。

管理者可以考虑采用“精神宣泄疗法”。这是一种心理治疗的方法，主要是创造一种环境，让受挫者被压抑的情感自由地表达出来。人在遭受挫折以后，其心理会失去平衡，常常以紧张的情绪反应代替理智行为。这时只有让紧张的情绪发泄出来，才能恢复理智状态，达到心理平衡。从这个意义上讲，管理者应该积极倾听职工的抱怨、牢骚，让他们有气发泄出来、有话说出来，待不满的情绪发泄出来以后，员工才会心平气和。

3. 要帮助受挫员工成长。员工遭遇挫折后，自我实现的需要得不到满足，因而也就得不到有效的激励，工作积极性就得不到提高。解决此类问题的最好办法就是创造良好的学习条件，帮助员工发展，或者采取相应的措施对其进行补偿。这样既可以使员工从挫折的阴影中尽快走出来，还能够让他尽快树立新的奋斗目标，转移其关注焦点，将能量转移到有建设性的工作之中，这无论对员工还是对企业来说，都是最希望看到的结果。

像尊重合伙人一样尊重员工

无数“狂妄”的教师可以当面批评指责我，也可以在课堂上拿我“开涮”。这种下属随意公然批评领导的情况在别的企业是不可想象的。然而我却接受了，并乐于与这一群“恃才傲物”的才子们相处。

——俞敏洪

尊重和关心员工，是实施人才管理的重要条件。很多管理者把员工视为打工者，给员工发工资，员工为企业工作，这是一种现代契约关系。但是，毕竟人不同于机器，管理人一定需要讲点儿人情味，这有助于赢得员工对企业的认同感，提升员工的忠诚度。

学会尊重和关心员工，是企业走向人才管理的重要一步。稻盛和夫曾经说过，企业成败的关键在于是否把员工视为最重要的财产，是否尊重每一个员工。如果做到这一点，就能依靠员工创造出不同凡响的业绩。

从某种意义上来说，员工就是企业管理者的合伙人，企业管理者要像尊重合伙人一样尊重员工，像关心合伙人一样关心员工，那么企业才能真正俘获员工的心灵，才能在竞争中无往而不胜。

但是，很多企业看不到这一点。不少创业者总是抱怨员工素质太低，或者抱怨员工缺乏职业精神，工作懈怠。但是，他们最需要反省的是，他们为员工付出了多少？作为领导，他们为员工服务了多少？正是因为他们对员工利益的漠视，才使很多员工感觉到企业不能帮助他们实现自己的理想和目标，于是不得不跳槽离开。

世界零售业巨头沃尔玛公司创始人山姆·沃尔顿在公司成立之初就为公司制定了三条座右铭：顾客是上帝、尊重每一个员工、每天追求卓越。沃尔玛是“倒金字塔”式的组织关系，这种组织结构使沃尔玛的领导处在整个系统的最基层，员工是中间的基石，顾客放在第一位。沃尔玛提倡“员工为顾客服务，领导为员工服务”。

沃尔玛看重企业员工的重要作用，山姆·沃尔顿曾经说过：“让每一位员工实现个人的价值，我们的员工不应只是被视作会用双手干活的工具，而更应该被视为一种丰富智慧的源泉。”“沃尔玛业务75%是属于人力方面的，是那些非凡的员工肩负着关心顾客的使命。把员工视为最大的财富不仅是正确的，而且是自然的。”

沃尔玛公司在实施一些制度或者理念之前，首先要征询员工的意见：“这些政策或理念对你们的工作有没有帮助？有哪些帮助？”沃尔玛的领导者认为，公司的政策制定让员工参与进来，有助于赢得员工的认可。

沃尔玛公司从来不会对员工的种种需求置之不理，更不会认为提出更多要求的员工是在无理取闹。相反，每当员工提出某些需求之后，公司都会组织各级管理层迅速地对这些需求进行讨论，并且以最快的速度查清员工提出这些需求的具体原因，然后根据实际情况做出适度的妥协，给予员工一定程度的满足。

沃尔玛把员工视为公司的合伙人，他们的理念是：员工是沃尔玛的合伙人，沃尔玛是所有员工的沃尔玛。在公司内部，任何一个员工的名牌上都只有名字，没有标明职务，包括总裁，大家见面后无须称呼职务，而直呼姓名。沃尔玛领导者制定这种制度的目的就是使员工和公司像盟友一样结成合作伙伴的关系。沃尔玛的薪酬一直被认为在同行业中不是最高的，但是员工却以在沃尔玛工作为快乐，因为他们在沃尔玛是合伙人，沃尔玛是所有员工的沃尔玛。

沃尔玛很早就开始实施其“利润分红计划”，同时付诸实施的还有“购买股票计划”“员工折扣规定”“奖学金计划”等，员工都能从这些计划中获益。除了以上这些，员工还享受一些基本待遇，包括带薪休假，节假日补助，医疗、人身及住房保险等。沃尔玛的每一项计划几乎都是遵循山姆·沃尔顿先生所说的“真正的伙伴关系”而制定的，这种坦诚的伙伴关系使包括员工、顾客和企业在内的每一个参与者都获得了最大程度的利益。沃尔玛的员工真正地感受到自己是公司的主人。

沃尔玛给员工提供平等的发展机会。以沃尔玛的经理例会为例，它通常邀请为企业经营动脑筋并提出好建议的人参加，哪怕他是一个小时工，也可以充分发表意见，参与讨论，这说明了机会平等，员工如同合伙人一样。沃尔玛鼓励员工积极进取，虽然不完全看重学历，但无论是谁，只要你想提高自己，就会获得学习或深造的机会。

沃尔玛以人为本式的管理模式，极大地激发了员工的积极性和创造性，员工为削减成本出谋划策，设计别出心裁的货品陈列，还创作出灵活多样的促销方式，最终助沃尔玛成为全球零售商业巨头。

沃尔玛这一模式使很多企业深受启发。为员工提供服务，把员工视为企业的合作伙伴，这是聪明的管理者所认同的基本管理理念。

市场经济条件下，管理者不能仅仅把员工视为以满足生存需求和物质利益为追求目标的单纯的“经济人”，而要注重员工对尊重、自我实现等高层次精神需求的追求。员工不只是企业赢利的工具，管理者要学会对每一个员工的尊重、理解、关心和信任，员工也会投桃送李，做出贡献回报企业。

被誉为经营四圣之一的稻盛和夫，受到人们的赞誉。半个世纪以来，日本遭遇过多次经济衰退，如20世纪70年代“石油冲击”导致的经济危机，80年代出现的日元升值危机，90年

代发生的经济泡沫危机，2000 年以来出现的 IT 泡沫危机。稻盛和夫的企业不仅没有在危机中垮下去，反而不断发展壮大，后来发展为他一人拥有两个世界 500 强企业。能取得这样的成就，一个主要原因就是：稻盛和夫一直保障所有员工的就业，决不轻易解雇任何一名员工。企业应为每一个员工提供实现自我表现的舞台，使管理更具人性化，真正焕发员工的主人翁热情，使员工自觉自愿地投身企业的改革发展中，形成“千斤重担众人挑”的格局。

将企业的员工视为自己的合伙人，另一体现就是使企业员工站在与经营者相同的角度为企业着想。一家金融机构有个非常特别的规定，只要是中层雇员，为了营销，可以尽情地去花钱。在这项规定刚出台的时候，有人担心中层雇员会乱花钱，从而增加成本开支。然而事实上，员工并没有乱花钱。这不仅维护了许多老客户，还拓展了新业务，使企业业绩年年攀升。

对于现今的企业来说，管理其实就是对人的管理，竞争其实就是人才的竞争，“没有满意的员工，就没有满意的顾客”。把员工视为企业的合作伙伴，就能增加员工与企业之间的相互信任，为企业的发展做出共同努力。

PART 10

激励管理课：滋润员工心灵，“在让利中学会分享”

保健因素和激励因素：激励的重要作用

人是最复杂的，管人也是最难的。人是千差万别的，每个人是不同的，有的人更看重钱，有的人看重未来的发展，有的人追求满意。

——李玲（北京大学教授）

哈佛大学教授詹姆士曾在一篇研究报告中指出，实行计时工资的员工仅发挥20%～30%的能力。而如果给予充分激励时，员工的能力可发挥至80%～90%，是前者的3-4倍。由此可见，适时激励所产生的绩效是巨大的。管理者必须懂得运用激励理论，增强激励效果。

美国行为科学家赫茨伯格提出激励保健因素理论，也称为“双因素理论”。该理论认为，引起人们工作动机的因素主要有两个：一是保健因素，二是激励因素。只有激励因素才能够给人们带来满意感，而保健因素只能消除人们的不满，但不会带来满意感。

具体来说，保健因素是指造成员工不满的因素。保健因素不能得到满足，则容易使员工产生不满情绪、消极怠工，甚至引起罢工等对抗行为。即使保健因素得到一定程度改善以后，再进行其他方面的改善往往也很难使员工感到满意，因此也就难以激发员工的工作积极性。公司的政策、行政管理、监督、工作条件、薪水、地位等因素的改善，能解除员工的不满情绪，故这些因素称为保健因素。

激励因素是指能使员工感到满意的因素。激励因素的改善能够极大地激发员工工作的热情，提高劳动生产效率。使员工感到非常满意的因素，主要是工作富有成就感，工作本身带有挑战性，工作的成绩能够得到社会的认可，以及职务上的责任感和职业上能够得到发展和成长，等等。这些因素的满足，能够极大地激发员工的热情，对于员工的行为动机具有积极的促进作用，它常常是一个管理者调动员工积极性、提高劳动生产效率的好办法。

很多管理者认为自己手中的权力有限，特别是在物质奖励方面，管理者一般都没有最终的决定权，他们往往认为自己很难对员工实施激励。其实，在有限可利用资源的前提下，管理者能够利用双因素中的激励因素对成员进行适当激励，也能有效提升团队士气。

合理运用激励对于管理者来说并不是简单的事。管理者在制定和实施激励时，应该注意以下的原则，才能提高激励的效果。

1. 肯定员工及其工作的价值。管理者首先应肯定员工及其工作的价值。重视员工，发现员工的能力，使员工得以充分发挥才能，对员工来说本身就是一种有效的激励。

2. 激励要因人而异。由于不同员工的需求不同，相同的激励措施起到的激励效果也不尽相同。即便是同一位员工，在不同的时间或环境下，也会有不同的需求。在制定和实施激励措施时，管理者要调查清楚每个员工真正需要什么，然后利用自己手中的权力制定相应的激励措施。

为了激励员工更好地完成工作目标，某企业发布了一项奖励措施：年终工作业绩靠前的200位同事，将奖励一次到黄山旅游的机会。这项措施对参加旅游的A、B、C三人产生了不同的效果。

A从来没有去过黄山，并且一直很想去黄山旅游，听到这项措施后非常高兴。公司的奖励措施令他大为振奋，并下定决心要在今后的工作中加倍努力。

B虽然以前去过黄山，不过已经是很多年前了。此次听到自己可以去黄山旅游时，还是非常高兴。在工作上，他表现得比以前更尽心尽力了。

C是一个年轻的员工，去年刚结婚，并且选择度蜜月的地点就是安徽的“两山一湖”。他听到今年去黄山旅游时，他并不兴奋。当然，在工作上，他还是和以往一样按部就班。

3. 信赖员工。通常被信赖的员工都会心甘情愿地为信任他们的上司赴汤蹈火。作为管理者，要在行动、言辞上处处表现出自己信赖员工的诚意。

4. 奖惩适度。奖励和惩罚会直接影响激励效果。奖励过重容易使员工产生骄傲和满足的情绪；奖励过轻会让员工产生不被重视的感觉，起不到激励的效果。惩罚过重会让员工感到不公，甚至会失去对企业的认同，产生怠工情绪；惩罚过轻会让员工轻视错误的严重性，从而可能还会犯同样的错误。

5. 公平对待每个员工。公平性是团队管理中的一个重要原则，任何不公的待遇都会影响员工的工作效率，影响激励效果。取得同等成绩的员工，一定要获得同等层次的奖励。如果做不到这一点，管理者宁可不奖励。

6. 精神激励与物质激励相结合。赞美、表扬、精神上的支持和鼓舞是激发员工斗志必不可少的“催化剂”，若能和奖金、红利等物质上的奖励环环相扣，就更能激发员工的工作热情。

7. 管理学家米切尔·拉伯夫经过多年研究，发现一些管理者常常有奖励不合理的工作行为。他根据这些常犯的错误，总结出应奖励和避免奖励的10个方面的工作行为：

（1）奖励彻底解决问题，而不是只图眼前利益的行动。

（2）奖励承担风险而不是回避风险的行为。

（3）奖励善用创造力而不是愚蠢的盲从行为。

（4）奖励果断的行动而不是光说不练的行为。

（5）奖励多动脑筋而不是一味蛮干。

（6）奖励使事情简化而不是使事情不必要地复杂化。

（7）奖励沉默而有效率的人，而不是喋喋不休者。

（8）奖励有质量的工作，而不是匆忙草率地工作。

（9）奖励忠诚者而不是跳槽者。

（10）奖励团结合作而不是互相对抗。

摘到金苹果——保证优秀员工能顺利“晋级”

为员工提供晋升机会，可以促进员工提升个人素质和能力，充分调动全体员工的主动性和积极性，并在公司内部营造公平、公正、公开的竞争机制，但在提供晋升机会的同时，要注意规范公司员工的晋升、晋级工作流程。

——李彦宏

晋升机制是对企业员工的一种良好激励，实施得好，能形成良好激励氛围，提升个人和团队的业绩，留住企业的优秀员工。

晋升激励是企业领导者将员工从低一级的职位提升到新的

更高的职位，同时赋予与新职位一致的责、权、利的过程。晋升是一种重要的激励措施。企业职务晋升制度有两大功能，一是选拔、保留精英人才，二是提高员工的工作积极性。

将企业内部业绩突出和能力较高的员工加以晋升是一种十分常见的激励方式。这种方式提供的激励包括工资和地位的上升、待遇的改善、名誉的提高以及进一步晋升或外部选择机会的增加。晋升提供的激励是长期的，可以鼓励企业员工长期为企业效力。

人都有交往和受到尊重的需求，头衔往往有利于满足这种需求。因此，晋升体系要充分地应用人的这种需求。

很多企业把钱作为唯一的激励手段，在一些领导者的意识里，花高价钱就能打动人才的心。实际上，我们也要注重人才的精神需求。当物质充足了，人才要求被尊重、独立决策的精神需求也增强了。头衔的改变就是最直接的精神奖励。

现代企业都很重视对员工的晋升，但实施得不好就会破坏团队气氛，影响员工工作情绪，并有可能产生破坏性影响。比如人才职位晋升后，却无法胜任新岗位，工作绩效下降了；或者人才职位晋升后，发现没有合适的人来顶替原来的岗位。这些说明了企业对人才晋升的机制没有做好。那么企业应如何设定有效的人才晋升机制呢？看看松下公司给我们的启示。

松下幸之助有句名言说：“松下首先是制造人才的企业，然后才是制造电器的企业。”松下完备的晋升制度里尤其注重四点：

1. 资质审查。晋升者资质审查和接替岗位培养资质审查。

确保晋升者有能力完成更高岗位的工作，同时也保障后来者有能力顶替上来。

2. 晋升培训。员工或管理者要想晋升，必须接受系统化的培训，只有通过培训考核才能上岗。

3. 晋升周期。除特殊情况外，一般管理者晋升，都必须岗位工作满一年后才可以晋升，同时晋升后考察期必须在 1-3 个月。

4. 责、权、利的统一。晋升到新岗位后，岗位职责不一样、

权限不一样，报酬也不一样。充分考虑对晋升者的激励，职位的晋升必须同薪酬做有效的匹配，才能确保激励有效。

松下完整的人才晋升链条确保了人才晋升前后工作绩效的提升，让人才发挥最大潜能。

现代企业应建立晋升机制，引入适度竞争。如果企业工作效率低，可在短期提拔几位精英人才，让员工感觉到差距的存在，同时让他们产生危机感，如果落后就有可能失去工作。以此消除员工的惰性，激发企业内部活力。

最后，企业经营者在制定晋升规则时还要注意以下四点：

1.“阶梯晋升”和“破格提拔”相结合。“阶梯晋升”是对大多数员工而言。这种晋升的方法可避免盲目性，准确度高，便于激励多数员工。但对非常之才、特殊之才则应破格提拔，使稀有的杰出人才不致流失。

2.机会均等。人力资源经理要使员工有晋升之路，即对管理人员要实行公开招聘，公平竞争，唯才是举，不唯学历，不唯资历，只有这样才能真正激发员工的上进心。

3.德才兼备，德和才二者不可偏废。企业不能打着“用能人”的旗号，重用和晋升一些才高德寡的员工，这样做势必会在员工中造成不良影响，从而打击员工的积极性。因此，企业经营者对第一点提到的“破格提拔”要特别小心，破格提拔的一定是具有特殊才能的、公司不可或缺的人才，他的德才要能服众。避免让其他员工对晋升产生“暗箱操作”或者遭遇“潜规则”的误会。

4.建立公司人才储备库。企业人力资源部门应定期统计分析公司各单位的人员结构，建立公司人才储备库。依据员工绩效考核结果和日常考察情况，筛选出各层次的核心人才、优秀的后备人才，对各专业、各层次的人才做到有计划开发，适当储备，合理流动，量才使用，并以此指导公司的培训、引才、留才的工作。

不吝啬赞扬，最大限度地鼓舞士气

赞美是最有效的激励手段之一。

——北大管理理念

北大管理理念重视赞扬的力量。当管理者希望激励下属提高工作效率时，需要做的事情很简单，就是赞扬下属。因为，赞扬是达到这一目的最行之有效的办法。人人都有得到别人承认、信任、重视和赏识的渴望，受人重视、被人赞扬的愿望，已成为人们内心强有力的动力。

北大管理理念认为，赞扬的影响常常是出乎意料的深远。其实很多人不仅仅是为了薪水而工作，他们更希望得到企业的重视。而对他们最有价值、最有力的赞美就是经常告诉他们："我为你感到骄傲。"

任何人都不喜欢处于被动地位。赞扬为何有如此功效？因为，赞扬一个人意味着尊敬。重视称赞，可最大限度地鼓舞人的士气和精神，提高他的被重视感和工作热情，释放一个人身上潜在的能量。有实验结果表明，当管理者公开赞扬下属时，他们的工作效率能提高 90%，私下赞扬虽不及公开赞扬效果好，但工作效率仍可提高75%。

尽管如此，仍有不少管理者不了解如此显而易见的事。他们认为，使用赞扬会使人自高自大，过多的称赞会使下属变得随便和普通。所以，他们吝啬于他们的赞扬，使用命令和督促的口气催人办事，鞭策别人，认为这不但很有效果，自身还可以产生一种威严感。其实，任何人都不会欣赏如此下命令的人。反之，如果管理者使用赞扬，特别是正面赞扬，夸他在某些方面比别人更出色或更能发挥作用时，他一定会充满信心，更加主动地做好工作。

心理学家威廉姆·杰尔士说："人性最深切的需求就是渴望别人的欣赏。"优秀的管理者要巧妙地运用赞美激励你的员工。管理者希望下属具有怎样的优点，就要怎样地赞美他。

赞美能够使员工树立自信、提高工作热情，并且可以进一步提高工作的效率。人天生就喜欢听好话、受赞美。作为管理者，对于这种不需要成本而效果明显的激励"武器"，为什么不经常使用呢？

每个人在得到来自他人的认可和赞美时，都会感到自尊心和荣誉感上的满足。而听到别人对自己的赞赏，并感到愉悦和鼓舞时，不免会对说话者产生亲切感，从而使彼此之间的心理距离缩短。人与人之间的融洽关系就是从这里开始的。

日本有关部门总结了日本战后迅速发展的原因，他们认为："日本国民的最大优点是，对外人不停地鞠躬，不停地说好话。善于发现他人的长处，善于赞美别人是日本迅速繁荣的一个重要原因。"

很多时候，如果没有赞美，我们便很少主动为自己设太高的目标。而有了赞美、有了鼓励，为了不辜负别人的欣赏与肯定，我们会更加严格要求自己、全力以赴地做好眼前的工作。由此可见，赞美也是一门艺术，管理者要充分了解员工的需求，给予员工恰到好处的赞美。这是企业付酬最低，却能换回最佳效果的方式之一。

有些管理者深感赞扬一个人很困难，他们抱怨没有在下属身上发现值得赞扬的“闪光点”。其实，每个员工都是一块闪亮的金子，只要管理者愿意睁大双眼，就能很容易地在每个人身上找到值得赞扬的地方。

有人说，赞扬本身就是一门艺术。事实的确如此，管理者赞扬员工并非一定要给予壮志凌云般的鼓励，但一定要注意表扬下属的技巧：

1. 表扬要具体，不要含糊其词。表扬本来是激发热情的有效方法，但有时运用不适宜则会使下级产生反感。因此，管理者在谈话中表扬下属应斟酌词句，要明确具体。

2. 表扬应抓住时机。管理者在与下级的谈话中能把握住有利时机去表扬对方，其效果可能是事半功倍，而失掉有利时机，其效果则可能是事倍功半。

3. 表扬要实事求是。对于一位管理者来说，要做到实事求是地论功行赏，首先必须把握公正这一原则。不管是谁，只要他出色地完成了一项工作，甚至仅仅提供了一条有创意的思路，都应该受到表扬。

4. 表扬要放下“架子”。放下“架子”表扬下属可以用谦虚、真诚的姿态来表现，还可以把自己置于次要的位置、突出下属，表达自己对下属的赞扬之情。

5. 表扬要有实际行动。管理者对下属的长处和优点表示赏识和肯定，仅凭表扬的话是不够的，还要求关心和体贴下属，让人觉得他在充分地表达对人才的尊重。

6. 表扬可以借口于人。借人之口表扬人，其中微妙的心理不仅让下属感到惊奇，更会令其陶醉在表扬的高超技术中。

7. 多表扬对方才华。每个人总是对自己的才华十分关注，多表扬他独特的才华，会产生更好的激励效果。

8. 赞美别人的前途和未来。赞美下属的前途和未来，应该要结合下属具体的奋斗目标。不过这种赞扬不宜太具体，并且要有一定的附加条件，如“通过努力，你一定可以成为公司的明星员工”。

值得注意的是，管理者对下属的赞扬有一大忌，那就是切勿掉进“奉承”这一既虚假又无价值的陷阱里。诚恳地去赞扬员工，会激发员工的超强战斗力。

让“狼”奋不顾身是有办法的——让利益与效益挂钩

让员工的利益与自己所创造的效益挂钩，这是一种有效的激励方法。

——北大管理理念

给员工提供相应的奖励计划，将会给员工添加“活力”，并且使企业的凝聚力增加，竞争力提高；反之，如果没有相关的奖励计划，则会降低企业的竞争力。

员工利益应与企业经营状况挂钩，两者的关系应该成正比。即经营状况不好，不能多发；经营状况好，则不应少发。这样，可以让员工感觉到个人利益和企业利益是一致的，必须和企业同甘苦、共命运。只有通过大家的努力，企业效益上去了，个人才会得益。切忌颠倒上述关系。

有一家外资企业，经营状况相当好，年度创利大增，而且还有不少新的拓展计划，但是在年终发“红包”时，总额却比上年减少了一半。据说是年终银根紧，方方面面都要结账，新的拓展计划又占用了不少资金，所以要求大家咬紧牙关。当“红包”发下去以后，员工们反应很强烈，他们直观地认为“经营越好、奖金越少”“企业越发展、员工越倒霉”。这一减少，离散了员工和企业的关系，大家马上产生一系列想法：还要不要努力工作？是不是该跳槽了？结果，春节后不少员工在外面开始寻找新的雇主，仅一个月内销售部就有四名员工辞职。

北大管理理念认为，奖金数额要有一个合理标准。公平，并不意味着不分职位的高低。在企业中职位有高低，这是企业赖以正常运作的组织结构所定。职位的高低，取决于个人能力及对企业的作用大小，因此在企业中权力和所负的责任也不一样。企业视职位高低给予不同的报酬，是公平的，也是大家所认同的。“搞导弹的不如卖茶叶蛋的”的错误，再也不能再次出现了。这也是企业的价值观之一。

有一个企业的老总，让财务总监搞一个“红包”发放方案，结果搞出一个不分职位的平均奖。并且公平到以出勤天数计算，让所有员工出乎意料地和主管、经理们平等了一次，这在员工中自然是一片叫好之声。但是主管、经理们都目瞪口呆，搞不清是怎么回事，企业的价值观由此而被毁。后来企业遭遇危机，中层干部有的推卸责任，有的“隔岸观火”，只剩下老总带着两三个亲信东奔西走，到处“救火”，叫苦不迭。

无疑，让下属充满干劲，一定要采用利益与效益挂钩的方式。世界第一 CEO 杰克·韦奇说：“我的经营理论是要让每个人都能感觉到自己的贡献，这种贡献看得见、摸得着，还能数得清。”

著名的思科公司非常重视用奖励机制来留住人才。在设置薪酬时，思科会进行全面的市场调查，确定员工的底薪不是业界最高的，这样，既不会造成企业运营成本过高，也不会因低于行业标准而影响员工的积极性。

调动员工更大积极性的是思科丰富多样的奖金，思科希望员工的收入能够与其业绩更多地挂钩，于是他们以奖金来激励员工。思科的薪酬设置大约分为三部分：销售奖金（销售人员）、公司整体业绩奖金（非销售人员）、期权（全体员工）。

思科还设有名为“CAP”的现金奖励，金额从250–1000美元不等。一个具有杰出贡献的思科员工，可以由提名来争取奖励。一旦确认，这名员工就可以及时拿到这笔现金奖励。另外，每季度的部门最佳员工都会获得国内旅游的机会。

当员工完成了某项工作时，最需要得到的是相应的肯定。所以，作为领导不要吝啬你的利益，让员工的利益与效益挂钩，就能激励员工随时处于积极状态，做起事来干劲十足。

PART 11

沟通管理课：少说多听常点头，“下属的干劲是谈出来的”

用心倾听员工的心声和抱怨，让对方多说话

表达不同意见时请保留对方立场，沟通没有对与错，只是观念、立场不同而已。

——翟鸿燊

员工对企业的抱怨其实也是反映企业真实管理问题的一种途径。很多时候，作为管理层是不会倾听员工对企业的抱怨的，甚至会通过各种途径来打压这种声音，当然这并不是聪明的一种做法。员工的抱怨并不一定就是错的，如果企业管理者认真地倾听员工的抱怨，抓住几个员工最为关注的问题去落实解决，对企业的管理可以起到事半功倍的效果。

美国企业家亚克卡曾对管理者的倾听有过精辟的论述：“假如你要发动人们为你工作，你一定要好好听别人讲话。一家整

脚的公司和一家高明的公司之间的区别就在于此。作为一名管理人员，使我感到满足的莫过于看到企业内被公认为一般的或平庸的人，因为管理者倾听了他遇到的问题而发挥了他应有的作用。”

北大管理理念认为，倾听员工的抱怨也是沟通的重要组成部分。一个善于倾听的人，不但使谈话的人说得开心，而且自己也能够从谈话中得到有价值的信息。

倾听是管理者了解员工诉求的有效方式，然而许多管理者不愿倾听，特别是不愿倾听下属的抱怨。其实，倾听是一个参与的过程，在这个过程中，管理者不仅要接受、理解别人的话，清楚他们的内心想法，更要为此做出必要的反馈。

抱怨并非都是负面的，这同样是一种沟通方式。这种发自内心的倾诉比客套的一般性的交谈效果要好得多。当下属明白自己谈话的对象是一个倾听者而不是一个等着做出判断的管理者时，他们会毫不隐瞒地给出建议。这样，管理者和员工之间就创造性地解决了问题，而不是互相推诿、指责。

但是，如果下属陷入没完没了的抱怨，甚至不分对象地抱怨，管理者就需要用一些技巧了。小唐是某电子公司的工程师，业务能力很强。公司让他管理一个项目组，然而，搞技术与做管理是完全不同的两回事。虽然他搞技术很在行，但在一无财权，二无人脉，既要顶住来自上面的业绩压力，又要管理自视颇高的知识型员工时，小唐的压力陡然增大。他抱怨员工不服管理是因为自己不掌握财权，抱怨公司不给支持导致各部门沟通不畅。而抱怨过后的结果是，他的领导并没有给予更多关注。

小唐也意识到：抱怨无异于证明自己无能，就干脆忍而不发，回到家里也不敢向正在孕期的妻子诉苦，最终竟然得了抑郁症。实际上，小唐的领导并不是个好领导。如果他能及时与小唐沟通，倾听他的抱怨，给予心理疏导和支持，相信不会造成如此后果。

员工抱怨有时候是情有可原的，追求完美的员工、智商高但情商低的员工、过于自负和自卑的员工，是最易产生抱怨的人群。作为管理者，要特别注意与之“及时沟通”。管理者应树立这样的形象：遇到任何问题请及时沟通，我会静心倾听，为你解困。在倾听中要认同对方的情绪：“嗯，我理解”“我也有过这种体会”。事实上，认真倾听本身就是化解负面情绪的最好方式。

用心倾听是理解他人的第一步，也是建立信任感的前提。只有倾听过后，才会理解对方“为什么抱怨”以及“抱怨的是什么”，掌握了这些“一手材料”，才能从根本上解决问题。

作为管理者，应该学会倾听，不要总以为自己是管理者，只需要对下属发布命令就可以了。管理者需要坦诚相见，做一个忠实的听众，让下属说出自己的内心想法。一个善于倾听的管理者，能够让沟通的渠道保持畅通，及时纠正管理中出现的一些错误，制定出一系列切实可行的方案和制度，促进团队的发展。

管理者倾听的过程，其实就是在给予下属心理认可的过程。当下属向你说出自己的一些想法，倾诉自己的一番抱怨后，通过这种发泄，他就可以从你身上获得心理认可的满足感。而基于礼尚往来的心理原理，他也会认可你本身，并在内心无意识地觉得应该给予你相应的回报：加倍努力工作，证明自己是优秀的，是值得你关注和认可的。

下属最普遍的抱怨形式就是：唠唠叨叨把自己的一肚子不满倾吐出来，对此，作为管理者绝不能装作听不见。相反，你一定要做下属的听众。获得卓越驾驭能力的最快捷、最容易的方法之一就是用同情的心理，竖起耳朵倾听他们的烦恼和抱怨。要正确处理好下属的抱怨，你必须做到以下几点：

1. 不要忽视源头

不要认为如果你对出现的困境不加理睬，它就会自行消失；不要认为如果你对下属奉承几句，他就会忘掉不满。事情的发展并非如此。如果下属不满的源头没有得到解决，下属可能会向其他的同事发牢骚，而他们可能会赞同他。当管理者忽视小问题，结果一定会让小问题演变成大问题。

2. 承认错误

管理者如果听到下属的抱怨涉及自己，并且确实是因为自己思虑不周，管理者可以承认自己的错误，并做出道歉。这样做，一方面可以消除产生抱怨的条件，另一方面只要处置得当就会让员工感受到你的真诚。

3. 不要置之不理

不要对抱怨置之不理，这样下属可能会从抱怨转变为愤愤不平。这会严重影响他们的正常工作。绝不能以“那有什么呢”的态度加以漠视。即使你认为没有理由抱怨，但下属也可以认为有。如果下属认为它是那样重要，应该引起你的注意，那么你就应该把它作为重要的问题去处理。

4. 要听弦外之音

认真地倾听下属的抱怨，不仅表明你尊重下属，而且还能使你有可能发现究竟是什么激怒了他。例如，一位打字员可能抱怨他的打字机不好用，而他真正的抱怨是档案员打扰了他，使他经常出错。因此，要认真听人家说些什么，要听弦外之音。

5. 不要发火

当你心绪烦乱时，你仍听到下属的抱怨，可能会使你无法清醒地思考，甚至会轻率地做出反应。因此，要保持镇静。如果你觉得自己要发火了，就把谈话推迟一会儿。

6. 别兜圈子

在你答复一项抱怨时，要触及问题的核心，要正面回答抱怨。不要为了避免不愉快而绕过问题，不把问题明说出来。你的答复要具体而明确。这样做，你的本意才不会被人误解。

7. 解释原因

无论你赞同雇员与否，都要解释你为什么会采取这样的立场。如果你不能解释，在你下达决定之前最好再考虑考虑。

8. 表示信任

并非所有抱怨都是对下属有利的。回答“是”时，你不会遇到麻烦，回答“否”时，你就需要利用你的所有管理技能，使雇员能理解并且心情愉快地接受你的决定。

在你向他们解释过你的决定之后，你应该表示相信他们将会接受。借助于他们的推理能力，借助于他们对公平处事的认识和同等对待的信任，努力使他们了解你所做那个决定的理由，使他们同意试一试。

9. 公平处理

掌握事实，掂量事实，然后做出不偏不倚的公正的决定。做出决定前要弄清楚下属的观点。如果你对抱怨有了真正的了解，或许你就能够做出支持雇员的决定。在有事实依据、需要改变自己的看法时，不要犹豫，不要讨价还价，要爽快。

10. 敞开大门

不要怕听抱怨。“小洞不补，大洞吃苦”，这句话用于说明在萌芽阶段就阻止抱怨是再恰当不过了。要永远敞开大门，要让下属总能找得到你。

心怀善意和认同感，可以帮你赢得人心

你即使什么都没有也可以分享，你至少可以跟别人分享笑脸。

——俞敏洪

在企业管理中，管理者能够体会他人的情绪和想法，理解

他人的立场和感受，并站在他人的角度思考和处理问题，对员工的善意和认同感会使得员工和你站在同一战线。

管理者与员工之间缺乏沟通，导致管理者不能对员工进行有效的管理，也使得员工缺乏对企业精神的理解与共识，更不可能认同企业的共同使命、共同目标。作为企业管理者，要有“员工为我，我为员工”的概念，对员工心怀善意。要站在平等的角度上理解员工，员工不是机器，所以我们不应该仅仅只看到公司眼前的利益，还应该重视员工的感情和需要。

管理者常常会以为，与员工沟通时，主动询问员工有没有问题，是一种很善意且实际的沟通。但实际上，管理者与员工在客观上存在着地位差距，员工在工作中被管理者问及有没有问题时，往往唯唯诺诺或表示没有问题。实际上，沟通在这里出现了断痕。

春秋时期的郑国是个小国，国人喜欢聚集在乡间的学校里，七嘴八舌地议论国家主政的官员。大夫然明对丞相子产说：“下道命令，不让他们聚集议论，以免是非，可不可以呢？”子产说道：“为什么要这样做？那些人早晚聚集在一起休息、谈笑，当然要议论我们把国家治理得好不好。他们肯定的，我们就努力去做；他们讨厌的，我们就马上改正。他们是我们的老师啊，为什么要打击他们呢？我只听说忠诚为善可以减少怨恨，没有听说以势作威就能防止怨恨。如果作威防怨而不能止住怨恨，就会像大河决口，那就无法救治了。所以，不如开个小决口，让人们的怨恨有发泄渠道，我们就能从容地听从并改正了。”然明被子产的话折服了。弱小的郑国也在子产的开明治理下，出现了政通景明的景象。

由此观之，心怀善意，这才能形成有效沟通。管理者在开展沟通工作前，必须正视并争取尽快解决这些问题。尽最大努力创造条件，维护员工的利益，使员工能真切感受到来自管理者的关心和温暖，从而提高员工对沟通工作的认同感。

作为管理者，保持一颗“同理心”，认同员工并对员工心怀善意，支持员工，和员工一起奋斗，这也是有效沟通的重要方式。

王晓到一家日化公司应聘部门经理，公司人力资源部门告诉他要试用三个月，然后就把他安排到商店做普通的销售员。起初王晓很不理解，自己有很好的学历背景，又有一定的工作经验，总经理凭什么让自己从基层干起呢？但随即王晓又转换了想法，他从老板的角度考虑，如果自己一上来就被安排在管理者的位置，在不了解公司的情况下，很有可能就担不了大任，这对老板来说，可能就是更大的损失了。

于是，王晓沉下心来从最简单、最基本的工作做起，全面了解公司，熟悉各种业务，他在销售岗位做得很出色，取得了不小的业绩。三个月试用期满，总经理将他叫到办公室，通知他已经通过了公司对他的考验，可以正式就任部门经理了。

在王晓出任部门经理的半年中，他带领部门积极配合总经理的工作，紧跟公司的发展策略，取得了辉煌的业绩，为公司的发展做出了贡献，深得总经理的青睐。几年之后，总经理调回本部，临走时他推荐王晓出任总经理一职。

无论是管理者还是员工，都应该对对方的决定或行为保持善意，这样，更有利于我们站在相互的角度考虑问题，进而理解对方的工作方法与处理问题的方式。

当你试着待人如己，多替对方着想时，你的善意就会无形之中表现出来，从而感动和影响包括你自己在内的周围的每一个人。你将因为这份善意而得到应有的回报。

成功守则中最伟大的一条定律——待人如己，也就是凡事为他人着想，站在他人的立场上思考。优秀的管理者，应该对员工心怀善意，和员工一起奋斗，在他们的帮助下，获得你自身价值的实现。

学会运用幽默沟通，善于营造良好的交流氛围

大家都认为我是个宽容的人，因为我比较喜欢开玩笑。新东方的其他老师也都爱拿我开涮，经常笑话、幽默满天飞……我鼓励老师说笑话、讲故事，只要能调节课堂气氛，但不能出格。

——俞敏洪

曾在北大授课的企管专家谭小芳老师通过个人调查了解到，

美国的一些企业管理者经常将幽默巧妙地运用到管理中。他们认为，幽默的确能够提高生产力，提升员工的士气，并且十分有助于团队合作。在美国，一些企业甚至还会让员工接受幽默式的训练，想尽办法增加员工的幽默感。

幽默不仅能消除烦恼、增添快乐、活跃气氛，还能化解尴尬。这对管理者尤其重要，你不妨唤醒自己潜藏的幽默感，收集一些巧答妙对来应付一些尴尬的场面。

在平时的管理工作中，管理者一定要学会在适当的场合、适当的时候给员工们开个玩笑幽默一下，以此增强你的亲和力，加深你与员工之间的感情，并使工作效率得到有效的提升。

言语表达幽默生动，这是管理者的学识和智慧的表现，有利于取得良好的沟通效果。哲学家培根曾说："善言者必善幽默。"如果能在讲话中插入一点儿幽默，在严肃的话题中让人放松一下，仿佛是给一道菜肴加入了一味调料，会让味道更加鲜美。

胡适在一次演讲时说道："我不是来向诸君做报告的，我是来'胡说'的，因为我姓胡。"话音刚落，听众就大笑起来。

王财贵在进行读经教育推广演讲的时候，总是对大家说："恭喜你，今天你遇到贵人了，因为我的名字叫'王财贵'。"每次说完，大家都会鼓掌。

听众一般都会喜欢具有幽默感的管理者，在沟通过程中适当加入些幽默元素，会在无形中拉近与听众的距离，调节现场的气氛。一个优秀的管理者必定是个善于运用幽默的人。俞敏洪的演讲受到很多学生朋友的欢迎，很大一部分原因是他在讲解人生严肃道理的同时，能够时不时插入一些幽默的话语。

在北京大学的一次演讲中，俞敏洪说：“我还记得自己为了吸引女生的注意，每到寒假和暑假都帮着女生扛包。后来我发现那个女生已经有男朋友，我就问她为什么还要我扛包，她说为了让男朋友休息一下。”俞敏洪用这个小故事引得同学们的爆笑，演讲的气氛自然一下子活跃了起来。由于俞敏洪说话时不时地带点儿幽默，总是让人开怀大笑，他和员工的关系也非常融洽。幽默的力量不容小觑，一些小幽默、一则小故事、一段小品文或妙语，往往可以扭转乾坤，让人心甘情愿地去做原本不想做的事情，接受原本不想接受的东西。

管理者只需采用少许适当的手段，抱着自然而然的心态，通过自嘲向员工展现不一样的自己，这样反而能拉近与员工的距离。俞敏洪一次在复旦大学进行演讲，他说：

“在北大的时候，由于我的成绩不好，自己本身就很郁闷，结果就导致我们班的女生没有一个看上我。大学的女生一般眼光都比较短浅，看中的都是成绩优秀长得英俊潇洒、风流倜傥的男生，像我这样长得不怎么样但内涵非常丰富的，女生就不理，这是女生眼光的问题。我们班 20 周年聚会的时候，我们班的女生全部走上来热情地握着我的手，说后悔当初没下手，知道吧。”

他的风趣幽默引得听众一阵阵爆笑。一些管理者很善于运用“幽默”式的沟通管理方式。比如说在员工犯错的时候，会采用十分幽默的语言，既能巧妙地让员工认识并改正自身错误，又能避免在众人面前伤及员工的自尊心。让员工觉得自己是一个可亲可爱的管理者，愿意与之接近，这样更容易赢得员工的爱戴和尊重。

所以，管理者平时要在员工面前表现得随和一些，不要故作严肃。同时，也要记住一些幽默的方法，并恰到好处地用到沟通中，这是提高工作执行力和效率的一种有效方式。

放下你的高姿态，和员工坦诚交流

理论上讲，大家任何时候想跟公司高管进行交流都是可以的。我们也在不断地创造各种各样的机会，希望跟大家有更多接触。

——李彦宏

美国加利福尼亚州立大学研究所指出：“一个企业中，最有效的交流方式是平行交流。”所谓的平行交流，就是管理者在消除等级障碍的前提下，以与员工平等的姿态在企业内部进行的各种上下级交流。其核心理念是：平等与信任。

北大管理理念推崇平等沟通的管理法则。企业中的员工是有血有肉的个体，他们是有感情的，并非冰冷的机械。正因为如此，管理者一定要认识到，管理者与被管理者在法律上都是平等的个体，相互之间在法律上是平等的。所以，要以平等的姿态对待员工，让员工感到你的真诚，然后再动之以情，晓之以理地教育、沟通，必将收到事半功倍的效果。

许多企业的管理者口头上宣讲“坦诚沟通”的理念，但领导却只喜欢听好话，容不下不同的声音。在各种议题的会议上，领导大谈沟通要坦诚，要敞开心扉。但与会的人员却不能相互信任，一点儿都“不坦诚”，总在揣摩管理者的心思，不厌其烦地重复一些陈词滥调，而对于实际问题却避而不谈。管理者不放下自己的高姿态，每次的沟通注定只会得到这样的结果。

这种沟通法则，不能有效消除沟通机制中的等级障碍、改善沟通环境，沟通的效果自然也不尽如人意。

日本松下电器公司总裁松下幸之助尽管身居公司高位，但是他从来不以管理者的姿态对待员工，而是希望员工以一种平等的姿态对待自己。松下电器公司创业时期，根据员工的业务技能，他们被分成四个等级，其中最低的一个等级为候补四级。有一位候补四级的员工自认为在公司服务了好多年，也为公司做出了一些贡献，他自认为已经具备了三级员工的资格。于是，他找到松下，表达自己的不满："一直到现在，我都没有得到提升，是不是我的努力还不够呢？如果真的是这样，我宁愿多接受一些指导。"

松下没有因为这件小事而置之不理，他责令人事部对这件事进行查处，结果发现，这位员工原本具备晋升的资格，只是由于工作人员的大意，而忘记给他办理晋升手续。

松下平易近人，他愿意和员工面对面地交流，愿意倾听员工的一些想法，甚至是一些不堪入耳的责骂，而员工也愿意在松下面前说出来。有一次，公司的一位员工被批发商狠狠地训了一顿："你们的老板怎么会让你们生产出这样的产品，我看他还不如去开个烤白薯店，别再制造电器了。"这位员工竟如实地告诉了松下。随后松下亲自拜访了这位客户，以表示歉意。令这位批发商感到惊讶的不是松下的到来，也不是他的歉意，而是那位员工竟把他的话如实地告诉了自己的老板！

松下对这一点不无骄傲：“我非常信任我的员工，我们之间无所不谈。”如果一个管理者执着于显示自己的地位与身份，那他和员工的关系肯定是失败的。松下无疑具备高超的沟通艺术，只有让每一位员工都感到自己是公司中平等的一员，他们才能敞开心扉，才能将自己的意见与建议向管理者毫无保留地表达出来。没有平等与信任便没有沟通，没有沟通便没有管理。

管理者在与员工沟通工作的同时，应经常关注员工的日常生活。闲暇时聊聊堵车和天气，或是音乐和时尚之类员工感兴趣的话题，这是拉近与员工距离的好方法。如果公司在原则上难以解决员工的需求，要及时向员工说明以得到员工的理解。

以管理者的身份与员工沟通，如果缺乏信任和坦诚，这会从企业的根本上动摇我们快速成长、锐意创新的根基，会让企业成为一潭死水、失去活力。

管理者都不希望自己的公司如同一潭死水一般没有生气，

可是在会议或是工作报告等很多情况中，却经常存在这样的问题。要提高员工沟通的热情，在管理中发扬民主精神，带动员工讨论，并把集体讨论中产生的有益的意见和智慧及时反映到公司的决策中来，才能充分提高员工的积极性和创造性。

管理者应熟练地完成身份转换，在公司里是领导，在公司外则是与员工无拘无束的平等沟通者。在更为自然的环境中与员工沟通，往往能达到在公司里难以达到的效果。

作为管理者，如果在生活中对员工坦诚相见，无疑会给自己平时的威严中增加几分亲和力，员工能从中感觉到来自管理者的善意，容易心情愉快，畅所欲言。从而建立起与员工的感情桥梁，方便进行有针对性的信息传递。

作为管理者，要放低姿态，充分信任自己的下属，倾听他们工作中存在的问题和对工作的建议，力图让他们的才能得到最大的发挥。只有在平等和信任的基础上坦诚交流才能提高工作效率，才能培养出优秀的员工。

PART 12

执行力管理课：大多数时候，人们不知道干什么

细化执行的标准，科学考察执行的效果

管理者对执行的标准必须做到清楚、明了、准确、量化，这样才能保证执行的结果。

——北大管理理念

在美国通用电气公司(GE)的年度报告里有这样的荣耀之词：我们能够做到，所有的战略只要一提出来，一个月内就能落到实处，并且能在第一个循环内（GE 一般是一年一个循环）获得较好的财务效果。GE 取得这样优异的成绩，跟全球几十万员工的优秀执行是分不开的。

“不论你是哈佛大学的高才生，不论你有多么出色的计划，一旦进入 GE，我们只关注你们的成绩，只关注你们做了多少，每个员工都必须认识到这一点。从现在开始，衡量一个人的标准是他在 GE 的成绩，一个人的表现比他提出的好意见更重要。”

GE 有一套非常成功的人力资源评估系统：每年，他们都要求每一家分公司对组织中的人进行分类排序，必须区分出“在组织中，哪些人是属于执行最好的 20%，哪些人是属于中间的 70%，哪些人是属于最差的 10%。如果他们的团队有 20 个人，那么我们要知道，20%中最好的 4 个和 10%中最差的 2 个都是谁，包括姓名、职位和薪金待遇。表现最差的员工必须走人”。如今企业和个人所面对的问题，并不是不重视执行的问题，而是怎样才能有效执行的问题。知易行难，管理者如何才能强化执行力管理呢？

执行的过程往往是漫长的，在执行过程中如果管控不严，很容易偏离目标。执行标准既是执行者参考的依据，又是鞭策执行者的手段。优秀的执行必须具备一定的标准，具体来说，必须符合以下条件。

1. 及时

是工作成果在时限上的要求。要在规定的时间内完成任务，不允许无故拖延；如果能够提前，当然最好不过了。

执行首先需要时间方面的量化标准，我们应该规定什么事情从什么时候开始实施，在什么时间必须完成。就像航空公司的飞行时刻表一样，什么航班在什么时间从什么地点起飞，于什么时间在什么机场降落，必须规定得一清二楚。没有这种标准，飞行员就不知道什么时间该起飞，什么时间该降落，飞行的速度如何掌握和控制。任何工作都是如此，有了时间的标准，执行者才会有明确的开始和完成的概念，才能主动地掌握和控制执行速度与节奏。缺乏时间标准，往往导致事情一拖再拖，有的甚至不了了之，毫无结果。

时间标准要依据每一件事情的轻重缓急和重要程度来考虑，时间的限制是执行的一个首要标准，没有时间的标准就无法保证执行的效率和速度。

2. 保质保量

保质，是工作成果在品质上的要求。成果至少不低于标准值，不允许“假冒伪劣、以次充好”。保量，是工作成果在数量上的要求。至少要达到规定的数量，不允许“偷工减料、缺斤短两”。

质量标准是执行过程中的重中之重，因为它直接关系到执行的结果。当然执行的结果和时间也有一定的关系。质量标准就是要制定每一项工作完成的效果指标或合格指标。任何工作都不是完成了就行，而是要保质保量地完成，至少要达到规定的合格标准，才算是真正的完成。比如一个企业，如果生产出的产品质量不过关，即使用最短的时间生产出再多的产品，这些产品也是次品，不仅卖不出去还浪费了成本。又比如文员，打字的速度虽然快，但打印的文件总是错字连篇、漏洞百出，即使速度再快也不能算有执行力。

执行的标准定得清楚、用得恰当，将大大促进和改善执行力。缺乏这些标准的参照、鞭策和控制，执行力将会因失控而流失。能及时、按质、按量地完成工作任务，这样执行力就强，反之，执行力就弱。

在大学课堂上，教授向学生们讲了这样一个案例：老板叫员工去买复印纸，员工立刻去执行。不一会儿，员工买了几十页复印纸回来。老板很生气：“这一叠复印纸，怎么够？我至少要三摞。”员工第二天就去买了三摞复印纸回来。老板一看，又很生气：“你怎么买了 B5 纸，我要的是 A4 纸。”员工过了几天，买了三摞 A4 复印纸回来，老板还是很生气：“怎么买了一个星期才买好？”员工回道：“你又没有说什么时候要。”

买复印纸这么简单的事情，员工跑了三趟，老板生了三次气。老板会摇头叹道，员工的执行力太差了！员工心里会说，老板能力欠缺，连个任务都交代不清楚，只会支使下属白忙活！问题出在哪呢？出在执行的标准上！

拿“买复印纸”的例子来说：老板让员工买复印纸（尽快买至少三摞 A4 复印纸），员工先是买了几十页（实际要求至少三摞）复印纸，没有按量完成；后来，买了三摞 B5 纸（实际要求 A4 纸）回来，没有按质完成；终于买回了三摞 A4 复印纸（却是在一个星期后），没有按时完成。

这样的执行是失败的。员工为什么在执行的过程中对任务

的质、量和完成时间都打了折扣？根本的原因在于没有将执行此次任务的标准理解透彻。去买复印纸之前，应该先去相关部门了解一下平时都用什么类型的纸，一般一次采购多少，然后再行动。

应该注意的是，时间、质量、数量等标准的制定并不等于达到执行的目的，关键是通过标准实现有效执行，员工以标准规范为工作的准绳，按时、按质、按量地完成工作指标，从而提升自己的执行力。

一个优秀的员工在执行任务时，为了让执行合乎按时、保质、保量的标准，经常会运用到“5W2H”法。用五个以W开头的英语单词和两个以H开头的英语单词进行设问，明确任务是什么、怎么做、何时完成、由谁负责、做到什么程度等一系列问题。

（1）WHY——为什么？为什么要这么做？理由何在？原因是什么？

（2）WHAT——是什么？目的是什么？做什么工作？

（3）WHERE——何处？在哪里做？从哪里入手？

（4）WHEN——何时？什么时间完成？什么时机最适宜？

（5）WHO——谁？由谁来承担？谁来完成？谁负责？

（6）HOW——怎么做？如何提高效率？如何实施？采用什么方法？

（7）HOW MUCH——多少？做到什么程度？数量如何？质量水平如何？费用产出如何？

在明确了这些问题之后，开始着手制定具体的实施方案和计划，按部就班地去实施。优秀执行者的执行力正体现于此，服从命令、立即行动，按时、保质、保量地完成，这也是所有的优秀执行者身上最关键的特质。

每个管理者都要给员工“对”的明确标准

管理者必须给员工“对”或“错”的明确标准。

——北大管理理念

管理者布置任务的时候，员工看似听得很明白，但却因为没有真正搞清楚要如何操作，最后在执行后出现了上级不满意的结果。

发生这种状况的原因是什么？主要在于管理者没有给员工明确“对”的标准。要想员工在执行的过程中不走样，完整领会上级的意图，明确“对”的标准很重要。

也许有些人会觉得，只要完成了任务，有了结果，过程就不重要了，何必非得按照上级的吩咐按部就班呢？我们说条条道路通罗马，这种理解也没错。但是，很多时候，执行的灵活性要有一个大前提，就是有一个基本的标准。

管理者在布置工作、下达任务、发出指令时的本意或精神实质，希望达到某种目的或标准，需要完整地传达给员工。如果对上级的意图理解不透，把握不准，员工往往会费力不讨好，很难按照上级的期望完成任务。

管理者有时候不可能将每件事情的前因后果都向下级阐述清楚，但还是有必要站在员工的角度，交代尽可能详细，只有这样才能让员工领会上级的意图，才能执行到位。这也要求员工，不仅对上级明确安排的事情要充分理解、不折不扣地执行，而且对上级没有明确说出来的事情，也要站在上级的角度多思考，这样才能做得更好。

小李在一家公司当行政助理，一天，总经理把小李叫到办公室，吩咐他安排一辆车，到机场去接一个人，并且特别叮嘱他让老司机开车去接这个人。

小李从同事那里了解到，因为过几天公司要请一位专家来做培训，这个人可能就是那个专家。

小李先是打电话到后勤部门，结果该部门的同事说经常接贵宾的几个老司机不是在休假，就是正出外勤，最迟也要第二天才有空闲。小李想，反正是接人，接到了就行，谁去接都一样，不一定非得是老司机去。于是小李另外找了一个新来的年轻司机，他对人热情，还很有冲劲。

小李很满意自己的安排，可让他没想到的是，接到人后，总经理发现接人的司机不是老司机，当即就发了火。

总经理说："我不是特意告诉你派老司机开车去接吗，你为什么要自作主张？"小李很委屈，自己明明是好心，并且已经完成了任务，怎么反而挨了批评呢？

其实，小李如果懂得要充分领会上级的意图，在派人去接

之前，就应该先了解一些细节：要接的人是什么身份？与公司是什么关系？总经理打算用什么规格的礼遇？等等，还有特别叮嘱老司机去接是什么意思？

只有弄明白了总经理是要借“迎接”这个机会，向客人表达相当级别的礼遇就会知道，总经理需要的这个司机不仅要驾驶技术好、道路情况熟，而且对公司认同感强、谈吐得体，懂得什么时候在客人面前说什么话，知道在酒店开什么档次的房间……

要明确“对”或“错”的标准，就要员工完全领会上级的指示，这就要求在执行之前领导和员工之间做好沟通。员工还需要事先明确执行的方式方法，这一环节需要向有经验的人请教。总之，在执行任务之前，先要问好想好，多做一些准备，这样才能有效地避免在执行过程中大费周折，而使结果大打折扣或根本无法实现预期的效果。

为什么上级对同一项任务预期的结果和汇报上来的结果相差甚远？接受任务如何能够保障执行的结果不会偏离目标太远？这些都是关于任务不走样的追问，下面的几点建议希望能够给你启示：

1. 让员工领会命令的精神

上级在分派任务或下达命令时，一定要注意员工是否认真倾听，对于指令中有不明白的地方，一定要问员工是否清楚，这样员工才会切实做到真正地领会命令的精神。有些员工自以为是，然后按照自己的意思去行事，也有些员工不清楚命令的实质，又因为惧怕领导不敢去问。管理者一定要确定员工是否清楚领会任务的指令。

2. 要求员工积极回应

在接受命令时一定要有一个积极的姿态。首先要乐于去接受上级给予的新指示；其次是上级下达命令时一定要认真领会，态度端正。而管理者在交代重点事项时，获得员工的肯定回应后，再说下一点。

3. 做好记录

好记性不如烂笔头，再好的记性，都会有所遗漏，尤其是当给下属布置较多的任务时，就有必要让员工带上笔记本，把分派的任务逐条记下来。可以记录下指示的内容，以及交代的注意事项或与上司的交换意见，以确保准确无误。

4. 听完任务之后，要复述一遍，确保没有遗漏

在军队中，下级经常会对上级复述命令。复述命令能够确保没有遗漏，即使遗漏了内容，也能够及时补上。

复述后，员工向上级确认是否有疏漏或是理解错误的地方，这个环节可以查漏补缺，同时也是执行前纠错的重要步骤，可以大大减少执行误差。

执行不打折：明确管理角色与执行角色

作为管理者，首先要明确自己的角色，明确自己执行的具体位置。

——北大管理理念

在一个企业组织中，不同的人扮演不同的角色。执行角色就是落实中的人，用什么样的人来执行什么样的工作，把什么

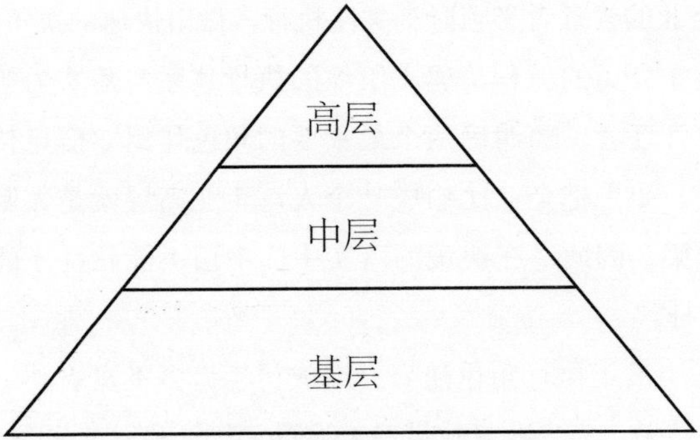

企业管理人员的金字塔结构

样的人放在什么样的位置上。

在企业中，从管理者的纵向结构上可以分为三个层次：高层管理者、中层管理者、基层管理者。这就是企业管理人员的金字塔结构。

企业管理者的执行角色是对高层管理者、中层管理者、基层管理者三个层次予以观察。联想总裁柳传志曾说："高层要有事业心，中层要有上进心，基层要有责任心。"

高层管理者，如总公司和分公司的总经理，主要负责企业战略的制定以及重大决策。基层管理者，如工段长、队长、领班等，主要负责公司决策的贯彻执行。而位于高层管理者与基层管理者之间的就是中层管理者。

打造企业的执行力，企业管理者是第一执行人，也是第一责任人。企业领导者常常坐在办公室里痛斥下属执行不力。团队的执行力，很大程度上源于管理者的执行力。企业管理者必须永远记住：兵熊熊一个，将熊熊一窝。

企业的管理者必须时刻关注执行，做出快速的决策与回复，带头遵守公司的流程，建立组织的执行体系与落实力等。而作为中层管理者，要明确两个最重要的角色作用：信息传达和鼓动士气。如果把企业比喻成一个人，企业高层就是大脑，中层就是脊梁。因此，在决策的落实中，中层不能软，才能挺起企业的腰杆。

基层员工执行角色缺失会造成员工诸多不良表现：在工作中不求结果，为失败寻找借口；浪费工作资源，增加企业成本。

一个企业的执行力，在各层次均有不同的角色分工。明确执行角色，才能尽到每个人应尽的责任与义务。只有清楚自己在做什么，确认自己的位置，才能更好地去执行。

1. 执行在高层：合理授权

高层管理者的能力总是有限的，要把所有的事都照顾过来、都办好，即使“日理万机”，也是不可能做到的。管理者应拿出一部分权力分给下属，自己要做的只是以权统人。

在我们身边，常看到这样的领导，勤勤恳恳，起早贪黑，无论大事小事，样样亲力亲为，的确十分辛苦，但所负责的工作却常常杂乱无章，眉毛胡子乱成一团。这些领导像陀螺一样，从早忙到晚，你问他在忙什么，他可能张口结舌。事事都管、都抓，结果必然是什么也管不好。

企业高层领导者不能站错了位置，作为高层管理者，更多的应该体现在决策和用人上，具体执行的事宜不可参与太多。

2. 执行在中层：承上启下

中层管理者兼有领导者和下属的双重身份。姜汝祥在著作中说“中层只有两种选择：要么做大气层，把高层战略的大部分热量都折射和损耗掉；要么做放大镜，把太阳的光芒聚集到一点，把纸点燃”。假若我们把公司战略比喻成太阳，把客户价值比喻成纸，你可以做大气层，使太阳的热量都被你消耗掉，让纸还是纸。但假若你做放大镜，把太阳光聚焦到纸上，那纸便可被你点燃！

明确中层管理者的角色，就要求中层管理者除了管理职责、岗位职责以外，还起到员工与公司决策者之间上传下达的作用，如果中层管理者不能发挥其应有的作用，则会给公司的管理和决策的贯彻带来很大的阻碍。

3. 执行在基层：背起自己的责任

基层管理者是生产管理的直接指挥者和组织者，也是企业中最基层的负责人，属于“兵头将尾”。基层管理者一般既是技术骨干、业务的多面手，又应当是部门的领头羊和排头兵，要在工作中起到带头执行的作用。

执行不容小疏忽，**注意每一个细节**

过程因素也是造成多数企业执行力弱的一个重要因素。

——李彦宏

一位管理学专家一针见血地指出：从手中溜走 1% 的不合格，到用户手中就是 100% 的不合格。工作中一个小小的疏忽和失误，就会造成产品和服务上的缺陷，每一个缺陷都会影响企业在顾客心目中的形象和地位，给企业带来难以估量的损失。

“千里之堤，溃于蚁穴。”一个企业从“诞生”之日起就面临众多强敌的威胁，要想在企业之林中站稳脚跟，除了构建严密的组织生态外，还有另一个重要主题是敏锐地发现组织中有可能引发危机的“蚁穴”，未雨绸缪，防患于未然。一旦发现组织的“蚁穴”就要不遗余力地根除，甚至不惜“小题大做”。

老子曾说：“天下难事，必做于易；天下大事，必做于细。”类似的，建筑大师密斯·凡·德罗，在被要求用一句话来描述他成功的原因时，他概括说：“魔鬼藏于细节。”

现实工作中的失败，常常不是因为“十恶不赦”的错误引起的，而恰恰是那些一个个不足挂齿的“小错误”积累而成的。工作中任何一个环节出了差错，都事关大局。牵一发而动全身，每一件细小的事情所产生的后果都会被不断扩大。

工作中的某一个环节出了问题，都会造成不可想象的事故。因此，面对自己的工作，我们应当增加警惕性和责任感，尽可能杜绝工作中可能出现的一切“隐患”，防止“因小失大”。细节决定成败，每个员工要重视小事，养成认真细致的作风，将身边的每一个隐患都扼杀在摇篮之中。

将细节打造为“最佳执行准则”，是强调将每项工作做细、每个环节做精，关注每一个细节。麦当劳对原料的标准要求极高，以汉堡中的生菜为例，麦当劳《全面供应链管理手册》中规定，从源头选土开始，详细记录地段和土壤的资料，所有种植地周边一公里内必须无工业“三废”污染源，无养殖场、化工厂、矿山、医院、垃圾场，与生活区的隔离须超过 20 米，土壤和水中的重金属和微生物不能超过国家绿 A 标准。从生菜播种开始进行全程监控，之后的种植、灌溉、施肥、防虫也要一一记录。

面包不圆和切口不平都不用，奶浆接货温度要在4℃以下，高一度就退货。一片小小的牛肉饼要经过40多项质量控制检查。任何原料都有保质期，生菜从冷藏库拿到配料台上只有两小时的保鲜期，过时就扔掉。生产过程采用电脑操作和标准操作。制作好的成品和时间牌一起入到成品保温槽中，炸薯条超过7分钟，汉堡超过19分钟就要毫不吝惜地扔掉。麦当劳的作业手册有560页，其中对如何烤一个牛肉饼就写了20多页。正是麦当劳如此严格、完整、细致的管理制度，才使得拥有数千家连锁店的麦当劳运转自如，获得了巨大的成功，在给公司带来巨额利润的同时，也巩固了企业的国际形象。

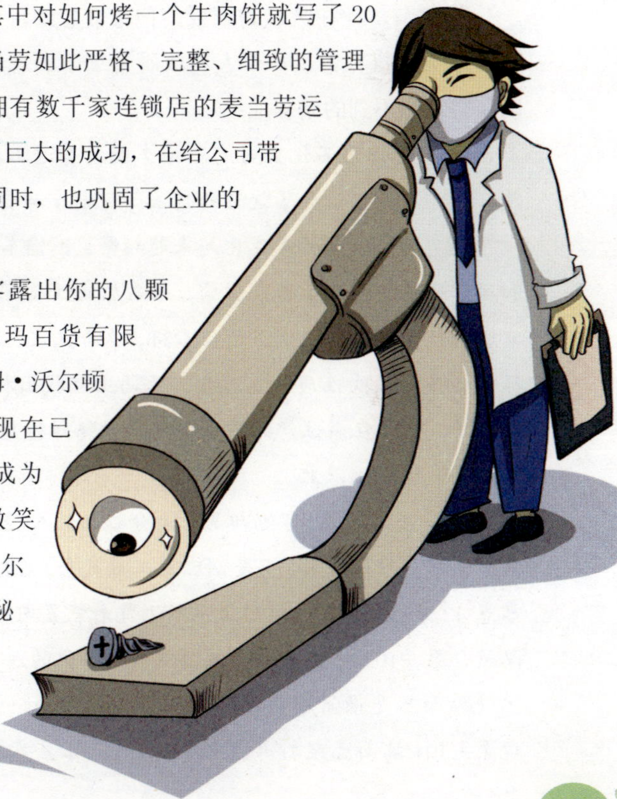

“请对顾客露出你的八颗牙”，这是沃尔玛百货有限公司创始人山姆·沃尔顿的一句名言，现在已经在服务行业成为标准；“三米微笑原则”也是沃尔玛服务顾客的秘诀之一。

这些细节的规定看

起来有些烦琐，但却非常有效，一旦形成习惯，成为员工的行为准则，那么该做什么、不该做什么，如何去执行、执行到什么程度，就不需要别人来提醒，而是融为一种良好的工作准则。

如在石油行业，生产、运输、销售、服务过程中多与易燃易爆品打交道，安全事故风险和环境风险大，这决定了石油企业实施精细化管理必须将每一个细节的安全、环保作为企业持续发展的基础。

抠细节，往往被认为死板，但谁会想到，正是这些细节打造了最强的执行力。一个人养成看重细节的思维习惯，往往可以获得意想不到的精彩成果。

刘宁是锦西石化公司南蒸馏车间的普通工人。对于炼油操作，有些人产生了会了就行的想法。可刘宁却要精益求精。

近几年，原油性质变化越来越频繁，蒸馏车间的质量合格率和操作平稳率受到了很大影响。每当原油性质有所变化，刘宁都要进行认真调节，边调节边记心得，久而久之，他摸索出了一套操作方案。原油性质一有改变，他马上就找出相应的操作方法。几年了，他所在岗位产品质量合格率始终保持98.5%以上，操作平稳率达到99%以上。

刘宁高高大大，可他却是个十分心细的人。2009年2月26日，刘宁值零点班。凌晨，正是倒班员工最疲惫、最容易疏忽的时候。零点42分，刘宁在监视器上不断浏览着装置内的设备运转情况，忽然，泵-101处冒出的一丝白烟引起了他的注意，由于监视器上的画面不是很清晰，他马上起身奔向泵房。经过检查，他发现泵-101端面已经打开，300℃的渣油正呈雾状喷出，随时都有着火的可能。班组成员在切换备用泵后仍有些后怕，这要是着起火来，就是一次停工事故。可见员工从一点一滴的小事开始，把自己经手的每一份工作做到尽善尽美。承担一份工作，就应该在执行中精益求精，这样才能赢得机遇的青睐，获得发展的机会。

管理者必须要求员工绝不能忽视执行的小细节，对执行的细节“小题大做”，这样才会将执行做到位。只有如此，才能确保执行能够按质按量地完成。

PART 13

高效能管理课：错误的工作方式，只会增强劳动强度

时间完全没有替代品，**尊重时间的价值**

对企业家来说，时间不仅是最宝贵的资源，而且是一种机会，他的命运可能就决定于那早与晚的一瞬间里。

——张维迎

管理者的工作时间往往只属于别人，而不属于自己。时间完全没有替代品，最大限度地利用好时间的意义在于创造更多的价值，这是一个管理者应该努力学习的课程。

每一天都只有 24 小时，不多也不会少。这样一来，在工作的过程中，如何高效地安排自己的时间，提高工作的效率是每一个管理者亟待解决的问题。善于合理利用时间的人，在工作的过程中往往显得得心应手，而不善于安排时间的人却往往有着忙不完的事情。

无论何时，懂得重视时间的人都不会滥用宝贵的时间。大

多数的成功者都是实力雄厚、深谋远虑、目光敏锐的人，他们说话做事都是言简意赅、精准到位的，从来不愿意在这里多耗费一点儿宝贵的资本——时间。老罗斯福总统就非常重视利用时间。当一个分别很久，只求见上一面的客人来拜访他时，老罗斯福总是在热情地握手寒暄之后，便很遗憾地说他还有许多别的客人要见。这样一来，他的客人就会很简洁地道明来意，直奔主题，大大节省了会面的时间。作为企业的管理者，把时间浪费在接待等方面是不值得的。管理者缩短在接待方面的时间，照样可以拥有待客谦恭有礼的美名。一位经理每次与来客把事情谈妥后，便很有礼貌地站起来，与他的客人握手道歉，遗憾地说自己不能有更多的时间再多谈一会儿。那些客人都很理解他，对他的诚恳态度也都非常满意。如果管理者不重视时间的价值，恣意浪费自己以及别人的时间，人们也不会从心底佩服这样的管理者。

企业的管理者必须重视时间的价值，因为时间是无价之宝。“你珍惜生命，那么就请珍惜时间吧，因为生命是由时间累积起来的。”别忘了，时间就是金钱。假设一个人一天的工资是 100 元，可是他玩了半天或躺在床上睡了半天觉，他自己觉得他在床上只花 30 元而已。错误！他已经失去了他本应该得到的 50 元……千万别忘了，就金钱的本质来说，一定是可以增值的。钱能变更多的钱，并且它的下一代也会有很多的子孙。

“假如一个人杀死一头能下崽的母猪，也就是毁灭了它所有的后代，甚至它的子子孙孙。假如谁消灭了 5 个美元的金钱，那样就等于消灭了它所有能产生的价值。换句话说，可能毁掉了一座金山。”

这段话是美国著名的思想家本杰明·富兰克林的一段经典名言，简单直接地告诉管理者一个道理：管理者必须认识到时间的价值。

美国的金融大王摩根是个重视时间的人，他与人接洽生意能以最少的时间产生最大的效率。摩根每天的工作时间是每天上午9点30分准时进入办公室，下午5点回家。有人对摩根的时间价值进行了计算后说，他每分钟的收入是20美元，但摩根认为远远不止于此。摩根的时间管理法则是，除了与生意上有特别关系的人商谈外，他与人谈话绝不超过5分钟。

通常，摩根喜欢与许多员工一起工作。他会随时指挥他手下的员工，按照他的计划去行事。如果你有事情和他交谈，很容易就能找到他，但如果你没有重要的事情，他是绝对不会欢迎你的。

摩根喜欢开门见山，一见面就谈事情。当你对他说话时，一切转弯抹角的方法都会失去效力，他能够立刻判断出你的真实意图。这种卓越的判断力使摩根节省了许多宝贵的时间。摩根对浪费时间的人简直是恨之入骨，这些人本来就没有什么重要的事情需要接洽，只是想找个人来聊天，而耗费了工作繁忙的人的时间。每一天只有24小时，那些昨天没能合理用掉的时间并不会累积到今天，而今天也不能提前预支明天的时间，我们所能做的，只能是有效地利用今天的时间。

时间是一个人最宝贵的财富。但时间又是无情的，它不能挽回、不可逆转、不可贮存，且永不再生。一切如白驹过隙，

转瞬即逝。如果你想成为一名真正的高效管理者，就必须认清时间的价值，认真做好计划，准时做每一件事。

重视时间的价值，就是要最大化减少对时间的浪费，以最短的时间做更多的事。善于利用时间的管理者，不会在一天的工作结束之时，因时间悄悄地流逝而遗憾、而悔恨。只要认真地把握工作中的每一分钟，就能实现高效能的工作。

神奇的“二八法则”：抓住关键

一个领导者把精力放在小问题上，慢慢地就会忘记自己的目标，会丧失创造力，或者至少会逐渐枯竭。

——俞敏洪

在时间管理方面，“二八法则”同样起到重要的作用。一直以来，人们将“一分耕耘，一分收获”奉为圭臬。但是，有些管理者会在工作中遇到这种情况：花很多时间和精力去处理一件事情，结果却不尽如人意。如何使耕耘能有收获甚至达到“事半功倍”的效果，这是每个人都希望找到的高效秘诀。其实，高效能人士的确有个法宝，那就是“二八法则”。

1897 年，意大利著名经济学家帕累托发现了被后世所称道的著名的“二八法则”。他研究发现，社会上 20% 的人占有 80% 的社会财富，可见大部分财富被少数人占有，而且这一部分人口占总人口的比例与这些人所拥有的财富数量，具有极不平衡的关系。

二八法则就是要按事情的重要程度编排优先次序，这个法则告诉我们：要把自己的时间和精力放在自己最重要的事情上，就可能用更少的时间做更多的事。

英国有“创业常青树”之称的理查德·科克在牛津大学读书时，他的师兄告诉他：“没有必要把一本书从头到尾全部读完，除非你是为了享受读书本身的乐趣。在你读书时，应该领悟这本书的精髓，这比读完整本书有价值得多。”这位师兄想表达的意思实际上是：一本书80%的价值，在20%的页数中就已经阐明了，所以只要看完整本书的20%就可以了。

理查德·科克很喜欢这种学习方法，而且以后一直沿用它。牛津并没有一个连续的评分系统，课程结束时的期末考试就足以裁定一个学生在学校的成绩。他发现，如果分析了过去的考试试题，把所学到知识的20%，甚至更少的与课程有关的知识准备充分，就有把握回答好试卷中80%的题目。这就是为什么专精于一小部分内容的学生，可以给主考人留下深刻的印象，而那些什么都知道一点儿但没有一门精通的学生却不尽如考官之意。这项心得让他并没有披星戴月终日辛苦地学习，但依然取得了很好的成绩。

后来，理查德·科克加盟了一家顶尖的美国咨询公司。就在这里，他发现了许多二八法则的实例。咨询行业80%的成长，几乎来自专业人员不到20%的公司。而80%的快速升职也只有在小公司里才有——有没有才能根本不是主要的问题。当他离开第一家咨询公司，跳槽到第二家公司的时候，他惊奇地发现，新同事比以前公司的同事更有效率。怎么会出现这样的现象呢？新同事并没有更卖力地工作，但他们在两个主要方面充分利用了二八法则。不久后，理查德·科克确信，对于咨询师和他们的客户来说，努力和报酬之间也没有什么关系，即使有也是微不足道的。

真正像理查德·科克一样理解了二八法则，你就会知道自己应该将时间花在关键的少数问题上，因为解决这些关键的少数问题，你只需花 20% 的时间，即可取得 80% 的成效。

人们常习惯性地认为：顾客都是上帝，要一视同仁；每一个人都是一枚不可或缺的螺丝钉，发挥着同样的价值作用……但当我们在所有的事物上花费等量的精力时，往往会发现，投入与产出等比的情况并不总会出现，并且大多数时候的结果是“事倍功半”。二八法则提醒我们要对那些客观存在的不平衡现象给予足够的重视，提醒我们应该打破那些束缚我们的常规认识，从而提高生活和工作效率。

二八法则要求人们放弃那些“表现一般或不好”的、只能带来 20%产出的 80%的投入。因与果、投入与产出或努力与报酬之间的关系，往往是不平衡的，这是二八法则带给我们的启示。

二八法则告诉我们，如果你使用或准备的时间占 80%，即次要的多数问题占 80%，取得的成果只占所有成果的 20%；而使用或投入的时间占 20%，即重要的少数问题，取得的成果却占 80%。

运用二八法则的重要意义在于能经常以 20% 的时间付出取得 80% 的成果。因此，在你的工作或生活中，你应该把十分重要的项目挑选出来，专心致志地去完成，即把时间用在更有意义的事情上。

二八法则是一项对提高人类效率影响深远的法则，被称为指导职业获利和人生幸福的“圣经”，适用于任何渴望提高工作效率、创造财富利润的个人。相信所有的管理者都不愿沦落为“老妈子”的角色，都希望能够高效地工作。二八法则为所有人提供了这样的捷径。

制定任务清单，让工作条理化

条理化是一个人做事有效率的重要前提。

——北大管理理念

有的管理者总是被别人说成“慢条斯理”，但他们做事却井井有条，管理的效率也很高。仔细观察会发现，他们做事绝不会急于求成，也不会拖延，他们总是有条不紊，有先后、有轻重、有缓急，当然也有高效率。

有些管理者整天很忙，但他们只是凭着自己的直觉做事，手头总是堆积着各种各样的事情，分不出先后顺序，每天都是在混乱和忙碌中开始和结束。作家吴淡如在《心香淡如菊》中这样描写她的一个习惯：

我一直有个可怕的毛病，有一堆事情等待我处理时特别明显。比如说，我通常在早上写稿，中午自己弄东西给自己吃，“贪多务得”的习惯在这时候便展现无遗。

我会先把煮水饺的水烧开，然后看一看阳台上的花木，有几片枯黄的叶子该剪掉了，我立刻戴上了手套，寻找园艺用的剪刀。打理花木时我看见昨天晒的衣服还没收，待会儿可能要下雨了，于是我又放下剪刀，把衣服收进衣柜里。这时发现衣柜里的衣服放得有点儿不顺眼，又顺手理了理……

糟糕，水早煮滚了，我放了水饺，心想，为什么不连餐后咖啡一起煮，省点儿时间呢？于是……然后我又等得不耐烦了，随手翻开书架上昨天买的书，趁着空当读了起来。有一次，因为发现水饺快被我煮烂了，情急之下，赶紧熄火，掀开锅盖时，不幸地被旁边正在加热的摩卡咖啡壶所吐出的蒸气烫伤。

这位作家的经历很像某些管理者，他们总是同时处理好几件事情，以为这样可以节省时间。然而，工作没有条理性，当几件事情同时进行时，却又无法把精力集中到每一件事情上，结果注定忙碌而没有实效。

歌德说过："选择时间就等于节省时间，而不合乎时宜的举动则等于乱打空气。"博恩·崔西在《简单管理》一书中也写道："我赞美彻底和有条理的工作方式。一旦在某些事情上投入了心血，带着明确的目的去做事，就可以减少重复，这样就能够大大提高工作效率。"

工作没有条理性，做起事来必定像无头苍蝇一样乱撞。试想，如果一个经理要见客户，要处理资料，又要写年度报告，而他又不懂得合理安排自己的工作顺序，于是找个材料就会花半天时间。可见，没有确定工作的先后顺序，处理起工作来一定会事倍功半。

其实，避免这种没有条理的混乱状况的方法很简单，就是制定一份工作任务清单。要制定一份合适的任务清单，你应该首先试着在一张纸上毫不遗漏地写出你需要做的工作。

管理者可以先将自己必须干的工作，且不管它的重要性和顺序怎样，一项也不漏地逐项排列起来。然后按照这些工作的重要程度重新列表。重新列表时，你应该问自己：如果我只能干列表中的一项工作，首先应该干哪一件呢？然后再问自己：接着该干什么呢？用这种方式一直问到最后一项。这样自然就按照重要性的顺序列出自己的工作一览表。

任务分类是为了向自己传达一种对待任务的态度。任务可分为四类：必然及时完成的工作，必须完成、但可以稍微拖后的工作，完全没有必要完成的工作，时间允许的情况下最好能够完成的工作。这样，在填写清单的时候，你就可以根据自己的工作内容把自己的任务分门别类。

为了使任务清单可以发挥到最大的作用，让管理高效而条理化，你不仅要明确工作是什么，还要明确每年、每季度、每月、每日的工作及工作进程，确保高效而有条理地工作。为自己制定一个任务清单，时刻鞭策自己要做哪些工作，才能有效节省时间。

为自己制定工作清单，不但是一种有效的的时间管理措施，而且能提醒人们记住某些事情的先后顺序，让工作充满条理性。

聚焦你的全部力量，每次只专心做好一件事

我发现如果自己试着同时做多种任务，我常常压力很大，而且不能集中精力。所以我试着一天中只做一件事，然后尽我所能做到最好。

——季羡林

一个人的精力总是有限的，即使天才也是一样。如果投入的精力过于分散，就会像阳光散射在纸上；只有把精力集中到一点上，才有可能聚焦，使事业之纸燃烧。

集中精力专心去做一件事，这是高效能的工作方法。就像通过凸透镜把众多光束集中到一个焦点，从而引起燃烧一样，人的智慧和力量也可以在“聚焦效应”作用下形成所需的必要能量。

戴尔公司董事会主席戴尔·迈克尔说过：“专注，具有神奇的力量。它是一把打开成功大门的神奇之钥！它能打开财富之门，它也能打开荣誉之门，它还能打开潜能宝库的大门。在这把神奇之钥的协助下，我们已经打开了通往世界所有各种伟大发明和成功的秘密之门。”

有一位画家，很年轻但已经小有名气，曾经在国内外举办过多次画展，并且多次获奖。

也有人问他："你为什么这么年轻就取得了这么多的成就呢？"他微笑着讲述了父亲对他的教导：小时候，这个画家兴趣非常广泛，但是做每件事情都是三分钟热度，不能专心做好一件事情。学习不错，课余爱好画画、拉手风琴、打篮球等，做得都很不错，他是个要强的人，每件事情都要求自己要得第一。这当然是不可能的。

他的父亲看到他这样的状态，于是，有一天，他把一个小漏斗和一捧玉米种子放在桌子上。告诉这个后来的画家说："今晚，我要给你做一个试验。"父亲让他双手放在漏斗下面接着，然后捡起一粒种子投到漏斗里面，种子顺着漏斗滑到了他的手里。父亲投了十几次，他的手中也就有了十几粒种子。然后，父亲抓起满满一把玉米粒一下子放在漏斗里面，玉米粒竟一粒也没有掉落下来。

父亲意味深长地说："假如你每次只专心做好一件事，每天你就会有一粒种子的收获。可是，当你想把所有的事情都挤到一起来做，反而连一粒种子也得不到。"

20 多年过去了，这个曾经的试验让画家记忆犹新：每次只专心做好一件事，你才会有所收获。

很多人像这位画家小时候一样，试图一次完成几件事情，做每件事情的时候都不专心，其结果显而易见。优秀的管理者都知道，每次只专心做好一件事，比没头没脑地同时做几件事更高效。因为，这样做起事来更专注，费时更少，出错更少，效率更高。

著名的管理学大师德鲁克在《管理的实践》一书中说过："我

们多数人即使专心致志地在同一时间内只做一件事，也不见得真能做好，如果在同一时间内做两件事，那就更不必谈了。”

很少有人能同时完成多项工作，因为这几乎是不可能的事。如果想同时完成几项工作，结果只会造成“工作相互打架”，大大影响工作的效率。

管理者工作效率很低，原因在于同时做很多的事情，这就会导致做一件事心里想着另外一件事，导致自己无法将精力集中在一件重要的事情上。而那些高效能的成功人士在事业的道路上深谙“每次专心做好一件事”的益处。

“作为企业家来说，我当初想做玻璃企业时，只是看到外国人在中国卖玻璃太贵了，一块玻璃卖七八千块。我那时候也是做玻璃，我想到如果我做这一块玻璃应该也就几十块钱，因此我想应该去做，后来我就打出一面旗帜，为中国人做一块玻璃。从那一天开始，就只为这一件事情长期坚持，孜孜不倦地努力做下去。”

2017 年，在第二届全球社会企业家生态论坛上，福耀玻璃集团董事长曹德旺如是说道。

他是不行贿的企业家，自称“从来没有给官员送过一盒月饼”；他是广施布善的佛教徒，连续登上第八、九届中国慈善排行榜榜首，被媒体称为“真正的首善”。2009 年 5 月，他从来自世界 43 个国家 10000 多名企业家中脱颖而出，荣获有着企业界奥斯卡之称的“安永全球企业家奖”，这也是该奖项设立 23 年以来，首位华人企业家获此殊荣。

有人用“大智若愚”来评价曹德旺。诚然，在外人看来，几十年还只做一块玻璃是很愚蠢的，然而，十年如一日的坚持做一件事，又何尝不是一种真本事呢？

在传媒界流行着这样一句话："一个人围着一件事转，最后全世界可能都围着你转；一个人围着全世界转，最后全世界可能都会抛弃你。"管理者，必须懂得专心的重要性，我们最应该做的就是集中心智全力以赴地把一件事做好。

10只兔子放在面前，你到底抓哪一只？有些人虽然决定了抓这只兔子，心里却想着另一只。一会儿抓这只兔子，一会儿又抓另外一只，最后可能一只也抓不住。马云说："我一次只能专心抓一只兔子，抓多了，什么都会丢掉。"马云的回答是不是给管理者们以启示呢？

"每次只做好一件事"这不仅是高效能管理人士的一项行为要求，更是成功的一个捷径。

PART 14

潜能管理课：激发个人潜力，将“小草”变成“大树”

有关潜能的三个疑问

每一个人的内部都有相当大的潜能。

——北大管理理念

多年来，人人都知道要用不到四分钟的时间跑完一英里的路程是不可能的。生理学刊物上刊登的文章也证明，人类的体力无法达到这个极限。但是，罗杰·贝尼斯特却于1954年打破了四分钟的纪录。谁也没想到，不到两年，又有十位运动员打破了这项纪录。

这其实就证明了一个道理，人的潜能是可以突破的。人的潜能犹如一座待开发的金矿，蕴藏量无穷，价值无比，我们每个人的身体里都有一座“潜能金矿”。

关于潜能，我们也许在生活中亦时有耳闻，甚至一些人有过亲身经历——地震中的人能推开巨石，火灾中的人能搬动平时力所不及的重物。在通常状态下，我们所表现出来的体力也许还不足那时的十分之一。

这是什么原因呢？一些专家的解释是：当身体机能对紧急状况产生反应时，肾上腺会大量分泌激素，传到整个身体，从而产生出额外的能量。这就是潜能。但是，潜能究竟是怎么来的呢？

管理者对自己进行潜能开发或激发员工潜能时，需对潜能有全面的认知。

1. 潜能人人都有

对于人类所拥有的无限潜能，世界顶尖潜能大师安东尼·罗宾曾讲过这样一个故事：一位已被医生确定为残疾的美国人梅尔龙，靠轮椅代步已12年。他的身体原本很健康，19岁那年，他赴越南打仗，被流弹打伤了背部的下半截，被送回美国医治，经过治疗，他虽然逐渐康复，却没法行走。

他整天坐轮椅，经常借酒消愁。有一天，他从酒馆出来，照常坐轮椅回家，却碰上三个劫匪动手抢他的钱包。他拼命呐喊、拼命抵抗，却触怒了劫匪，他们竟然放火烧他的轮椅。轮椅突然着火，梅尔龙忘记了自己是残疾，他拼命逃走，竟然一口气跑完了一条街。事后，梅尔龙说："如果当时我不逃走，就必然被烧伤，甚至被烧死。我忘了一切，一跃而起，拼命逃跑，等到停下脚步，才发觉自己能够走动。"一个人通常都存有极大的潜在体力。安东尼·罗宾指出，人在步入绝境或遇险的时候，往往会发挥出不寻常的能力。人没有退路，就会产生一股"爆发力"，这种爆发力即潜能。然而，由于情境上的限制，人只发挥了其十分之一的潜能。

人体内确实具有比表现出来的更多的才气、更多的能力、更有效的机能。我们每一个人的身体内部都有这种天赋的能力，也就是说，我们每一个人都具有创造的潜能。

不论有什么样的困难或危机影响到你的状况，只要你认为你行，你就能够处理和解决这些困难或危机。只要对你的能力抱着肯定的想法就能发挥出你的潜能，并且因而产生有效的行动。

2. 潜能时时皆有

在我们的所见所闻中，似乎只有身处危急时刻才会激发人的潜能，大量的报道似乎也证明：潜能是在人们感到自身生命或相关的重要事物受到巨大威胁时，注意力达到高度集中的状态才能被引发。但实际上，潜能并不仅仅在此时才会激发。

我们没有必要去追求那种短暂的、随机性极强的突发性潜能释放，我们需要的是持久的、能够随时为我们所用的潜能激发。

我们不妨来看几则有关“兽孩”的报道，也许你能从中受到启发。

“狼孩”——1972年夏天（有报道为1975年5月），印度居民那尔辛格在森林中发现一个大约三岁的狼孩。他们将狼孩取名为吉斯卡尔，送往印度克瑙市的传教士的医院里。该狼孩用四肢奔跑的速度超越了成年男子，力气也相当大，其在1985年时死去。

从1969年开始，一直居住在新德里德勒撒修道院里的“狼妇”比迪亚，是由一对在丛林中打猎的美国夫妇发现的。当1985年记者采访她时，她已经满脸皱纹，满头白发，看上去像70岁左右，但动作仍如狼一般快速敏捷。

“猴孩”——1927年，印度发现两个在猴群中长大的女孩，她们能够像猴子那样爬树摘果，奔腾跳跃。

“豹孩”——1923年在印度发现，据说其用四肢奔跑的速度不亚于豹子。

另外，还有法国12岁的“羚羊孩”，跳跃幅度惊人，善于攀登悬崖峭壁；法国10岁的“海豹孩”，不惧寒冷，赤身裸体生存于冰川之间……

兽孩所拥有的比人类更加突出的惊人体力，证明人类可以持久性地使潜能表现出来，但关键在于我们怎样培养。

不管是常人的瞬间潜能释放，还是兽孩所具备的超常能力，作为人类，我们都拥有相同的身体结构，这就意味着，只要受到相似的刺激影响，就有可能激发我们的潜能。

3. 潜能可以随时开发

潜能是人类最大而又开发得最少的宝藏。无数事实和许多专家的研究成果告诉我们：每个人身上都有巨大的潜能还没有开发出来。美国学者詹姆斯根据其研究成果表明：“普通人只开发了他蕴藏能力的十分之一，与应当取得的成就相比较，我们不过是半醒着的。我们只利用了我们身心资源的很小很小的一部分。”

科学家发现，人类贮存在大脑内的能力大得惊人，平常只发挥了极小部分的大脑功能。要是人类能够发挥一大半的大脑功能，那么可以轻易地学会 40 种语言、背诵整本百科全书，拿 12 个博士学位。

有人会说：“我只是一个人，而且是一个平凡的人。因此，我从来没有期望过自己能做出什么了不起的事来。”实际上，每个平凡的人都可以开发自己的潜能。

在二战期间，一艘美国驱逐舰停泊在某国的港湾。一名士兵照例巡视全舰，突然停步站立不动，他看到一个乌黑的大东西在不远的水上浮动着。那是一枚触发水雷，正随着退潮慢慢向着舰身中央漂来。

他赶紧通知值日官，并且发出全舰戒备讯号，全舰人员立即动员了起来。在这千钧一发的时刻，官兵都愕然地注视着那枚慢慢漂近的水雷，大家明白灾难即将来临。

因为当时的情境非常危急，他们起锚离开，却已经没有足够时间；发动引擎，只会使水雷更快地漂向舰身；以枪炮炮火引发水雷也不行，因为那枚水雷太接近舰里的弹药库；放下一只小艇赶走水雷也不可行，因为那是一枚触发水雷。悲剧似乎是没有办法避免了。

突然，一名水兵想出了比所有军官所能想的更好的办法。“把消防水管拿来。”他大喊着。他们向艇和水雷之间的海面喷水，制造一条水流，把水雷带向远方，最后再用舰炮引炸了水雷。我们每一个人的身体内部都有这种天赋的能力，也就是说，我们每一个人都有创造的潜能。

任何成功者都不是天生的，成功的根本原因是开发了人的无穷无尽的潜能。只要你抱着积极心态去开发你的潜能，你就会有用不完的能量，你的能力就会越用越强。

爱迪生曾说："如果我们做出所有我们能做的事情，我们毫无疑问地会使我们自己大吃一惊。"从这句话中，我们可以问自己："你一生有没有使自己惊奇过？"

提升期望值，充分挖掘员工潜力

信任和期待具有一种能量，它能改变一个人的行为。

——北大管理理念

美国心理学家罗森塔尔曾做过一个有趣的试验：他对一所小学中的六个班的学生成绩发展预测，并把他认为有发展潜力的学生名单用赞赏的口吻通知学校的校长和有关教师，并再三叮嘱他们对名单保密。但是实际上，这些名单是他任意开的。出乎意料的是，八个月以后，名单上的学生个个学习进步、性格开朗活泼。原来，这些教师得到权威性的预测暗示之后，便开始对这些学生投以信任、赞赏的目光，态度亲切温和，即使他们犯了错误也相信能改正。正是这种暗含的期待与信任使学生增强了进取心，更加自尊、自爱、自信和自强，故而出现了"奇迹"。

这个心理效应带给我们这样一个启示：信任和期待具有一种能量，它能改变一个人的行为。当一个人获得另一个人的信任、赞美时，他便会感觉自己获得了支持，有一种积极向上的动力，并尽力达到对方的期待。

德鲁克认为人的潜力是无穷的，当管理者提出“你能做什么贡献”这个问题时，实际上就是在督促员工要充分挖掘自己的潜力。提升对下属的期望值，就能有效挖掘下属的潜力。

1961 年，韦尔奇已经来到 GE 工作一年了，他的年薪是 10500 美元。这时候，韦尔奇的顶头上司伯特·科普兰给他涨了 1000 美元，韦尔奇觉得还不错，他以为这是公司对有贡献的人的奖赏，他看到了自身的价值。但他很快发现他的同事们跟他拿的薪水差不多。知道这个情况后，韦尔奇一天比一天萎靡不振，终日牢骚满腹。

一天，时任 GE 新化学开发部的主管鲁本·加托夫将韦尔奇叫到自己的办公室，对他说：“韦尔奇，难道你不希望有一天能站到这个大舞台的中央吗？”

这次谈话被韦尔奇称为是改变命运的一次谈话，后来当上执行总裁的韦尔奇也一直尊称加托夫为恩师。

他决定让自己有一个根本性的改变，这时在他面前出现了一个机遇：一个经理因成绩突出被提升到总部担任战略策划负责人，这样经理的职位就出现了空缺。我为什么不试试呢？韦尔奇想。

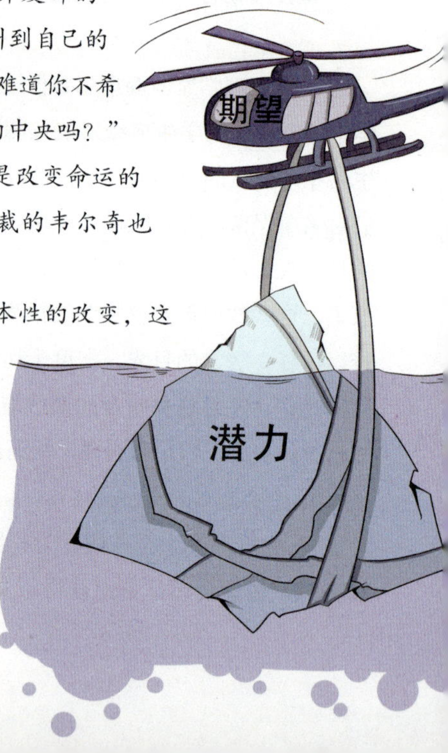

韦尔奇不想看着这个可以改变自己的机会从自己眼前溜走，“为什么不让我试试鲍勃的位置？”韦尔奇开门见山地对他的领导说。

韦尔奇在领导的车上坐了一个多小时，试图说服他。最后，领导似乎明白了韦尔奇是多么需要用这份工作来证明自己能为公司做些什么，他对站在街边的韦尔奇大声说道："你是我认识的下属中，第一个向我要职位的人，我会记住你的。"

在接下来的七天时间里，韦尔奇不断给领导打电话，列出他适合这个职位的其他原因。

一个星期后，加托夫打来电话，告诉他，他已被提升为塑料部门主管聚合物产品生产的经理。1968 年 6 月初，也就是韦尔奇进入 GE 的第八年，他被提升为主管 2600 万美元的塑料业务部的总经理。当时他年仅 33 岁，是这家大公司有史以来最年轻的总经理。

1981 年 4 月 1 日，杰克·韦尔奇终于凭借自己对公司的卓越贡献，稳稳地站到了董事长兼最高执行官的位置上，站到了 GE 这个大舞台的中央。可以说正是希望自己能站在“GE 的舞台中央”，使得韦尔奇最终站到了权力的最高点。即便员工已经拥有了卓越成绩，但若能进一步探究“你还能做哪些贡献”，那么一定能进一步激发潜能。

实际上，工作中领导的器重和同事的赞誉都是一些外在的评价，最重要的是我们自己要先器重自己，提升对自己的期待。别人的期待，都是外在的动力，最根本的是员工要提升对自己的期待。

吴士宏刚到IBM（中国）工作时，当时在企业打工的只有两名北京本地人，一个是司机，一个就是专门打杂的她。

她的工作是一个不折不扣的蓝领，虽然很不体面，但她喜欢这份“一仆多主”的工作。每天被高级白领们呼来唤去的，她并不觉得委屈了自己，从早到晚都快跑断腿了，可她的脸上始终挂着快乐的微笑。

也许正是因为她的勤快和乐观，每个白领都很喜欢她。企业因为她的存在而变得更和谐、更团结，每个人都快乐地对待周围的人，面对不顺心的工作，大家见面时也不像以前那样冷冰冰地默不作声，而是微笑着互相打招呼。

而她不同于一般员工的表现引起IBM高级员工、美国人丽莎的好感和亲近：“你不是一个普通的打工者，告诉我，你为什么与所有的人都相处得那么好？”

她说：“什么原因也没有，我真的就是喜欢IBM，喜欢这里的工作环境，尤其是这里的人。如果有朝一日，我也成为高级白领的话，我将会感到万分荣幸！”

“你会的。我们美国人说，爱会创造奇迹的。而且你和我们大家良好的合作关系，已经为自己打下了坚实的基础，我们每个人都愿帮你实现这个愿望！”丽莎鼓励她。

从此以后，这个勤杂工不但在他们下班后可以向他们学学电脑，而且还在丽莎等人的帮助下通过考试，成了一名“助理工程师”。当她满怀感激地对丽莎说“谢谢”时，丽莎说：“不用谢我，是你自己做到的。你对这个团队的热爱，使你产生了一种不顾一切的激情。它确实能使你战胜一切。”

是什么让一个异国打工者获得了周围所有人的喜爱，而愿意去帮助她？除了她自身的努力以外，另一个重要的因素就是她的乐观精神和积极热情的态度影响了其他人！

真正成为 IBM 的白领之后，她不但注意和所有同事的合作，而且对自己要求更加严格，凡是对 IBM 有利的事情，不管是分内分外，不管是苦是累，她都乐于抢在前头。

她常说的一句话就是："我以 IBM 为荣，我要通过自己的努力，让 IBM 也以我为荣！"

是的，她说到也做到了——从 1985 年打工时起，12 年后的 1997 年，她已成功出任 IBM 中国销售渠道总经理！吴士宏虽然最开始职位低，但是她并没有因此降低对自己的期待，正是这种期待使她能够从一个专门打杂的基层服务人员，一直做到 IBM 企业中国销售渠道总经理。内心期待什么就能做成什么，我们对自己的期待决定了我们成长的高度。

善于激发员工的工作动力是一位优秀领导者能力的标志之一。领导者如何将自己对员工的期望值有效传达给员工呢？

1. 让员工明确期望值

管理者与每一位员工交谈，都应该使用简单而直接的话语交流，来阐述企业的发展动向和对员工的工作期望。仅仅一次沟通是不会让员工们完全理解的，他们需要定期地进行有效的、重复性的沟通，以达到增强和巩固的效果。

2. 给予员工明确的目标

想要实现什么样的目标，怎么去实现这一目标，为达到这一目标，大家该如何去做。确保员工们了解企业的战略目标，让员工明白在企业中扮演怎样的角色以及该如何执行。

3. 了解员工的需求

每一位员工都有自己的思想和需求，试着了解每一位员工的个人喜好，加强对他们的了解有助于提升对他们的期望值，并且激发他们的工作斗志。了解员工正面对什么样的挑战。只有通过真正的了解，领导者才能采取更加有效的方式激发员工的潜力，让他们更加努力。

挑战自我，突破劣势更要突破优势

激发自己的潜能，就是要不断突破自我。

——北大管理理念

北大管理理念也特别重视对自我挑战的培养，希望每个管理者都能够更有效地挑战自己，实现更高程度的自我完善和自我超越。

一个人要想挑战自己，首先要做的就是充分了解自己。但真正做到认识自己并不是一件容易的事，这是一个人自我完善的基本途径，每一次挑战都是一次自我进步，不平凡的人生正是由无数次挑战铺成的长路。

一名称职的管理者不应当满足于当前的自我，而是应当不断地突破自我。这是实现自我提升、挖掘个人潜力的重要步骤。罗素·康威尔说过：“成功就是一个人能力极致的发挥。”他认为一个人的成功是一个不断打破自我极限、充分发挥自我潜能、不断追求自身完美表现的过程。一个人只有不断打破自我认知和能力上的局限，只有敢于主动超越自我，才能让自己取得更新、更大的成功。

然而，超越自我并不是一件简单的事情。美国大发明家爱迪生有过1000多项发明，被誉为发明大王，但他晚年却固执地反对交流输电，一味主张直流输电；电影艺术大师卓别林创造了生动而深刻的喜剧形象，但他却极力反对有声电影。爱迪生和卓别林都是大师，但很可惜，他们都没能够做到超越自我。由此可见，要做到超越自我，是非常难的一件事。但是芭芭拉·史翠珊却做到了。

芭芭拉·史翠珊在演艺事业达到巅峰之际，却突然决定制作以及执导*Yentl*这部电影。"你怎么会想到要这么做？"她身边的朋友都很不解。

"我并不是为成名或是发财才制作这部电影，"芭芭拉·史翠珊说，"我已经名利双收了，我之所以制作这部电影是因为有一天晚上我梦到自己死了，上帝把我生前真正具有的潜能展示在我面前，并且告诉我有些其实可以做，但是却因为自己太过胆怯而没有动手的事情，那时候我就下定决心，就算这部电影会耗费我所有的积蓄，我也要放手去做。"芭芭拉·史翠珊决定超越自我，以此来走向更新、更大的成功。在她看来，挑战过去的自己，使她迈入了新的辉煌。

我们可以通过自我挑战来激发体内的潜能，挑战自我主要从以下三个方面进行：

1. 挑战自己的优势

优势是一个人的能力在他所擅长的领域的具体表现，它往往能使人们产生自信。一个人在自己的优势方面取得突破，能使自己的优势更优、强项更强。因此，自己的优势未必永远是优势，唯有挑战自己，才能将优势永远保存。不故步自封，才能在自己的优势上走得更远。

贝多芬，这位耳熟能详的世界著名的音乐家，在他很年轻的时候，他的音乐就为他带来了声誉。但是造化弄人，这位天才的音乐家在26岁时失去了听力，这对于一个音乐家来说，几乎是一个毁灭性的打击。

但是奇迹在贝多芬身上出现了，他用自己对音乐的深刻理解和热爱，走过了一段痛苦的时光后，又毅然决然在音乐的道路上继续跋涉。他的那些最出色的作品，那些驰名中外、至今不衰的传世名曲，几乎都是在失聪后完成的。贝多芬的经历启示着我们，即使是在逆境中，也要有不断挑战自我的精神，不断地发现更优秀的自己，实现自我的最大价值。

2. 挑战自己的弱势

在古希腊，演说家德摩斯梯尼天生口吃，嗓音沙哑，还有耸肩的坏习惯。在常人看来，他似乎没有一点儿当演说家的天赋，因为在当时的雅典，一名出色的演说家必须声音洪亮，发音清晰，姿势优美，富有辩才。

德摩斯梯尼最初的政治演说是很不成功的，他第一次登台演讲的时候，观众把他哄下台去。讲得实在是不行。讲着讲着，肩膀还往上耸。

但是，德摩斯梯尼并不气馁，他回来以后，为了克服耸肩的坏习惯，他在棚上吊了两把剑，剑尖正好对着自己的肩膀，如果一耸肩就扎到他。经过这样长期的练习，耸肩的毛病克服掉了。说话不清楚，怎么练？他虚心向著名的演员请教发音的方法。他找一个小鹅卵石含在自己的嘴里。他本来说话就不清，再含着鹅卵石就更不清了。经过艰苦的努力和训练，最后他含着鹅卵石说话都非常清楚。

气不够用，怎么办？他边朗诵诗歌，边往山上跑。最后，三个毛病都克服掉了。德摩斯梯尼不仅训练自己的发音，而且努力提高政治、文学修养。他研究古希腊的诗歌、神话，背诵优秀的悲剧和喜剧，探讨著名历史学家的文体和风格。柏拉图是当时公认的独具风格的演讲大师，他的每次演讲，德摩斯梯

尼都前去聆听，并用心琢磨大师的演讲技巧……

经过十多年的磨炼，德摩斯梯尼终于成为一位出色的演说家。德摩斯梯尼勇于向自己的弱势发起挑战，最终战胜了自我。我们要勇于挑战自己的弱势，相信通过自己的努力，一定会激发自己的潜力，克服自己的缺点，把弱势变为优势。

3. 向别人的成功发出挑战

人生活在社会群体中，唯有通过横向的对比，才能激发出自己的潜力。对于自卑自怜的人来说，别人的成功是他痛苦的源泉；对于自信自强的人来说，别人的成功既是他奋斗的坐标，也是有力的鞭策和鼓舞。

我们要敢于正视别人的成功，也要敢于向别人的成功发出挑战。分析对方成功的原因，并且找出自己与成功者之间的差距，然后努力向他们学习，最终赶上并试图超过自己的榜样。以他人的成功作为参照标准，不断超越自我，使自己成为最优秀的人。

我们的人生志向并不是超越别人，而在于超越自己——刷新自己的纪录，使自己能够达到自身的极致境界。

勇于打破旧有的秩序，不要笼罩在“神话”中

敢想、敢说、敢改革。

——北大管理理念

“权威”一词，词典上解释为：使人信服的力量和威望；在某种范围里最有威望、地位的人或事物。世界上有人群的地方就会有权威。

对权威的尊崇、膜拜，常常会演变为迷信和神化，同时，我们大脑中的“自我思考、冲破权威、勇于创新”将日渐匮乏。哥白尼的“日心说”发表之前，“地心说”在中世纪的欧洲一直居于统治地位。在古代欧洲，亚里士多德和托勒密主张“地心说”，认为地球是静止不动的，其他的星体都围着地球这一宇宙中心旋转。约在1515年前，哥白尼为阐述自己关于天体运动学说的基本思想撰写了题为《浅说》的论文。在文中，哥白尼批判了托勒密的理论，科学地阐明了天体运行的现象，推翻了长期以来居于统治地位的“地心说”，提出“日心说”，从而实现了天文学中的根本变革。他正确地论述了地球绕其轴心运转、月亮绕地球运转、地球和其他所有行星都绕太阳运转的事实。作为近代自然科学的奠基人，哥白尼的历史功绩是伟大的。确认地球不是宇宙的中心，而是行星之一，从而掀起了一场天文学上根本性的革命，是人类探求客观真理道路上的里程碑。哥白尼的伟大成就，不仅铺平了通向近代天文学的道路，而且开创了整个自然界科学向前迈进的新时代。从哥白尼时代起，脱离教

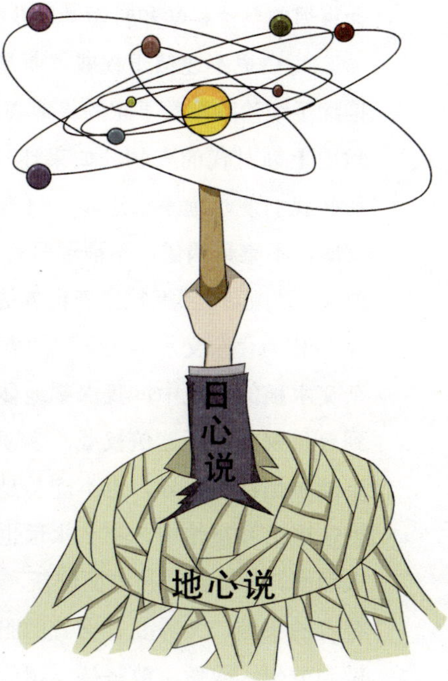

会束缚的自然科学和哲学开始获得飞跃的发展。

哥白尼不迷信于权威，而是根据自己的观察和思考，最终推翻了统治欧洲数千年的“地心说”。而哥白尼本人也成为天文学史上划时代的人物。如果迷信权威，机械奉行权威的教条，那么我们便永远不会进步。只有思维活跃、富有胆识，不迷信权威，不崇拜偶像，不被过时的老观念、老框框所束缚，敢想、敢说、敢改革，不断探索新世界的奥秘，我们才可能走出新路子。

作为“杂交水稻之父”的袁隆平曾深有感触地说：“在研究杂交水稻的实践中，我深刻地体会到，一名科研工作者应该做到尊重权威但不迷信权威，多读书但不能迷信书本，在研究中不能害怕标新立异，也不能总是害怕被人冷嘲热讽。如果总是处在迷信和害怕中，那么永远也无法创新，也只能永远跟在别人后面。想要在科技方面创新，科研者既需要拥有仁者的胸怀、智者的头脑，又需要有勇者的胆识和志者的坚韧。我们就是要做到敢想、敢做、敢坚持，相信自己能够自主创新，这样才能取得最后的成功。”

麦克·英泰尔是一个平凡的上班族，但是他从小就是一个懦弱的人。小时候他就怕保姆、邮差、鸟、猫、蛇、蝙蝠、黑暗、大海、城市、荒野，怕热闹又怕孤独、怕失败又怕成功、怕精神崩溃……总之，他无所不怕。

37 岁那年他做了一个疯狂的决定，只带了干净的内衣裤，从阳光明媚的加州，靠搭便车穿越美国。

他的目的地是美国东海岸北卡罗来纳州的恐怖角。

4000 多英里的路途中，他没有接受过任何金钱的馈赠，在雷雨交加中睡在潮湿的睡袋里；也有几个像公路分尸案杀手或抢匪的家伙使他心惊胆战；在游民之家靠打工换取住宿；留宿几个陌生的家庭；碰到过患有精神疾病的好心人。

最后，恐怖角到了，但恐怖角并不恐怖。原来“恐怖角”这个名称，是由一位16世纪的探险家取的，本来叫“Cape Faire”，被讹写为“Cape Fear”。只是一个失误。当你对严峻的现实感到束手无策时，如果屈服于内心的“纸老虎”，只会更加的恐惧。事实上，任何问题都不像我们想象的那么可怕。只要能克服内心的恐惧，和麦克·英泰尔一样，勇敢而执着地坚持，就会发现困难并没有想象中的那么可怕。

只要你有一颗勇敢的心，那么无论在你身上发生什么事，都无法影响到你。当你意识到自己从伟大的造物主那里获得源源不断的能量时，能真正影响到你的事情根本没几件。因为，无论什么事情降临在你身上，你都可以保持自己内心的平静，勇敢面对。

管理者在日常的工作生活中，一定不能缺乏的是挑战强者、挑战权威、挑战固有“神话”的勇气和意识，因为只有这样，我们才能在挑战中不断超越自己、完善自己。

一个勇于打破旧有秩序的管理者，他必定能激发自己的潜力，能很好地把一家企业带到新的高度。当管理者赋予企业挑战的气质，就是在一定程度上赋予企业竞争力。帮助企业学会在竞争中抓住机会，不断去打破那些固有的“神话”，在挑战中不断壮大自己，直至成功。

PART 15

竞争力管理课：商战策略是真正决胜千里的因素

你可以拒绝进步，但你的竞争对手不会

当你处在劣势的时候，不要气馁、不要松懈，要坚持到底，等待对手犯错。第一次赛跑的时候，兔子跑在前面，乌龟想，完了，我怎么也追不上它了，我弃权了，不跑了。后来兔子睡觉，醒过来时乌龟跑了第一，果然兔子犯错误了，睡觉了。

——厉以宁（著名经济学家）

这个故事给企业管理者们以启示：你可以“睡觉”，但你的竞争对手不会，你就会输。

市场的竞争是残酷的，一次失误就可能导致一个企业退出行业领域，在市场上销声匿迹。市场的竞争也是公平的，你可以拒绝进步，但你的竞争对手不会。2000年，谷歌推出中文搜索引擎后，由于对中文的理解不深，谷歌中国的用户体验一直不能令人满意，这给百度留下了初期快速发展的机会。不过，

谷歌中国也一直致力于改善用户的搜索体验。到了 2001 年，谷歌中国在用户中的口碑及市场份额都在快速增长，这使竞争对手之间的你追我赶开始白热化。李彦宏被强烈的危机感和紧迫感重重包围，他意识到，如果再不有效应对，百度很快会被谷歌中国远远抛离。在物竞天择、适者生存的市场规则下，唯有在竞争中不断成长、壮大，才能在市场竞争中勇立潮头。由于竞争对手的存在，我们才能够在一次次的竞争中学会反思，变得成熟，逐渐走向强大。任何一个希望变得更强的企业都应该正视对手，正视竞争。在竞争中不断成长，必须做到比对手更优秀。

市场竞争无比激烈，如果在竞争中落后，跟不上市场的需求，产品得不到客户的认可，那么任凭你曾是业界霸主，还是龙头老大，你的结局就是退出市场、退出舞台。

市场离不开竞争对手的参与。有竞争对手并不可怕，反倒更有助于企业的成长。没有谁比竞争对手更了解我们，正如罗素所说："如果需要让人复述我的哲学思想，我宁愿选一个懂哲学的死敌，也不会选择一个不懂哲学的好友。"竞争对手每天都会思考如何战胜我们，我们如果不想落败，就必须不断进步，战胜对手。

在新世纪初，eBay 和淘宝网引领中国电子商务业务的发展。作为全球数一数二的电子商务网站，2003 年，eBay 把目光放到了中国，出资 1.5 亿美元买下了中国最早的 C2C 网站易趣，希望以此称霸中国的网上交易市场。

在这一年，中国本土网站淘宝网也逐渐发展并壮大起来。

一个是国际巨头，一个是本土企业，一场水火不容的激烈竞争就此展开。

从2003年的7月开始，eBay启动了全面的市场推广计划。作为国际巨头，eBay依仗着雄厚的资本实力，他们在制定推广战略中导入了竞争元素。eBay易趣与新浪等门户网站签订了对淘宝的“封杀协议”，这对于刚刚出世的淘宝来说，无疑是当头一棒，时任eBay的CEO惠特曼曾经乐观地认为：这轮推广将为中国电子商务市场的竞争画上句号，eBay将成为唯一的胜利者。

但是，eBay低估了马云和淘宝网的竞争力。eBay使出的竞争策略让淘宝网尝到了竞争的味道，同时，也使淘宝网的每一个战略制定都异常小心。eBay的存在对淘宝网来说是一个巨大的压力，但正是这种压力的存在，使马云及他的团队被激发出无穷的动力。马云后来说：“eBay是大海里的鲨鱼，淘宝是长江里的鳄鱼，鳄鱼在大海里与鲨鱼搏斗，结果可想而知。我们需要做的是，把鲨鱼引到长江里来。”在这种思想指导下，淘宝积极制定出针对eBay的一系列的竞争策略。

淘宝网的竞争策略很快取得了辉煌战绩：到2004年10月，在交易额、成交率、日新增商品数、注册用户数和网页浏览量这五项指标中，淘宝有四项超过了易趣。正如马云所说的那样：“跨国公司进入中国，往往会经历四个阶段：第一是看不到；第二是看不起；第三是看不懂；第四是跟不上。”

eBay并不甘心就此退出中国市场，准备出资一亿美元在2005年重燃战火，但几乎就在同一时刻，淘宝网宣布其网上支付工具“支付宝”实现了与招商银行的无缝对接。而在此之前，

“支付宝”已经和中国工商银行、中国农业银行以及国际信用卡组织VISA签署了多种战略合作协议。

这时eBay的市场影响力已经彻底落后于淘宝网。在2006年年底只好将易趣转卖给TOM，正式宣告败走中国。中国鳄鱼击败大海鲨鱼，这个案例带给企业管理者的启迪是：竞争是商业市场的常态，企业只有在竞争中才能得到生存和发展的空间；市场是残酷的，弱肉强食，如果不想被对手所吞噬，就要千方百计将对手彻底打败；在竞争中超越对手是任何企业走向卓越的必经阶段，不能超越对手，你永远不能成为领先者，只有超越了所有对手，你才能成就伟大，铸造辉煌。

在市场经济环境里竞争无时不有，无处不在，永恒的竞争推动着市场经济的繁荣。竞争是真理，竞争是自然法则，我们要遵循它，要掌握它，更要运用它，在竞争中不断追求进步，最终战胜对手。

核心优势——牢记自己的核心竞争力

对一个企业来说，谁是核心优势？这似乎是一个老生常谈的话题。尤其在教育这个行业，由于一些约定俗成的传统做法，导致师资之于一个品牌的重要性往往被不经意地忽略掉。在新东方，师资是至关重要的核心优势。

——俞敏洪

对于自己的核心优势，俞敏洪有自己的认知：“在教育行业中，你的优势就是你在某一个方面能做得更好。这个方面肯定既不是教学设备，也不是楼有多好，而是老师。”

营销大师科特勒说过，每一种品牌应该在其选择的利益方面成为“第一名”。在利润越来越透明的市场环境中，企业要想成为“第一名”，必须拥有引以为傲的技术和优势，不断的技术创新支持的差异优势，是企业保持长久市场竞争优势的重要途径。因此，企业应把发展核心的竞争力，放在最重要的位置。2013 年 1 月，百度 CEO 李彦宏在百度年会上对员工表示，无线搜索已经迅速崛起，成为无线互联网第二大应用，百度的市场份额也正在继续扩大。他表示，未来就在我们自己手里，百度必将迎来移动时代的二次腾飞。

李彦宏的底气源自于百度的技术。多年来百度坚持构建扎实的技术体系，这些面向未来的技术和产品的布局，正在日益显现出成果。比如在语音领域，项目仅仅正式启动三个多月，就上线了业界领先的语音搜索。尽管相比谷歌等公司，百度语音产品起步算是晚的，但一出手表现就让业界瞩目。互联网发展到今天，它的灵魂依然没有改变——技术创新永远是这个行业的核心驱动力。

企业要想在日趋激烈的市场竞争中占有一席之地，必须从市场环境的变化出发，不断进行技术、管理、制度、市场、战略等诸多方面的创新，其中又以技术创新为核心。尤其在互联网等技术性行业，只有以技术作为核心竞争力，企业才能不断向市场推出新产品，改进生产技术，降低成本，进而提高顾客价值，提高企业的综合竞争力。

2007 年，乔布斯介绍第一代 iPhone 时，他充满自豪地说，今天我们要推出三款革命性产品，第一款，带有触控的宽屏iPod，第二款是一台具有革命性的电话，第三款产品是一个具有突破性技术的上网设备。其实，这三款都是一个设备，也许这是单独看上去三个常见的技术可以实现的功能，但之前从来没有人想过要合而为一。iPhone的出现，的确可以说是革命性的产品。对比当时已有的智能手机，包括诺基亚、摩托罗拉和黑莓等产品，他们拥有的是小屏幕、塑料键盘，一般来说是全键盘的手机，将电话、邮件和上网整合到一个设备中，iPhone完全抛弃了这些传统智能手机的特征。从此之后，全触屏手机风靡全球。

在苹果人看来，最好的操作是我们的手指，因此，不需要手写笔、不需要键盘，只要你有手，通过多触点控制技术，就能操控你的电话。回顾iPhone系列手机的发展，技术的一点点进步，都让人们兴奋不已。因为，这些技术的进步为人们带来了切实的方便，当然也为苹果公司带来了全新的辉煌，苹果公司一度成为全球市值最高的公司。

近几年，诺基亚在全球的发展步伐明显放慢，市场占有率逐渐降低。这与它的研发跟不上市场的脚步有很大的关系。诺基亚固守自己的产品技术，在手机普及的今天，消费者越来越重视手机的功能和应用感受，诺基亚的新产品在技术上的革新没有什么大变化，让人感觉都是外壳在变，而用户体验一直得不到提升。

反观苹果，图像处理技术的提升、数据管理与提取和记忆的运行方式也在大幅提升，软件的提升也是一代比一代强。

苹果正是在技术上不断创新，不断保持其技术上的优势，大大提高了其市场占有率和市场竞争力。企业管理者应该知道，通过技术保持自己的核心竞争力，这比防守一个已有的市场地位要稳妥得多。只有技术领先，才可能实现持续领先。

都是“搞技术”出身，但能以技术为基础，将企业做大做强的，却是屈指可数。其实，搞技术的人有时候会忽略一件事，就是自己认为的好技术和消费者认为的好技术是有差别的，所以要研发的是能让消费者满意的技术。

卓越的技术技能和产品的创新，有利于提高企业的影响力，有利于增加市场竞争力，扩大市场覆盖面，创造稳定的市场和客户关系。

企业应把发展的核心竞争力，即技术领先，放在重要的位置。尤其对那些以技术安身立命的企业而言，千万不能放松自己在技术上面的竞争力。

既要关注宏观战略，**也要关注细节的竞争**

我们一定要有领导者的心态。这个心态表现出来是什么呢？其实表现出的都是一些细节，因为我们是在做服务，所以一点一滴的东西都要把它做到极致。细微之处见真功。

——李彦宏

在现代市场环境中，对细节的重视已经深入人心。作为一个企业的管理者，不仅要关注企业宏观战略的内容，更要注重企业微观方面的管理内容。尤其是企业经营管理方面的细节，可以增强企业的竞争威力。

世界文豪伏尔泰说："使人疲惫的不是远方的高山，而是鞋里的一粒沙子。"美国质量管理专家菲利普·克劳斯比说："一个由数以百万计的个人行动所构成的公司经不起其中1%或2%的行动偏离正轨。"

"世界级的企业竞争，就是细节竞争。"在这样一个追求精细化的时代，如何能够在激烈的市场竞争中立于不败之地呢？企业只有注重细节，在每一个细节上做足功夫，建立"细节优势"，才能保证基业常青。迪士尼公司是十分优秀的公司，它十分注重从细节上为客人提供优质服务。即使在离开迪士尼乐园后，游人仍然可以感受到这种服务的温暖。通过调查发现，平均每天，大约有两万游人将车钥匙反锁在车里。于是他们抓住了这个细节，公司雇用了大量的巡游员，专门在公园的停车场帮助那些将钥匙锁在车里的家庭打开车门。无须给锁匠打电话，无须等候，也不用付费。正是这样一个小小的细节，却让成千上万的游客感受到迪士尼公司无微不至的服务。

在迪士尼公司内部流传着一种"晃动的灯影"理论。所谓"晃动的灯影"，这也是迪士尼公司企业文化的一部分。这一词汇源自该公司的动画片《兔子罗杰》，其中有个人物不小心碰到了灯，使得灯影也跟着晃动。这一精心设计，只有少数电影行家才会注意到。但是，无论是否有人注意到，这都反映出迪士尼公司的经营理念一直臻于至善。从而造就了迪士尼公司越来越深入人心的动画片。世上不可能有真正的完美，但无论是企业，还是人，都应该有一个追求完美的心态，并将其作为习惯。

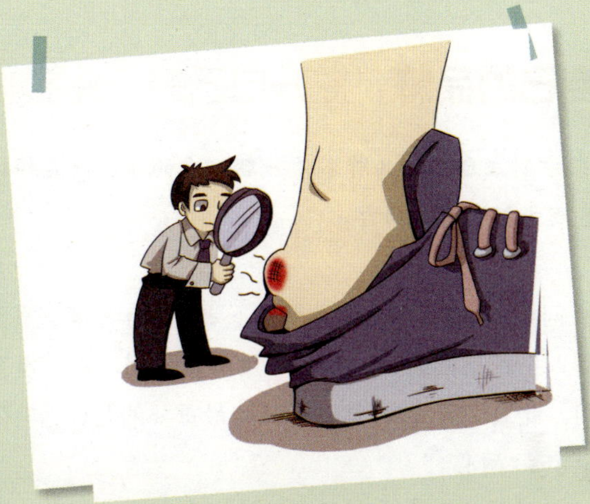

一些研究心理学的学者指出，客户之所以愿意反复购买同一品牌的产品，其中一个重要原因就是客户的细节体验。因此，精明的营销人员通过对各种客户服务细节加以关注，就能创造出对客户来说既简便又印象深刻的服务体验。企业在进行营销活动时，有没有充分考虑到顾客的细节体验，这就是问题的关键所在。

一个企业在产品或服务上，也许只能给客户增加 1% 的方便，但结果却可能会引发几倍的市场差异。在细节上琢磨十分钟，也许就能避免在出现问题后所花的几十小时。在细节上的投资，是在不断增强自己的战斗力。不能因为一个马掌而失去一片天下，对于企业的经营管理者来说，在企业细节上的完善是没有尽头的。

创立自己的品牌，提升自己的行业影响力

新东方创立自己的品牌不是一朝一夕的事，而是经过长期实践和磨砺才拥有的影响力。

——俞敏洪

有人问松下幸之助："你觉得松下要多少年才能够真正成为世界品牌？"松下回答："一百年。"事实证明，松下没有花那么长时间。此人又问："打造一个品牌最重要的是什么？"松下说了两个字："耐心。"

企业的整体竞争力主要是由其核心竞争力体现的，而要增强企业的核心竞争力则主要在于创立属于自己的企业品牌。

树立强烈的品牌意识是创造世界品牌的保证，海尔之所以在不到 20 年的时间内就成为世界最具影响力的品牌之一，首先在于全体员工牢固地树立了强烈的品牌意识。

海尔集团自 1984 年创建以来，实现了持续稳定的发展，现在已成为在海内外享有美誉的大型国际化企业集团。取得如此优异的业绩，主要由于海尔企业家群体与全体员工能围绕创建知名品牌，提升其核心竞争力，着力建立市场化的经营机制，从而从根本上推动海尔集团全面进入市场，成为自主创新、充满生机和活力的市场竞争主体，保证了企业的持续发展。

企业要在竞争中站稳脚跟，必须要建立自己的品牌，除了做好产品和服务外，一定要沉下心，对品牌有长远的规划。在战略规划的指引下，将自己的品牌树立起来，让消费者产生信任感，从而带动企业的进一步发展。

树立品牌是一项长期而艰巨的工作，建立卓越的品牌并非一朝一夕之功，需要恰当的定位、长远的规划和耐心的坚持，需要专注和执着，更需要贴心的设计和优质的服务。中国百年老店同仁堂的历史诠释了品牌是如何炼成的。提起中药，许多人都不约而同地想到三个字——同仁堂。同仁堂是乐显扬创建于清朝康熙年间的一家药店，历经数代，载誉三百余年。

同仁堂历经沧桑，“金字招牌”长盛不衰，在于同仁堂人注重自己的品牌，并化为员工的言行，形成了具有中药行业特色的企业文化系统。质量与服务是同仁堂金字招牌的两大支柱，坚持质量第一、一切为了患者是同仁堂长盛不衰的根本原因。

历代同仁堂人恪守诚实敬业的药德，提出“修合无人见，存心有天知”的信条，严格依照配方制药，选用地道药材，从不偷工减料、以次充好。同仁堂不管炮制什么药，都是该炒的必炒，该蒸的必蒸，该炙的必炙，该晒的必晒，该霜冻的必霜冻，绝不偷工减料。像虎骨酒和“再造丸”炮制后，都不是马上就卖，而是先存放，使药的燥气减少，以提高疗效。

代顾客煎药是药店的老规矩，冬去春来，尽管煎药岗位上的操作工换了一批又一批，但从未间断，也从未发生任何事故。百年老店就是在这样对质量和服务的执着追求中一步一步走过来的。只有这样的百年老店才能产生真正的世界品牌。

曾经的温州人只注重赚钱，不注重品牌，这种现象的确令人担忧。经过冷静反思后，温州商人总结出在保质保量的基础上，只有走品牌之路，企业才能长盛不衰。奥康集团的老总王振滔有着自己的看法。温州奥康集团创办于1988年，这个如今皮鞋连锁专卖店遍布全国各大城市的企业，走过了一段不寻常的品牌之路。

当初，王振滔在各地推销自己公司的皮鞋时，所有大商场都只认“上海货”，因为顾客认可“上海货”。有些精明的温州皮鞋企业与上海“联营”，同样的皮鞋，贴上上海厂家的商标，就畅通无阻。因此，王振滔对“牌子”这一市场的通行证有了新的认识，也产生了创自己“牌子”的念头。

此后，王振滔对品牌产生了浓厚的兴趣。他决定吸取一些企业在品牌运作上的经验，开始了自己的品牌之路。

他决定走规模化、集约化、现代化企业的发展之路。想法是正确的，实现却是困难的。盖厂房、进设备、引人才，样样都需要钱，钱从哪里来呢？经过努力，他以个人的信誉和企业发展的前景，说服了一些亲属及小企业主，以股份合作的形式，开始了第一次上规模、上档次的生产扩建。1995年，雄心勃勃的王振滔又联合十多家中小企业，组成了集团公司，成了名副其实的国内皮鞋领军人物之一。

早在1990年，王振滔就趁着全国围剿“温州鞋”的风头逆风而动，推出“奥康”品牌，

一炮打响的战略。那时，全国围剿“温州鞋”的余波未息，他就注册商标“奥康”，重新杀回武汉等地，并挑战性地标明产地“温州”。

借着企业发展的良好势头，王振滔专程赴意大利考察取经，世界著名鞋业王国的先进技术和先进管理手段更坚定了王振滔开拓进取的信心。正是由于这种信心的作用力，1999年年底，一座占地4万平方米、建筑面积达45万平方米的具有现代化整套制鞋先进设备的厂房投入使用。“奥康鞋业”至此已经在国内国际上形成了一个真正的品牌。由此可见，一个品牌的建立不仅需要策略，需要长时间的锻造，而且更需要非凡的胆识和勇气。

一个品牌的树立无不是企业通过其过硬的产品质量、完善的售后服务、良好的产品形象、美好的文化价值、优秀的管理结果等因素来实现的。企业经营者必须投入巨大的人力、物力，甚至需要几代人长期辛勤耕耘，才能终有成就。

作为企业的管理者，品牌规划要基于将来的趋势，着眼于未来，为企业提供清晰、完整的发展方向，保证品牌的培育和使用效益的最大化。

PART 16

营销管理课：尊重客户价值，持续创造差异和个性

诚信是基石，做到这点才能走得更远

无论身处什么样的社会，一个人做人做事最终成功的依据，只有依靠“诚信”二字。你先对别人讲诚信，大部分人也才会对你有诚信。就算你有时候被别人骗了，也不能因此丢掉诚信。

——俞敏洪

我们每个人立身处世，都要以诚信为本，一个企业也要做到诚信经营。没有人愿意拒绝他人的真诚，也没有人愿意拒绝一个信誉良好的公司的产品。

真诚地为客户着想是做企业的最高境界，因为只有让客户体会到企业的诚心，他才会愿意成为企业的忠实客户。所以，管理者一定要站在客户的立场考虑问题，切实做到为客户利益着想，这样，企业得到的将是无数愿意长期合作的“粉丝”客户。

北京同仁堂创建于1669年，作为有代表性的中国老字号企业，其知名度和美誉度都是很高的，享誉国内外。同仁堂经久不衰的秘诀，就在于它有着丰厚的具有鲜明特色的诚信文化。

同仁堂的创办人乐显扬亲自拟定了“同仁”这个店名，他说过，“同仁”二字可以命店名，吾喜其公而雅，需志之。1706年，《乐氏世代祖传丸散膏丹下料配方》一书出版，序言中讲到，“炮制虽繁必不敢省人工，品味虽贵必不敢减物力”。从此，这几句名言便成了“同仁堂”选方、用药、配比及工艺的规范。同仁堂“所制产品，配方独特，选料上乘，工艺精湛，疗效显著，驰名中外”，在社会上享有很高信誉，也可以说是树起了一块金字招牌。同仁堂在长期的经营实践中，奉行的正是一种诚信文化。“炮制虽繁必不敢省人工，品味虽贵必不敢减物力”，炮制讲的是工艺，制一丸小小的中药，虽然工艺很繁杂，工序甚多，但一点也不能马虎。有的药材很贵重，却也不能减少分毫。这两句话是同仁堂的“堂训”。每一位新进同仁堂上岗的员工都要熟记这两句话，并化为自己的自觉行动。正是秉持着这种诚信经营、诚心为客户的精神，才使同仁堂一直驰名中外，赢得了全社会的信赖，成为长盛不衰、久负盛名的中华老字号企业。

从以上案例中我们可以看出，想客户所想，以诚实的企业经营吸引客户，才算真正做到了客户至上。这样诚恳、热心的商家，客户怎么能不青睐呢？此种“以诚待人”“客户至上”的理念所延伸出来的品质保障，才能使同仁堂走得更远、更辉煌。

然而，现在很多企业为了获取眼前的短期利益，总是不惜损害客户的利益。他们或者以次充好，欺骗消费者，或者夸大产品功能，蒙骗消费者，或者对产品的售后服务不闻不问。其实，从表面上看企业这样做或许在短期内获得了不菲的收益，但这只是昙花一现。这样的企业注定是走不远的。试想，如果客户的利益受到损害，对企业的信赖度就会降低，那么企业的客户就会不断流失，企业就成了无本之木、无源之水，企业自身的经营也就会岌岌可危。

另一个把诚信当作企业信条而保持公司数十年高速发展的企业是美国的通用公司。对于诚信，通用电气前总裁韦尔奇这样解释："做人要以诚信为本，一旦形成这样的人格，不论在好的或者不利的情形下，都要保持这一作风。这样才能建立与客户、供货商、分析家、竞争对手及政府部门的良好关系。"诚信，可以说是通用公司的道德和行为规范。通用是这样认为的，也是这样做的。通用公司在建设企业诚信文化方面有许多重要举措，包括制度、规范、规定、政策、措施之类，这里主要列举以下几点：

第一，通用公司一贯强调，诚信是做好任何事情的基础，是在所有国家开发业务的基础。诚信的标准和原则，在全球所有的通用公司领域都是绝对一致的。没有任何例外，也不允许有任何例外。

第二，在通用，高级经理人不仅要注重自己的诚信，而且还要管理好他手下的员工，让他们也能够讲诚信。让所有员工都知道，从加入公司的第一天起就要贯彻通用的价值观，遵守诚信。

第三，给每个员工发放一本通用价值观手册。在这本手册里，诚信被列为首要之点。通用的员工遍布全球100多个国家，无论在哪个国家的通用公司，不管你是属于哪个国籍的员工，都必须携带这本手册，遵守手册内容，还要签署“员工个人的诚信承诺”。

第四，在通用的诚信文化建设中，对员工进行培训也是重要的一环。这不仅包括面对面的培训，还包括互联网上的培训。

第五，对于通用的价值观，对于诚信，通用公司不仅要求本公司的员工严格遵守，还要求所有代表公司的第三方，如经销商、代理、销售代表等承诺遵守通用的政策。从通用的核心价值观和基本理念可知，不论做什么事情，对人诚实和信任永远排在第一位。通用公司很多贯彻诚信理念的做法，都是值得企业学习和借鉴的。

一个成功的企业一定是将诚信为本内化于心、外化于行的。客户是企业生存的根本，对客户做到诚信，就是要生产出让客户满意、质量上乘的产品，就是要把客户的问题当作自己的问题来解决，这样才能赢得客户的信赖。其实，为客户着想就是一个企业对客户不断进行信用投资的过程，企业的信用度越高，客户的忠诚度也就越高，就会使企业与客户之间的关系更加稳定牢固，使双方的合作更加长久，最终使企业能够走得更远。

主动从客户的立场寻找需求

市场经济的根本特征是买方经济，也就是说消费者说了算。同样的一群目标顾客有很多。只有把产品卖出去，这个企业才能生存。

——王建国（北大光华管理学院教授）

北大管理课总结出的一个理论是：主动的企业往往能取得先机，往往能取得一个好的结果。如果一个企业事先为客户准备好他们心里想要的东西，这会让客户有一种愉悦感；相反，总是让客户被动地提出要求，不断地等待，这样的企业是不会给客户留下好印象的。所以，站在客户的立场上寻找客户的需求，并引领客户的需求，而不是追着客户问需求，是企业增加销售量的一个妙招。

俞敏洪认为，做生意实际上就是看人们内心到底需要什么，像新东方学生学习什么呢？渴望更加成功，渴望更加幸福，渴望通过自己的努力，能走上人生新的一个台阶。这就是新东方所有教学和所有工作的着落点，也同样是学生的需要。如果你不知道你的顾客需要什么，那么就努力去挖掘，因为这才是你创业真正需要了解的。

现代社会，采取低价策略的产品不一定能够黏住客户，因为客户需求是多元化的，低价已不是黏住客户的灵丹妙药。那么，什么才是企业黏住客户的万能胶呢？显然是满足客户的真正需求。客户不会忠诚于某一企业或者产品，他只会忠诚于自己的需求。只有从客户的需求入手，精心设计符合客户需求的产品，让客户的心跟随着能满足他需求的产品而动，才能让客户把自己的企业和产品放在优先选择的位置。

作为一家商场的团购创业者，李艾华非常善于挖掘客户的需求，然后予以满足，从而赢取大量订单。一天，某高级中学后勤部的刘先生给他打来电话，要求购买一批名牌名厂的饮水机。放下电话后，李艾华开始琢磨这件事情：“虽然这个学校经常在自己这儿买东西，但据自己掌握的情况，这个学校自身有热水供应系统，可是刘先生为什么还要买能够加热的饮水机呢？”于是，他又给刘先生打电话了解情况。原来这家学校的开水处离学生宿舍有一定距离，很多学生因为偷懒，就在宿舍里用电热烧水器烧水，这就存在着巨大的安全隐患。

李艾华彻底明白了学校订购饮水机的目的。他想到，由于这家学校首次采购饮水机，刘先生肯定没有相关经验，所以他必须承担起挑选、推荐产品的责任。于是李艾华利用网络收集相关信息，用了半天的时间了解了影响饮水机寿命的要素。另外，他又打听到，这个学校将在今年建设新的教学大楼，现在对各项费用控制很严，价格也是学校选择饮水机的重要考虑因素。

在反复比较多个品牌和多个产品后，李艾华选择了一款品牌知名度高、声誉好、价格较低的产品。他带着这款饮水机和另外一款普通的饮水机来到刘先生办公室，他将挑选产品的过程详述了一遍，然后把两款饮水机的差价报给了刘先生。随后又问该学校新教学楼的规划情况，暗示为刘先生节省费用考虑。刘先生会心地笑了，说："还是你能为我们着想。哈哈，马上签协议吧！"于是，李艾华又成功地接到了一大笔饮水机的订单。从上面这个案例我们可以看出，李艾华在接到业务后，首先考虑的不是刘先生需要什么，而是首先弄明白他为什么会有这种需求。正因为李艾华主动地站在客户的角度上考虑客户的需求，正中客户的心思，所以他才给客户留下了好的印象，获得了客户的信任。

只有主动站在客户需求的角度考虑问题，才能准确把准客户的脉搏，从而在客户那里占得先机。和李艾华一样，孙晔也是一家大型商场的团购创业者。他也非常懂得从客户需求入手，打动客户的心。临近春节时，很多单位都在忙着给员工采购年货。有一天，孙晔接到一家福利院打来的电话，希望采购一批价位不太高的保健品，这些保健品是福利院用来赠给社区内没有在福利院住宿的老人的。敏感的孙晔立即想到了一个问题，如果把这些保健品赠予没有在福利院住宿的老人，那么，那些住在福利院的老人们呢？难道福利院就不给他们发放年货了吗？于是孙晔断定该福利院对保健品一定还会有更大的需求。

第二天一早，孙晔就去了解情况，但是该福利院院长告诉他暂时没有考虑给住宿的老人发春节礼物。听到这句话孙晔并没有气馁，因为他知道自己公司的产品在性价比上没有太显著的优势，必须想其他办法让院长同意选购公司的产品。于是孙晔开始思索怎样才能让福利院在这次交易中得到额外利益。

在从福利院走出来的时候，孙晔在福利院的公示栏上看到福利院号召大家积极报名参与春节联欢晚会的通知。他灵机一动：如果把自己公司的联欢会和福利院的联欢会联合起来举办，一定会受到福利院的欢迎。于是孙晔迅速与福利院院长联系，在给出保健品报价的同时提出"我们愿意承办福利院的春节联欢活动"。福利院院长听到后非常高兴，因为这将为他减轻不小的财政负担，福利院的资金向来都很紧张，办晚会又得花一笔不小的数目，所以院长很爽快地答应了孙晔的报价，并且一下子订购了大量的保健品。孙晔在自身产品不具备竞争力的情况下能够成功获得福利院的订单，主要在于他能站在福利院的角度思考问题，想着如何为福利院谋取更大的利益，满足福利院更大的需求。但是现如今，很多企业不从客户的需求考虑，他们往往从自身是否赢利的角度出发，打一些价格战、促销战，给顾客提供价格低廉、质量不合格的产品，导致大量客户对企业产生不满情绪。所以，要从满足客户的需求出发，而不是一味地以低价来吸引客户。

一个企业要想获得飞快的发展、创造高额利润，只能主动从客户的角度去寻找客户的需求。然而，在一些特定的商业领域中，一些公司奉行“顾客至上”的服务理念，也努力地为满足顾客的需求而努力，但是结果却往往不尽如人意，并没有得到客户的认可。因此，要想准确掌握客户的心理需求，就必须要掌握一定的方法和技巧。

1. 从客户性别判断其需求

男性客户与女性客户的消费需求差别是很大的。以汽车、电动车为例，男性客户来买车一般侧重于介绍车的速度和质量，而女性客户一般侧重于这辆车的样式和颜色。女人容易受情绪左右，男人一般靠欲望支配；而情绪受环境影响，欲望则指向具体目标。所以，销售产品时，要注意其不同的需求。

2. 从客户职业了解其需求

不同职业的人往往对产品有不同的需求。首先要了解和判断客户是做什么工作的，一般从事某种工作或多或少都会在一个人身上留下印迹。根据不同职业人士的特点，讲述产品对他们的好处，这样才能正中下怀，让客户有购买的欲望。如果不了解各个行业或各类人群的典型心理特点，往往就会弄巧成拙，错失良机。

3. 从客户扮演的角色来判断其需求

一般来说，客户买东西，特别是买大件商品的时候，往往会拉上一两个好朋友来帮助其参考。所以，面对客户与参考者的时候，要两点兼顾，不能对参考者冷眼相加，虽然参考者起好作用的不是太多，但起坏作用的却不少。特别要关注他们之间是什么关系，比如是夫妻、是同性朋友，或是家长带孩子，要针对不同的关系，采取多样的营销策略。

4. 挖掘客户潜在的需求

对于一些自己缺乏主见的客户，要在与客户的前期接触过程中，特别注意挖掘连他们自己都没有意识到的潜在需求，而不要被客户表面的需求所迷惑。客户往往并不知道他们嘴里说的想买的某种产品，其实并不适合他们，所以要仔细问清楚这类客户购买产品的用途、大致的价位，再给他们推荐合适的产品。

通常情况下，服务和产品的提供者总比客户要专业得多。以客户为中心，就是要站在有益于对方的立场上，提出各种建议、方案供客户选择，同时挖掘客户的潜在需求、内心需求，而不是天天追着客户问需求。只有这样，在提高沟通效率、保证服务质量的同时，才能为公司创造利润；只有这样，一个公司才能很好地发展下去。

如果我们能以客户的标准为标准，超越客户的期望，那么我们的营销才能获得成功。因此，“坚持以客户为中心”“主动从客户的立场寻找需求，而不是追着客户问需求”，是当今企业为客户提供优秀服务、满足客户正确需求、达到买卖双方共同目的的一大新理念。这一新的理念对于促进双方合作的高效性、愉悦性有着不可估量的作用。

打造产品卖点，成功吸引客户

打火机本来是用的人和打火机制造商两方的事，现在加一个广告，整合了一个商家进来，它的价格就可以大大降低。

——王建国

众所周知，北京有故宫，巴黎有埃菲尔铁塔，伦敦有大本钟，悉尼有歌剧院……每当我们说起某个地方时，首先想到的就是这个地方具有标志性的东西，或者说是独具特色的东西。而说起一些企业，人们往往想到的是它具有代表性的产品，如百度搜索、新浪微博、腾讯微信、海尔电器、青岛啤酒等。可

见那些真正深入人心的事物，都具有自己独一无二的特色，无法取代，不可复制。

因此，对于产品而言，要想吸引客户，给客户留下深刻的印象，必须也要有自身的特色，这个特色其实就是产品的卖点。一个好的卖点往往更能体现一种产品的独到之处，对于消费者也更具有吸引力。

所谓“卖点”，就是指产品具备的与众不同的特色，而这个卖点可以是产品自身所具备的，也可以是通过营销策划人的想象创造出来的。卖点其实就是消费者购买产品的理由，最佳的卖点就是产品最强有力的消费理由。发掘并放大产品的卖点能够有利于产品销售，塑造企业独具特色的品牌。

绿箭是大家耳熟能详的一个口香糖品牌，只要是细心的消费者都能发现，小小的一片口香糖，也能有各自不同的特色。

绿箭牌口香糖有绿箭薄荷香型、白箭兰花香型、黄箭鲜果香型和红箭玉桂香型等四种不同的口味，每一种不同颜色和口味的口香糖，都有着独特的卖点。绿箭是“清新之箭”，以清雅的口味，令人全身爽快，清新舒畅；红箭是“热情之箭”，以独特的口味，使你热情似火，暗喻爱神丘比特的爱之箭；黄箭是“友谊之箭”，可以使你与他人迅速缩短距离，打开双方的心扉；白箭则是“健康之箭”，它的广告词说：“运动有益身心健康，但是我们如何帮助脸部做运动呢？”精准细致的定位，让小小的一片口香糖也具备了与众不同的卖点，让消费者能够很快记住绿箭这个口香糖品牌。

北大管理课告诉我们，产品的卖点可以从以下几个方面提炼：

1.从产品质量找卖点

可以从产品的质量和档次上做文章。比如，全聚德的烤鸭比小饭店的烤鸭贵很多，可是仍然有很多人宁愿花费时间排着长队也要去吃，这就在于全聚德把它所独创的老字号秘方作为卖点。烤鸭出炉后会现场片成108片，不多不少，再加上精心制作的调料和辅料，使烤鸭的口感油而不腻、肉质嫩滑，口味独特，的确让人吃过不忘。而它的这个“老字号秘方”就是烤鸭质量的保证，别家无法取代。

2.从产品价格找卖点

从产品价格找卖点，就是要根据目标客户的消费水平将产品价格作为一种卖点。比如，有的人喜欢炫耀性消费，高价更能彰显他们的财富、地位。一款镶满钻石的手机跟普通手机的功能是一样的，而价格却高出了好多倍，但却依然能够吸引不少客户，就是因为产品的价格与他们的身份、财力相匹配。而有的人只要东西便宜就好，所以一些没有品牌的衣服、鞋子，即使不具备大牌的高质量和高价格，由于价格低廉仍可以吸引大批顾客。

3. 从产品颜色找卖点

颜色也能够成功地营造卖点。比如手表，几乎所有的厂家都以品质做卖点，但客户认可的品牌都是仅有的几家传统老牌企业才拥有。比如瑞士机芯几十年内绝对准时，而有一家手表厂家则以手表的缤纷颜色做卖点，一经推出就深受重视装饰性的年轻人的喜爱。

4. 从产品文化内涵找卖点

并不是外来的产品就好卖，很多国外的产品到中国反而没有市场，就在于他们没有考虑到中国的文化特点和消费习惯。比如外国服装的尺码、暴露程度等，如果全部照搬国外的样式，当然没办法畅销。而一些本土的服装企业，在衣服上设计带有中国传统味的山水画、汉字等，尺码上适合中国人的身形特点，将中国人的审美标准融入衣服之中，标榜“中国人自己的服装”，结果广受好评。

5. 从产品造型找卖点

人人都有猎奇心理，造型美观、独特的产品更能吸引到顾客。美国一农民把西瓜放在盒子里生长，结果长出了一种方形西瓜，味道虽然和普通的圆形西瓜并没有什么差别，但是价钱却是普通西瓜的20倍，人们对这种形状怪异的西瓜感到新奇而竞相购买。还有一个品牌饮料从包装造型上也找到了卖点，该品牌饮料在口感上并没有什么过人之处，价格又高，但是饮料的包装是细长的三角形，在满货架一样的长方形包装饮料中特别显眼，也引发了人们因好奇而购买的欲望。

6. 从产品标志找卖点

产品的标志有时候也能成为卖点之一。比如深受大众喜爱的苹果产品的缺口苹果标志，简洁时尚又充满新意，并且这一标志还代表了苹果品牌的高档次和高质量。看到这一苹果标志，就会想起苹果产品，可以吸引客户去关注。所以，产品的标志也可以作为卖点来提炼。

一个企业想要在众多企业中突出重围，突出产品卖点是关键。很多质量很好的产品却不如那些质量一般的产品销量好，就在于没有关注产品的卖点。尤其是同一种功能的产品，你有的别人也有，顾客怎么能找到一个消费的理由呢？只有提炼出让顾客心动的卖点，才能让顾客主动去消费，因为卖点才能真正引起消费者的购买欲望。企业不能只围绕着自己的产品打转，要充分抓住顾客的消费心理，发掘出不同于其他产品的卖点，这才是企业营销需要深入研究的。

产品的卖点可以有很多个，那么是不是卖点越多就越好呢？答案当然是否定的，过多的卖点会让顾客对产品的定位产生模糊，进而失去购买产品的欲望。在市场竞争异常激烈的今天，产品越来越同质化，卖点过多很容易与其他的产品相重叠。而顾客选择一个产品，有的时候并不是因为你的产品最便宜或者因为你的产品最好，而是你的产品和别人不一样。而企业要做的，就是将自身产品与众不同的卖点提炼出来，加以放大，而这种卖点只要有一个就能达到很好的宣传效果。

开发市场的广度和深度，两手都要硬

真正的消费不是刺激出来的，而是创新开发出来的。

——张维迎

一个企业的管理者只顾当前利益，只盯着自己的一亩三分地，却考虑不到或者不为企业开发新的市场、优化现有市场做好规划打算，那么这个企业是很难走得很远的，即使是属于自己的市场恐怕也要失去。作为企业的领导者，应该有一双洞察一切的眼睛和一种长远的积极开拓的意志。正所谓，开发市场的广度和深度，两手都要抓，两手都要硬。

现代社会，产品需求在变化、市场环境在变化、市场区域在变化、客户在变化……这些变化表明世界上唯一不变的真理就是“变”，而怎样才能应对这些变化，在千变万化的市场中拓展新的领域、做好现有市场的深度挖掘呢？有很多成功的案例给了我们很大的启发。说起台湾顶新集团，也许很多人不知道它的名字，但是说起顶新集团的一个产品“康师傅”方便面，那可真是家喻户晓。

20世纪90年代，顶新集团进军大陆的方便面市场，以经典的“康师傅”红烧牛肉面迅速占领各大城市的主要市场，当时，康师傅方便面成了北京、天津、上海、广州等几个大城市居民最喜欢的方便食品。

然而，顶新集团并没有满足康师傅方便面在大城市的火爆销售。从卖出第一碗面开始，“康师傅”就下定决心要做中国的面王。他们瞄准的是全国市场。然而，要在这样一个巨大的市场上获得消费者的青睐，仅靠红烧牛肉面这一种口味的产品显然是不够的。

顶新集团从1994年开始相继在广州、杭州、武汉、重庆、西安、沈阳、青岛等地设立生产基地，生产线也从1条增加到88条。他们每设立一个生产基地，都会在当地展开详尽的市场调研，了解消费者对其产品的意见。根据各地的口味差异，他们先后开发生产了20余种不同口味的产品。这些口味的方便面，由于有详细的市场调研资料为基础，在推出后也纷纷受到消费者的欢迎。到现在为止，顶新集团已经在大陆方便面市场中占有大半壁江山，并且方便面的口味也还在不断增加。顶新集团正是靠着对市场精确的把握，不断推陈出新，想消费者之未想而最终实现了中国面王的梦想。

那么，一个企业在巩固原有市场的基础上，如何拓展新的市场呢？北大管理课告诉我们，可以从以下几个方面做起。

第一，以产品创新来扩大市场。当一种产品在市场上逐渐老化，即将走完产品的生命周期，那么该产品的市场份额就会逐步下降，甚至被新的产品所取代。在这种情况下，企业必须有一个合理的产品组合，形成合理的产品梯队，让完成市场使命而即将退出市场的产品有“接班人”，这样有利于完成对客户群体的“转移”与“交接”。

第二，以品牌并购来扩大市场。企业通过品牌并购，可以获得有价值的市场资源，并可实现增加市场份额、扩大市场占有率的目标。品牌并购对于企业扩大市场、增长市场份额来说，往往比其他方式效率要高。

第三，以低价策略来扩大市场。在市场繁荣时期，企业往往会以低价快速实现市场渗透与扩张。而在市场低迷的形势下，降价更被当作挽救市场份额的法宝来使用。但是，降价未必是一个上好的决策，这样做有很多负面影响。只有那些在商业模式上能够对低价提供有效支持的企业，通过灵活的价格调整，才能最终实现市场的扩张。

企业管理者如果仅局限于已经取得的那一点市场份额，而不去继续开拓新的市场，更不去深化和维护旧有的市场，那么很快就会被其他企业迎头赶上，摆脱不了被淘汰的命运。而一些有名的企业，在扩大市场的同时，积极完善、深化现有市场，用差异化、个性化的产品不断拴住客户的心，巩固了原有的市场。众所周知，中国啤酒市场竞争异常激烈，产品大多处于中低档，通常啤酒的饮用场所分为如下几种：大众中餐、西餐、酒吧。而喜力啤酒通过详细的市场调研和战略规划之后，将其主要细分市场放在了后两个。

喜力啤酒首先在啤酒的包装上下足了功夫。目前，中国市场上的啤酒包装除了易拉罐外，绝大部分为深绿色或棕色的长颈“B 字瓶”。而喜力啤酒的酒瓶形态独特，质感均匀，晶莹剔透，观感比目前大部分啤酒瓶都好，整个产品系列采用独有的近似草绿色的基调，给人以清新感。这使得喜力啤酒很容易在超市的货架上被区分开来，给人以良好的第一印象，且很适合酒吧中的情调。

其次，喜力啤酒的酒精含量、口感上都恰好迎合了中国高端人士的需求，从而被广泛地接受。与喜力相比，一些国产啤酒酒精含量偏高，口感不好，也没有精致的产品包装，所以不能满足消费者的多重需求，高档消费场所这一市场也只有拱手让人了。喜力啤酒公司面对中国巨大而竞争激烈的啤酒市场，没有盲目跟进，而是首先认清行业竞争的情况，对市场进行了精确的细分，在此基础上结合自身优势，选择高收入人群作为目标客户，进而采取与之相适应的营销策略，使喜力啤酒成功步入中国市场，在高档市场中站稳脚跟。从喜力啤酒成功的案例中我们可以看出，无论是多么具有诱惑力的市场，都不要盲目进入，先要找出适合的市场切入点，深度挖掘市场的差异性，做出贴近客户的产品，这样才能在竞争中获胜。

那么，如何才能深度开发市场呢？北大管理课告诉我们，应该采取以下几条策略：

第一，要全面调研目标市场。调查目标市场的经济实力和消费水平，产品实际的和潜在的销售市场状况，终端渠道建设和费用状况，客户的购买行为等，从而确定是否有必要做市场深度开发。

第二，要调查目标客户，选择适合的目标客户。找准了目标市场，就要仔细分析目标客户的需求和对现有产品的意见，确定产品的包装、质量、定价等。

第三，推出新产品后，要及时做好广告宣传等配套工作。新品推出之后，要尽快得到客户认可，必须采取综合的营销手段。

PART 17

成本管理课：记住，企业内部只产生成本

树立成本控制的理念：首先，处处都是成本

经营者要时刻铭记，在企业内部只有成本中心，处处都是成本。

——北大管理理念

在市场经济中，利润最大化与成本最小化是企业永恒的主题。一个企业要达到利润最大化，就必须对投入要素进行最优组合以使成本最小。

对于作为市场主体的企业来说，有一个鲜明的目标：利润最大化。而利润无疑是建立在成本管理的基础上。成本管理是企业管理者的重要能力，管理者需树立成本观念。

对于企业而言，控制成本是一项重要任务，“斤斤计较”的成本观念更是知名企业跻身行业前列的杀手锏。美国西南航空

公司是一家非常注重成本控制的公司，之所以能够在亏损严重的航空业中一枝独秀，与他们的成本控制理念有很大的关系。

西南航空公司每年花在每个工会工人身上的工资和福利费，平均为43707美元，相比之下，德尔塔航空公司为58816美元，而行业的平均水平为45692美元。此外，如今大多数航空公司都背负着沉重的债务，而西南航空公司的资产负债比仅为49%，是美国的航空公司中最低的。公司还享有航空运输产业中最高的标准——普尔资信等级。西南航空公司的成本控制体现在方方面面。他们专门计算过，如果每个航班节省地面时间5分钟，那么每架飞机每天就能增加一个小时的飞行时间。30多年来，西南航空公司总是使用各种办法让他们的飞机尽可能在天上长时间地飞行。

与其他航空公司相比，西南航空公司从来不设头等舱和公务舱，也从来不实行“对号入座”，他们把飞机当作公共汽车，鼓励乘客先到先坐，这样的安排大大缩短了乘客的登机等候时间，一般说来，这个时间在半小时左右。

西南航空公司为了节省顾客等候领取托运行李的时间，他们连飞行员都派上用场，人们常常可以看见西南航空公司的飞行员在满头大汗地帮助乘客装卸行李，这样顾客既节省时间，又获得优质服务。

为了提高机组的出勤率和配备率，西南航空公司全部采用波音737客机，这样做有一个最大的好处，那就是任何一名空乘人员都熟悉飞机上的设备，最大化提高工作效率。西南航空公司能省则省，最大限度地降低飞机运营成本，并为顾客创造更多的价值。成本的降低是为了降低顾客的使用成本，为顾客提供货真价实的好“产品”。

成本节约是全方位的，并且只有由公司上下各个部门通力配合才能行之有效。管理学大师德鲁克认为：企业家和管理者要加强组织成本控制，重要的不是成本控制的方法，而是成本控制的理念。企业能不能有效地控制成本，取决于决策者和管理者建立了怎样的成本理念，绝大多数的成本问题都是观念上的认识差距造成的。

而在这方面，沃尔玛可谓是为我们树立了典范。像沃尔玛那样规模的世界级大企业，也非常注重成本控制，拍赠送品挂历的时候，沃尔玛一般都是公司员工充当模特，这样要比请专业模特省钱得多；即使是复印纸，也是两面都用，不是用了一面就浪费，等等。在一条杂乱的狭窄的巷子里，街口竖着的路牌上写着“洪湖二街”，然后一个下坡路，再走十米左右并排立着两个牌子，一个牌子标示着“沃尔玛公司中国总部”，另一个上面写着停车收费的告示，两旁是陈旧杂乱的住宅楼。

四楼便是沃尔玛的前台，右边的半层是洽谈室，外面是供应商等候区，很多供应商在忙着打电话或者填写表格。往里面去则被分成面积相等的格子间，这便是沃尔玛公司的采购经理们接见供应商的地方。

可以发现，走道内堆着供应商带来的各种商品。格子间的一面挡板上张贴着沃尔玛公司的十大原则，以及提醒员工不要收受贿赂的告示。

采购经理们全部集中在五楼办公，六楼则是公司各种运营部门所在地。这两层的装修异常简单，粗粗细细的管道都露在外面。在沃尔玛，楼道内、电梯中、员工格子间的外面挡板上到处张贴着各种各样的标语。所有员工的办公桌，都是电脑城里常见的最廉价的电脑桌，连老板也不例外。有的连桌子边上包的塑料条都掉了，露出了里面劣质的刨花板。

对不少企业而言，成本管理困境在于很多管理者对成本控制的理念认识不足，他们认为成本控制是财务部门的事，与自己并没有太大的关系。因此，即使很多企业建立了完善的成本控制系统后，成本控制却没有起到良好的效果。这是因为成本控制并非一个人能达到的，而是要求全员参与，尤其是企业管理者对这方面的重视。

对管理层而言，要以身作则，严格控制企业的各项成本，此外，管理者要将成本控制的观念灌输到员工头脑里，使其正确理解并有效控制成本，降低成本。

著名的石油大王洛克菲勒十分重视成本控制，他将成本控制的意识渗透至生产的每一个细节当中，完成了资本的原始积累。洛克菲勒创办自己的公司后，十分注重公司的运营成本。提炼加工原油的成本，他也要计算到第三位小数点。

为有效控制企业的经营成本。洛克菲勒每天早上一上班，就要求公司各部门将一份有关净值的报表送上来。经过多年的商业训练，洛克菲勒已经能够准确地查阅报上来的成本开支、销售以及损益等各项数字，以此来考核部门的工作。

洛克菲勒死抠企业成本。曾经有一次，他质问一个炼油的经理："为什么你们提炼 1 加仑原油要花 1 分 8 厘 2 毫，而东部的一个炼油厂干同样的工作只要9厘1毫？”

洛克菲勒对成本控制严格到什么程度呢？甚至连一个价值极微的油桶塞子他也不放过。他曾给炼油厂写过这样一封信：“上个月你们厂汇报手头有1119个塞子，本月初送去你厂10000个，一月你厂使用9527个，而现在报告剩余912个，那么其他的680个塞子哪里去了？”他洞察如微，刨根究底，不容别人打半点马虎眼。正是这样严格的成本控制，才有助于他成为日后的石油大王。对企业经营而言，几乎任何地方都能够节省成本。除了生产、销售这些核心环节能够节省成本之外，一些细节更不能忽视。

企业管理者只有将成本控制管理作为经营企业的一项根本，并从自身做起，才能达到上行下效，真正实现成本控制的目标。

重视微小的数字，不让重大的浪费呈现出来

成千上万的微不足道的小数字，汇集起来就是大的数字。

——北大管理理念

随着经济的不断发展，很多人成本意识淡薄，有些人甚至认为自己的企业是家大业大，浪费点无所谓，也许正是这种思想在作怪，才导致少数单位的长明灯、长流水、设备空运转等浪费行为在日常中司空见惯。

实际上，不重视微小的浪费，最终会形成重大的浪费。我们可以算一笔小账：如某企业有在职员工 2000 多人，如果每人从一滴水、一张纸、一度电做起，每天为公司节约 0.1 元，那么一个月下来便可节约费用 6000 多元，一年就能节约 72000 多元。这可就不是个小数字了。

日本一家机器制造厂的老板发现，装配工人在生产过程中，对一些剩余的小零件总是不太珍惜，常常随手丢弃，他多次提醒也不见效。

一天，老板走到工厂装配区的厂房中间，将一袋子硬币抛向空中，哗的一声，硬币散落在厂房的各个角落，然后默不作声地走回了自己的办公室。工人们见状，莫名其妙，一边纷纷捡拾散落在地上的硬币，一边对老板的古怪行为议论纷纷。

第二天，老板把装配工人召集起来开会，发表了他的观点："当你们看到有人把钱撒得满地都是时，表示疑惑。虽然都是硬

币，却认为太浪费了，所以一一捡起。但平时你们却习惯把螺母、螺栓以及其他一些零件丢在地上，从不捡起来。你们是否想过，在通货膨胀严重的情况下，这些硬币其实不怎么值钱，而你们所忽视的零件却一天比一天有价值。”

几乎所有的员工在听完老板的讲话后，都幡然醒悟。从那以后，大家都不再乱丢零件了，这一点一滴的节约给公司创下了一笔不小的收益。古语说得好：聚沙成塔，集腋成裘。对企业而言，赢利还是亏损，很可能就是由成本控制的程度决定的，很多时候没有意义的花销看起来只有微不足道的几分钱，但长年累月的支出，累积起来就是一笔很大的开支，要想更好地获利必须节约，尽量减少不必要的开支。

在工作中，如果我们能发现小窍门，从身边的小事做起，并且养成习惯，处处都能实现控制成本的目的。在电力行业，检修清扫设备过程中，酒精发挥着重要的作用。用抹布蘸酒精擦拭设备，不仅除尘效果好，而且因为酒精易挥发，设备干燥快，又不会对绝缘材料造成损害。由此，每次检修清扫设备，对酒精的需求量非常大，仅发电机定子通风槽清扫一项就大约需要5箱酒精，通常大修时需订购10箱酒精，每箱20瓶。

北京十三陵抽水蓄能电厂在三号机的B级检修中，负责发电机检修的专工们，贯彻落实“三节约”理念，在使用酒精的过程中发现，由于装酒精的瓶口较大，每次打开内塞外倒都会有不少遗洒，不仅不方便使用，而且造成浪费。为了节省酒精的用量，细心的专工们发明了一种新的使用方法：使用酒精时在酒精瓶内塞上用刀子切一个五毫米见方的小口，达到外倒时既能控制用量又不遗洒，一个切好的塞子可以循环使用，未用完的半瓶酒精用好的塞子塞住，以备再用。用这种方法，在三号机B级检修中，仅发电机定子清扫一项就比原来减少了一半。

事情虽小，意义重大。通过这次小小的改进，使节约意识渗透在每项工作中。实际上，节约体现在平常工作的每一个细节中，员工的节约意识在很大程度上左右着企业的命运。每一个员工，每天在具体的工作中，在举手之劳中就能提高很多现有资源的利用率。这些举动看似微不足道，但如果持之以恒，那么节省下来的资源，将会使企业受益匪浅。

时下，节能降耗正在很多企业蓬勃展开，厉行节约作为一种企业风尚正渗透到各个领域、各个环节，既营造出浓厚的节约氛围，也为企业挖潜增效奠定了坚实的基础。

从日常办公细节做起，节约每一张纸、每一度电、每一滴水，随手关灯，办公电器不用时全部关闭，少邮寄一张贺年卡；从少产垃圾、多旧物利用做起，并倡导步行、骑车，多乘公交

少开车等，注意节电、节油、节气，满足基本需要，就能减少巨大的浪费。在某家大型零售企业，公司从来就没有专门用来复印的纸张，用的都是废报告纸的背面，打印纸也一样，除非是重要的事件，否则一律用废纸的背面打印，从部门经理到营运总监，随身携带的记事本都是用废纸特制的；办公大厅随处可见“打 17909，长话可省钱”的提示语；员工们常常被叮嘱：笔要以旧换新，纸也要两面用完后再丢弃。有心的管理者不会忽略不起眼的小事，因为他们懂得，成本就是需要从一点一滴的节约做起。在面对日益激烈的竞争和未来的不确定时，一个具有成本意识的人或企业，会具有更强的竞争力，获胜的概率也会更高。

降低固定成本，不要让固定资产侵吞利润

企业家也都知道，一个产品的成本，如何才能降下来？这需要一定的规模。越是先进的科技，越是科技成本高的产品，才越需要规模，因为这样才能把成本分摊。

——海闻（经济学教授）

假设你经营着一家炸鸡店，每块炸鸡的平均成本是 10 元。若售价是每块 12 元，每块炸鸡可以赚 2 元。若售价是每块 10 元，则不赔不赚，收支相抵。虽然利润是零，可是成本中包括了机会成本和会计利润，依旧可以继续经营。假如因为某种意外情况每块炸鸡的售价需要降到 8 元。每卖一块炸鸡就要赔 2 元。

那么，我们现在还要继续经营下去吗？

如果想回答这个问题，我们必须仔细分析一下成本。固定成本包括租赁店面的租金、开店所需资金的利息、炸鸡设备的折旧，还有员工工资。而可变成本包括用于可变投入的开支，例如用于炸鸡原料的开支、燃料开支以及临时雇小工的工资等。这两种成本的和就是总成本。

固定成本不随产量的变动而变动。在上面的例子中，就算你一块鸡都不炸，短期中你的店面无法退租，设备不能转卖，租金与设备的折旧费依旧要支出，更别说贷款利息了。但是若产量增加，例如生意非常好，一天炸了几百块，该成本也依旧不会增加。而平均固定成本会随着产量的增加而不断减少。比如固定成本是每月6000元，若只炸100块，那么每块鸡的平均固定成本是60元，若炸1000块鸡，那么每块鸡的平均固定成本就是6元，若炸1万块，则每块鸡的平均固定成本就是0.6元了。

很多企业家认为，固定资产是不动产，不会很快贬值，但他们忽略了一个问题，固定资产不是增加企业的利润，而是侵吞企业的利润。

事实果真如此吗？固定资产很有可能造成如下七种浪费：一是固定资产占用了大量的资金，这些资金不能用来做别的投资，机会成本的耗费太大了；二是不管使不使用，它都要产生大量折旧，每天都在发生；三是固定资产不像其他资产，它要产生大量的磨损；四是你一旦转产，或者因使用不足导致的损失，根本无法估量；五是固定资产本身在建造当中，比如说盖厂房、建生产流水线，都需要大量的成本，同时还要耗费大量的时间；六是固定资产购买以后，若经常闲置会产生浪费；七是随着技术的影响，固定资产要不断更新，不断维护、修理的相关费用。

为有效说明固定资产与成本管理的关系，我们以企业买车的例子来说明。

如果你的企业收入是1000万，成本是900万，收入减成本等于利润，那么利润就是100万。我们要增加固定资产，比如说要增加一辆汽车，我们从什么地方买？当然是到商场的汽车销售展示厅里买，而对于企业来说，就是要从利润里面买，现金流里面买。假如这辆车是100万，那这100万的现金就变成了固定资产。所以，本来利润是1000万－900万=100万，但是你买了一辆车，变成了0。你花了100万，拿到了心爱的车，这100万已经贬值了，你不可能再以100万的价格再卖出去。然而，车作为企业的固定资产，需要请专职司机，还有油费、保养费、维修费、折旧费等，会让一个企业应接不暇。

看到上面的这个例子，我们就能理解为什么很多大企业的商务用车并不多，很多时候他们选择租车而不是买车。租车，给人感觉是贵的，但实质不是，因为它是一次性开销，比起把固定资产变成了负债要好得多。

为有效降低固定成本，很多企业走的是规模化经营的道路。在实际生产中，我们也看到大部分企业都在力争扩大生产规模。

某些大型设备与小型设备相比，每单位产出的制造费用和维修费用通常就要低。比如国际上的输油管道，如果将其直径扩大1倍，其周长也相应扩大1倍，但由简单的面积计算公式可知，油管的截面积将超过1倍，即其运输能力也将超过1倍。这就是规模经济，每单位原油的运输成本将随之降低。另外，像电脑管理、流水作业这样的先进工艺和技术，只能在产量达到一定水平时才能够采用。比如汽车制造，实施流水线作业时，其成本优势十分明显。一般计算表明，一家汽车制造厂的年产量如果大于30万辆，其生产成本将会比小规模生产大大降低。在20世纪初，美国福特汽车公司率先应用了大批量生产工艺，从而大大降低成本，成为汽车工业的领军人物。

在现实中，采取多大规模能实现成本最小化，取决于企业生产与市场的特点。从生产的角度来看，一个行业所使用的设备越大，越专业化，技术越复杂，创新越重要，规模就越大越好。在钢铁、化工、汽车等重型制造业中，这些企业的规模往往相

当巨大，他们能有效降低企业的固定成本。

对于其他类型的企业，怎样才能降低企业的固定成本呢？聪明的回答是：安置在别人的厂房里！

格兰仕是生产微波炉的著名企业。在发展过程中，他们也遇到了困惑，扩大生产线势必要增加企业的固定成本。后来，与扩大生产线相反，格兰仕走的是虚拟联合、规模扩张的路子，不仅没有动用一分自有资金投资固定资产，还把别人的生产线一个个地搬到了内地，而且建这些厂用的还是别人的钱。

以微波炉的变压器为例，格兰仕初期分别向日本和欧洲进口，后来，格兰仕对欧洲的企业说："你把生产线搬过来，我们以八美元给你供货。"日本的企业在成本的挤压下倍感煎熬，这时，格兰仕对日本企业说："你把生产线搬过来，我们以五美元给你供货。"于是，一条条先进的生产线都逐渐搬过来了，规模大了，专业化、集约化程度高了，成本也大幅度降低了。

与此同时，格兰仕实行24小时工作制，使得格兰仕的一条生产线创造出相当于欧美企业的6-7条生产线的产能。通过

这种方式，格兰仕有效地降低了企业成本，将对手远远地抛在了后面。成本降低了，市场风险小了，没有了固定资产的拖累，让企业轻装上阵。“虚拟经营”作为有效的企业经营形式，因为能有效降低企业的固定成本，正受到越来越多的重视。

按照这种模式，一个公司可以避免许多人力、物力方面的资源浪费，避免重复建设，从而可以最大限度地利用社会上其他生产单位的能力，使其最大限度地发挥企业的实力，也使自己的实力得以集中体现。

创建于1994年的美特斯·邦威是著名的服装企业。1995年，美特斯·邦威的销售额只有1000多万元；2003年，则已经接近20亿元了。在不到10年的发展中，美特斯·邦威的销售额增长了近300倍，但是，美特斯·邦威是一家没有工厂的服装公司。

美特斯·邦威能在短短的这几年迅速地发展起来，主要就是用了虚拟经营的生产方式。集团董事长周成建说：“美特斯·邦威已有好几百家企业为他们公司生产加工，每年支付给生产厂家的资金就有一二十个亿。”美特斯·邦威的所有产品均不是自产，而是外包给广东、江苏等地的20多家企业加工制造，仅此一项,公司就节约了2亿多元的生产基建投资和设备购置费用。

此外，在销售方面，美特斯·邦威则采取了特许连锁经营的方式，通过契约将特许权转让给加盟店。如果这些专卖店都是由企业自己投资建立的话，一方面需要较长的时间，另一方面也需要大量的资金。

把生产和销售外包出去后，美特斯·邦威把精力主要用在了产品设计、市场管理和品牌经营方面。每年推出约1000个新款式，“不走寻常路”的广告语也成为家喻户晓的口号。虚拟化经营带给企业的不仅仅是发展，更是财富。

对于企业来说，由于闲置固定性资产相对于闲置资金流动性较差，所以在处置这部分资产时，应从多个方面来入手。

1. 开展租赁业务，进行闲置资产的再利用

企业重组改制造成的闲置资产，可以通过寻找租赁市场，开展租赁业务，进行闲置资产再利用。资产租赁不仅可以解决重组后的存续企业和股份公司所面临的资金短缺问题，而且可以提高集团公司整体的经济效益，加快企业的发展。

2. 实行个人承包，减少企业投入

对于闲置的资产整体完好无损的、有可利用价值的，但对于企业生产的前沿产品来说已不用的设备，以及因企业改制造成的不用的房屋、场地等，可实行个人承包，减少企业投入。

3. 加强对外投资，寻找合作伙伴

对于企业内部不需要的、但保存完好的、无损失的闲置资产，可以采取对外投资，积极寻找合作伙伴，尽量把闲置资产利用起来，并取得相应的投资收益。

4. 进行资源再配置，发挥最大效能

对于企业集团来说，母公司应起到桥梁作用，把各子公司不适用、不需用的闲置资产在企业集团内部进行互相调剂，相互调拨，起到优化资源配置的作用。充分利用企业资产，创造经济效益，从而提高企业集团整体的生产能力，以增强企业抗风险能力。

5. 适当进行资产置换，节约货币资金

对于生产上需要的存货或设备，可以利用现有的闲置资产进

行置换，以节约企业的货币资金。现代企业用资产换资产的非货币性交易已成为企业优化资产结构的一个重要手段。例如，某省某轻工进出口公司以一批轻工物资交换俄罗斯某公司的一批钢材；湖北某汽车销售公司以数辆汽车交换木器加工公司的一批办公家具等。

6. 面向社会，公开拍卖

企业因破产或倒闭，造成的资产闲置，可以通过中介机构进行拍卖，变现其价值，或者对于已经过时的，在企业的生产经营过程中，不需使用的存货，也可以采取降价在市场中销售，把死钱变成活钱，增加企业的现金流量，从而使其在社会的大环境中进行资源合理配置。

7. 申请报废，确认损失

通过采取一定措施，仍不能给企业带来预期经济利益，且无变现价值的闲置资产，可进行申请报废，以减少人工费、场地费的支出等。

以市场为导向，有效控制生产成本

利润不仅来自企业创造的价值，而且来自资源的节省。

——北大管理理念

生产成本是指在制造过程中所发生的成本，与非制造成本相对。在企业经营的总成本的构成中，生产成本所占的比重最大，因此，降低生产成本是降低企业经营总成本的最主要途径，直接影响着企业的竞争能力。浙江义乌有一个吸管厂，所生产的吸管90%以上都销售到了国外，年产量占全球吸管需求量的25%以上。吸管每支平均销售价在8-8.5厘钱之间，其中，原料成本占50%，劳动成本占15%～20%，设备折旧等占15%多，扣除这些成本，利润仅有8-8.5毫钱。这家吸管厂之所以能够依靠如此低微的利润迅速壮大起来，其中的奥妙就在于：在生产中绝不允许浪费任何资源。他们计算着每一厘每一毫的成本。由于晚上电费比白天要低，他们就把耗电高的流水线调到晚上生产；吸管制作工艺中需要冷却，生产线上就设计了自来水冷却法。就这样，他们硬是从成本中将利润节省出来，创造了自己的辉煌。由此可见，众多在成本领先战略上获得巨大成功的企业，无一不是得益于他们从不浪费资源。成功企业如此，对于那些普通的企业来说，更应如此。

企业的生产过程，需要投入大量的人力、物力与财力，需要消耗大量的材料、能源和工时。那么，如何有效地降低企业的生产成本呢？具体举措有以下几个方面：

1. 建立原料用量定额标准

原料消耗定额，是指在一定的生产和技术条件下，企业生产单位产品或完成单位工作量应该合理消耗的原材料标准数量。

原料用量定额标准是其他成本控制手段的基准，对原料采购、库存、资金利用等有制约作用，消耗定额“合不合理”即意味着企业成本水平“合不合理”。

原料用量定额标准的订立原则如下：

（1）材料消耗定额应通过具体制造公式加以确定；

（2）成熟产品设计和工艺是定额制定的基础；

（3）制造程序、步骤和方法的标准化；

（4）定额是生产部门、设计部门、财务部门以及公司管理层多方面参与的结果。

2. 建立人工耗用量定额标准

人工耗用量定额标准，是规定完成每单位产品所需耗用的人工时间，或每单位人工时间所能完成的产品数量。建立人工耗用量定额标准必须注意以下几点：

（1）以现在和过去的实绩相比较，测定所定的人工耗用定额是否代表了优良效率。

（2）直接人工成本属于变动成本，其中直接人工成本可以通过产量乘变动率求得，而后与实际成本相比较。但间接人工成本往往属于半变动成本，必须将其固定和变动部分加以划分，而后计算不同量杆下的限额，再与实际成本比较。

（3）每人工耗用定额，须考虑机器停顿、终了、修理以及正常休息的时间。

3. 控制制造费用

制造费用是一种间接成本，其分摊、归属和控制都远较原料成本和人工成本复杂，在核算时，通常会遇到如部分间接材料或间接人工劳动力等无法精确测算、制造费用项目繁多、成本责任牵涉面广等困难，因此要想在企业中制定统一的制造费用定额标准是一件困难的事。

所以，制造费用的控制不适宜用定额标准来控制，而需采用弹性控制，必须借弹性预算和责任会计的实施，方可实现。预算金额，是依据过去经验并参照未来趋势，或按标准成本原理来制定限额。

为适应固定和变动成本性质的不同，应就不同的生产能力规定不同的费用限额。

制造费用既不像直接材料和直接人工那样有耗用材料数量和人工时数等单位用以计量，控制时也没有实体资料可利用。因此，制造费用控制的时机，主要在费用发生之前和发生当时，会计报告只是事后控制的手段。

在小规模企业实施运营控制，可能足以削减浪费；但在大规模企业，会计控制甚为必要。

4. 控制其他有关制造成本

其他有关制造成本的控制主要有以下几个方面：

（1）材料收储成本的控制

材料的采购、库存、搬运成本，往往金额较大，是控制制造成本的重点。材料收储成本的控制方法，可以用弹性预算，也可以用标准成本。

实施标准成本控制时，先要把材料管理过程标准化，而后制定各项有关材料工作的标准费率，再依标准费率将收储成本摊入材料成本或产品成本。

（2）材料损耗的控制

企业存料价值，往往超过现金。由于材料损耗造成的损失往往是相当严重的，因此，对材料损耗的控制，成为企业成本控制的一项重要课题。

（3）奖酬制度

奖酬制度，是提高工人工作效率、降低人工成本的有效手段。所谓奖酬制度，简单说来，就是按照工人的工作量或生产力分别给予不同的报酬，借以增加工人收入、同时提高工作效率而降低成本的一种制度。

PART 18

团队管理课：团队建设就像“揉面团”，如何分配“利益与人情”

首先一定要“锁住”自己的核心团队

创业如同拔河比赛，人心齐，才能泰山移。对于迅速发展的初创企业来说，也许有多个关键因素决定其能否取得更大的成功，但其中最重要也最困难的要数“团队建设”。原因很简单，没有人会拥有企业不断发展扩大后所需的全部技能、经验、关系或者声誉。因此，一个创业者最重要的工作是组建一个核心团队。

——俞敏洪

“21 世纪最重要的是什么？是人才！”北大管理理念认为，核心员工作为团队的中流砥柱，一定要设法留住他们。企业之间的人才竞争越来越激烈，核心员工作为企业核心竞争力的载体，自然成了团队管理者最为倚重的资源之一；同时，企业间的人才流动进一步扩大，以至于企业核心员工的流失已经成为一种普遍现象。

对管理者而言，片面追求员工队伍的绝对稳定只是单纯的幻想，相对而言，稳定核心员工队伍才是比较切合实际的选择。

一个团队不可能没有人员流失的情况，团队管理者想要保持全体员工的绝对稳定，无异于痴人说梦。维持团队的稳定，团队管理者必须想方设法稳定企业的核心员工。

比尔·盖茨曾说，谁要是挖走了微软最重要的几十名员工，微软可能就完了。通过盖茨这句话，管理者应该也能体会到他对团队核心员工的重视程度。企业能否有效保留住核心员工，将是这个企业持续成长的前提，因为核心员工是一个企业最重要的战略资源，是企业价值的主要创造者。

核心员工之于企业来说，是团队中的“有常之士，非常之才”。从管理学的二八法则来看，核心员工占到团队总人数的20%～30%，他们集中了团队80%～90%的技术和管理，创造了团队80%以上的财富和利润，是一个团队的灵魂和骨干。核心员工一旦“跳槽”，对团队造成的损失往往难以估量。

要想吸引和留住核心员工，管理者首先必须知道哪些员工是自己需要的核心人才。一般来说，企业核心员工是指那些拥有专业技术、掌握核心业务、控制关键资源、对企业会产生深远影响的员工。他们一般具有以下特征：创造、发展企业的核心技术；建立和推动企业的技术和管理升级；扩大企业的市场占有和提高企业的经济效益；务实、忠诚、积极和有牺牲精神。

所以，分析影响核心员工流失的因素，并有针对性地对核心员工进行良好的管理，从而将核心员工的流失率降低到适当的范围内，保持核心员工的相对稳定，成为团队管理者亟待解决的问题。

管理大师彼得·德鲁克曾经说过："企业只有一项真正的资源——人。管理就是充分开发人力资源以做好工作。"保持核心员工稳定的重要性，相信所有的企业都不言自明。

核心员工可替代性不高，不像一般员工的流失完全可以通过招聘来补充。所以，核心员工一旦"跳槽"，很容易给公司造成难以估量的损失。如果发生核心员工规模性流失现象，则有可能对团队造成致命的打击，甚至有可能导致企业破产。

宋浩自2000年创业以来，经历12年的发展，他的公司如今的营业额已经达到2亿多。12年来，他的公司经历了逐渐由小到大的发展过程，也同所有企业一样，员工也不知道走了几茬。但可喜的是，当初跟随他的几个得力干将一直还留在他的公司。在最初创业时跟随他的员工当中，他选出了八位靠得住并且具

有一定潜力的人员，号称“八大金刚”，给他们相对优厚的待遇，并给他们提供不同的机会去锻炼。后来进入公司的员工，无论能力多高，地位都不可能超越这“八大金刚”。

“八大金刚”也投之以桃，报之以李。这样一来，不仅公司的客户开发得到了保证，“八大金刚”的收入也有了较好的保障，还变相降低了人力资源成本。

当然，这八个人能力也并不是一成不变，差异也越来越大，有的适合继续从事销售工作，有的则能够胜任更高的职务，而有的只能干些辅助性的工作。

而宋浩也自然会正视这种差别，对他们进行了有区别的安排：能力得到不断提高的，就给你安排到更高的位置上，待遇水平也自然随之水涨船高；而能力一般不太适合提拔的，就保留在原有岗位上，岗位待遇也没有太大太频繁地变动，收入主要从其他渠道进行补偿；至于不适合现在工作岗位的，就给你换个岗位试试，或者充当机动人员，基本工资待遇也与岗位相匹配，收入同样通过别的方式进行补偿。

通过这些相配套的管理手段，使“八大金刚”没有能力、没有必要、没有可能跳槽。

案例中宋浩的做法，较好地稳定了公司的核心员工，有不少可取之处。相对于费尽心力去妄图稳定员工队伍不流动而言，稳定核心员工是一个比较切合实际的选择。毕竟核心员工的人数较少，一般核心员工人数占到企业总人数的 20% ～ 30%，公司一般有办法和能力通过各种渠道确保这些人员有比较优厚的待遇，并且不会给企业带来太大的成本压力。

稳定核心团队，首先必须找到核心员工流失的原因。一项调查显示：20.5%的被访者认为最能留住人才的企业，应该“有一套合理的竞争机制，能够人尽其才”；19.3%的被访者认为“将员工置于最适合的岗位，以发挥他们的才能”；16.9%的被访者认为应该“给员工较高的薪水”；16.3%的被访者认为“制定合理的薪金制度”更加重要。

那么，通常来说留住核心人才的方法主要有以下几个方面：

1. 提供发展空间

让真正的人才感到前途可期，有奔头，因此安心于本企业工作，并努力发挥最大潜能。为员工提供了可发展的空间，有助于提升核心人才对企业的忠诚度。

2. 提供较高的薪酬

工作的重要目的是为了挣钱，这是人们工作的物质动力，每个人的追求都包括获得更高的报酬。据资料显示，全球排名前500名的企业中，至少有89%的企业对技术创新者和老总们实行了股票期权制。股票期权在实施中一般向核心员工倾斜。国内著名企业华为技术有限公司，其股本结构为：30%的优秀员工持股；40%的骨干员工有比例持股；10%～20%的低级员工适当持股。

3. 提供和谐的发展环境

管理者重视核心员工，并且让他们感受到自己的关心和爱护。让核心员工充分参与，鼓励个人积极进取、努力奋斗，营造一个健康和谐的工作环境，促使优秀员工和企业共同进步、共同发展，让员工对企业的被动忠诚转变为主动忠诚。

帮助后进员工，把“短板”变成“长板”

大家忽略了很重要的前提，老想木桶一样长，忘了桶做多大，做了一个很大的桶……

——薛旭（北京大学教授）

木桶原理是由美国管理学家彼得提出的。木桶原理是指一只木桶要盛满水，必须每块木板都一样平齐且无破损，如果这只桶的木板中有一块不齐或者某块木板下面有破洞，这只桶就无法盛满水。也就是说，一只木桶能盛多少水，并不取决于最长的那块木板，而是取决于最短的那块木板。一个木桶无论有多高，它盛水的高度取决于其中最低的那块木板。

这也告诉企业领导者：团队中因为最弱的力量而影响了整体力量的发挥，也是一种组织不严密的现象。

很多时候，整个团队战斗力强弱的表现不是取决于那个能力最强、表现最好的人，而恰恰取决于那个能力最弱、表现最差的落后者。只有当落后者的能力提高了，整个团队的力量才会变得异常强大。因为最短的木板对最长的木板起着限制作用。它决定着整个团队的战斗力，影响着整个团队的综合实力。

其实，任何一个团队，总是由几名或者几十名员工所组成，这犹如一只木桶是由若干块木板所组成一样。组成木桶的木板有长有短，团队的员工也有“长”有“短”。也就是说，构成团队的每个人往往是优劣不齐的，而劣势部分往往决定整个组织的水平。短木板与木桶是个体与团队的关系，作为团队管理者只有一个选择：提升原有木板的长度，在保证原有木桶原有装水量的基础上不断提升容积。

某班有一个员工，技术能力处于班组的中上水平，但工作绩效一直提不上去，因为他总是没有工作激情。碰巧，兄弟班组需要从该班组借调一名技术人员。于是，班组长在经过深思熟虑后，决定派这位员工去。这位员工很高兴，觉得有了一个施展自己拳脚的机会。去之前，班组长只对那位员工简单交代了几句："出去工作，既代表我们班组，也代表你个人。怎样做，不用我教。如果觉得顶不住了，打个电话回来。"

一个月后，兄弟班组长对该班班长说："你派出的兵还真棒！""我还有更好的呢！"班组长在不忘推销本班组的同时，着实松了一口气。这位员工回来后，班组成员都对他另眼相看，他自己也增添了自信。

这个例子表明，注意对"短木板"的激励，可以使"短木板"慢慢变长，从而提高企业的总体实力。班组管理不能局限于个体的能力和水平，更应把所有的人融合在团队里，科学配置，好钢才能够用在刀刃上。

为此，企业内部一定要加强业务学习，提高企业员工整体的技能水平，这也是完善团体力量工作的具体实施。

企业要成长，团队建设是重中之重。随着社会各方面的发展与知识经济时代的到来，各种知识、技术不断推陈出新，市场竞争也日趋紧张激烈，市场需求也越来越多样化，企业管理者要面临错综复杂的情况与环境。在更多情况下，单凭管理者个人的能力很难完全处理各种错综复杂的信息并采取切实高效的行动，这些都需要企业团体成员之间进行进一步的相互依赖、共同合作，从而加强企业团队的建设。

加强企业团队建设，就应将企业看作一个木桶，不断地加强木板与木板间的紧密度。同时，下功夫补齐最短的那块木板的长度，也要选择一个好的桶底，不断加强团队中的薄弱环节，使企业像磁石一样，将与企业发展思想相一致的人才吸引到自己的身边来，增加企业团队的凝聚力和向心力，加强团队建设，使企业能够在激烈的商场战争中激流勇进，愈战愈勇。

因此，要达到整体优化的目的，作为团队管理者来说，就必须分清自己所领导的这支团队中的“长板”和“短板”，然后采取科学的方法，把“短板”变成“长板”，从而使团队这个“木桶”的“存水量”达到最大值。那么，怎样来实现这一目的呢？

1. 要善于总结分析，充分认识成员的“长短”。在日常的

管理工作中，管理者要做到对团队中的每位成员的情况心中有数，然后结合团队的实际情况，对团队的“短板”因地制宜、有的放矢地运用各种教育培训方式。由于每一个员工先天的素质与自身努力程度不同，造就员工的业务技能、动手能力、思想状况、绩效好坏等也不一样。作为一名管理者，只有深刻认识了成员中的“长”与“短”，才能做到“对症下药”。

2. 要善于“短中见长”。在团队中，免不了会有少数后进的员工。作为管理者，要善于从后进员工身上发现一些“闪光点”，如有的工作自觉性不够高、外表沉默寡言，却能独立思考，对有些问题常有独到的见解；有的虽然一时落后于人，但内心也有争上游、争荣誉的欲望，等等。这就需要管理者在每一个工作现场、每一次操作演练观察到员工的“短”的同时，从中发现员工的“长”处，进而做到扬“长”避“短”。

3. 要善于抓培训，从而弥补“短”处。管理者在认清自己所管理的员工的“长短”之后，要寻求补“短”的有效途径。对那些工作不主动、拈轻怕重、违反操作规章的员工，要开展个别谈心活动，并进行耐心说服和引导；对文化比较低、又不善于学习或者说学起来有困难的员工，要多开一些“小灶”，采取“师带徒”的方式多做辅导；对性格内向、沉默寡言的员工，要经常组织各种活动，多给他们锻炼的机会；对暂时落后，尚有进取心的员工，要多加鼓励和指导，多给他们一点“偏爱”，倾注爱心、热情和期望，对他们取得的点滴成绩，要及时地给予表扬和激励。这样，循序渐进，在他们身上就会产生由“短板”逐渐变成“长板”。

4. 要善于创建“取长补短”的人文环境。团队是一个集体，管理者应注意发挥团队内部成员之间的相互影响和感染作用。通过沟通与交流，连起友谊的纽带，引导后进的员工主动向先进的员工学习，向先进的员工看齐，从而在团队中逐步形成一种严爱结合、相互尊重、和谐一致、取长补短、共同进步、人人快乐的工作氛围，使团队形成合力，有效发挥团队的整体功能。

树立共享目标，把个人的雄心融入团队的发展

一个成功的企业应该注重营造这样一种氛围，让每一个员工都觉得自己是企业的主人，将个人的事业发展融入企业目标中，能够随时提出合理化建议，与企业荣辱与共。

——李彦宏

我们都知道，大雁是成群地飞行，飞行时它们有时排成“人”字，有时排成“一”字，但更多的时候是排成“人”字。科学家通过实验证明，雁群以“人”字形飞行，比孤雁单独飞行能多飞72%的距离。原因是：当雁群排成“人”字形飞行时，头雁在前面开路，它的翅膀扇动能引起气流，从而帮助两边的大雁减少飞行阻力，每一个大雁扇动的气流都对其他大雁有所帮助，从而使雁群都能顺利到达目的地。雁群向我们揭示了一个深刻的道理：个人需要融入到团队中去。

为什么会有许多人喜欢看《我的团长我的团》，它的魅力又源于何处？答案就是这部电视剧真正反映了一个团队、一个

集体的魅力。团队是每个成员的凝聚点和精神支柱，任何一个成员都不能离开团队而独自存在；团队的命运又与团长的使命息息相关，一个具有使命感的团长，会扛起这个团队的命运。正如里面一句台词所说："我是头，你们是手脚。原则上，手脚要忠实服从头的指示。不过，有时候，手脚也会比头更要紧。"

同样，管理者应该树立起"我的团队"这一概念。管理者扮演着团长的角色，就像一位船长一样，掌控着整个船队前进的方向，让自己的品牌独树一帜，与众不同更是这位船长最大的使命。但是，一支坚韧的船队光有一个控制方向的船长，是无法独立完成他们的伟大航程的，没有身后所有水手的团结协作，就不会顺利抵达彼岸。团队的命运取决于团长的使命，然而团长的使命更是整个团队赋予的。

管理者要将自己融入到整个团队之中，只有凭借集体的力量，才能把个人不能完成的问题解决。然而，有些管理者，不与同事进行密切的交流，这样的人想靠单打独斗把自己带到事业的顶峰是不可能的。

从企业的角度来看，一个管理者的成功不是真正的成功，团队的成功才是真正的成功。个人主义是根本行不通的。如果管理者将自己视为团队的领头雁，把自己融入到整个团队当中，一定会创建一个卓越的团队！

荀子在《劝学篇》中说到：登山招手，我们的手臂并未加长，但更远的人也能看见；顺风而呼，声音并未变得快速、高亢，但别人听起来却更清晰了；借助车马的力量，并未让腿脚变得利索起来，却能够走上千里；借助船楫的力量，也不见得就会游泳，却能渡过江河。君子不见得天生就有异禀，不过善于借助外部的力量罢了。

同样，管理者如果能力卓著，单靠自己一个人也许可以做出一些成绩来，但要想取得更大的成就，那就要融入集体当中，带动集体成员走上卓越之路。在这方面，比尔·盖茨说过一句言简意赅但寓意深刻的话："大成功靠团队，小成功靠个人。"无论是谁，想要做成大事业、取得突出的业绩，就得学会借助团队的力量取得胜利。

管理者千万不要认为自己非常有能力，要知道，"三个臭皮匠顶上一个诸葛亮"。要想取得大成绩，就要把自己的力量融入到一个团队中。当管理者将自己定位为团队中的领头人时，"我"就变成了"我们"。必须舍弃部分的自我，整个团队才有茁壮成长的可能。在团队中，除了要让每个人都有自我成长、完成目标的机会之外，也要让整个团体为设定的远景目标而努力。如此一来，便能达成个人和团队的"双赢"。

一滴水只有融入大海才能生存，才能掀起滔天巨浪。同样，管理者也只有融入团队才能挖掘出更大的潜力。放眼卓越的团队，他们之所以会出类拔萃，完全是因为这些团队的领头人——管理者能抛开自我，他将团队的成功视为自己最大的成功！

作为团队领导的管理者，必须重视为团队成员树立共同的愿景才能更有效地开展团队工作，以达到团队协同效应。要形成团队共享目标，管理者必须从以下几个方面着手：

1. 对团队进行摸底

对团队进行摸底就是向团队成员咨询对团队整体目标的意

见。这非常重要，一方面可以让成员参与进来，使他们觉得这是自己的目标，而不是别人的目标；另一方面可以获取成员对愿景的认识，即团队目标能为组织做出别人不能做出的贡献，团队成员在未来应重点关注什么事情，团队成员能够从团队中得到什么，以及团队成员个人的特长是否在团队目标达成过程中得到有利发挥等。

2. 对获取的信息进行加工

在对团队成员进行摸底收集，得到相关信息以后，不要马上就确定团队目标，应就成员提出的各种观点进行思考，留下一个空间——给团队和自己一个机会，慎重考虑这些观点，以缓解匆忙决定带来的不利影响。

3. 与团队成员讨论目标表述

管理者与团队成员讨论目标表述是将其作为一个起点，以成员的参与而形成最终的定稿，以此获得团队成员对目标的承诺。虽然很难，但这一步确实是不能省略的。因此，团队领导应运用一定的方法和技巧。比如，采用启发引导法，确保成员将所有观点都讲出来，找出不同意见的共同之处，辨识出隐藏在争议背后的合理性建议，从而达成团队目标共享的双赢局面。

4. 确定团队目标

通过对团队摸底和讨论，修改团队目标表述内容以反映团队的目标责任感。虽然很难让全体成员都同意目标表述的内容，但求同存异地形成一个成员认可的、可接受的目标是重要的，这样才能获得成员对团队目标的真实承诺。

5. 对团队目标进行阶段性的分解

由于团队在运行过程中难免会遇到一些障碍，如组织大环境对团队运行缺乏信任、成员对团队目标缺乏足够的信心等。管理者在决定团队目标后，尽可能地对团队目标进行阶段性的分解，树立一些过程中的里程碑式的目标，使团队每前进一步都能给组织以及成员带来惊喜，从而增强团队成员的成就感，为一步一步完成整体性团队目标奠定坚实的基础。

只有团队成员对团队愿景有了清楚、共同的认识，才能在成员心中树立成就感，也才能增加在实施过程中的紧迫感。同时，达成共识的团队愿景，一定能赋予成员克服障碍、激发能量的动力。

以全局观化解矛盾和分歧

我的柔弱个性在新东方内部起到了黏合作用，任何情况下我都不会走向极端，这是新东方没有崩盘的重要原因。

——俞敏洪

在我们日常的工作中，由于性格不同，员工之间或管理者与员工之间会有一些小矛盾产生。管理者切不可对这种小矛盾等闲视之。有了矛盾一定要尽快加以解决而不是逃避。

在团队中，许多成员因为一些私人之间的恩怨，不顾大局利益出现“窝里斗”。最终使得个人能力都很强的团队出现内耗而没有取得本来可以取得的业绩。

在炒货行业，“傻子瓜子”曾经是一个辉煌一时的名字，而今，“傻子瓜子”已在炒货行业中慢慢淡出。在炒货同行看来，“傻子瓜子”没有像“洽洽”“真心”那样发展成为行业明星企业，主要就在于“傻子”的经营者家族不同心，没有与时俱进，错过了发展机遇。“傻子”商标的争夺、创始人年广久和两个儿子之间不和的故事世人都早有耳闻。

1997年，傻子集团正式宣告成立，但好景不长，年广久因他的两个儿子担任“傻子瓜子”联合集团公司的董事长、监事长，而自己仅任“空有荣誉、没有实权”的董事局主席而心中不悦。联合集团公司仅成立一月余，年广久就借机发难，砸了牌子、关了门。集团公司最终宣告解散，商标权就这样成了年氏家族的一块心病。对于父亲所谓“商标侵权”的指责，年金宝、年强不止一次咨询过工商局商标管理科和法律部门，得到的答复是："傻子瓜子"商标乃父亲年广久、母亲耿秀云，以及他兄弟两人共同创立，享有不可分割的权利。

1998年6月，年金宝一怒之下正式注册了"傻王瓜子"商标。接着不久，年强也将自己经营的瓜子，注册登记为"年氏瓜子"。此后，年金宝与年强一口气申请注册了27个商标，分别叫"小傻子""傻王""傻媳妇"，等等，涉及饮料、茶具、电子产品等。但是"傻子瓜子"的品牌，却没有随之发展壮大，而是在激烈的品牌内耗中损失惨重。

实际生活中，像"傻子瓜子"一样，不少团队就是在严重的内耗甚至内乱中，走向失败的，这些团队的先后失败，已经为我们敲响了警钟。

我们首先来要了解员工冲突及矛盾的类型：

1. 目标冲突

在工作中，不同的员工所希望获得的结果互不相容时，就会产生目标冲突。比如，一位员工希望有一个轻松的工作环境，而组织却准备派他出差去跑销售，这时就会产生目标冲突。这种冲突是最常见的冲突类型，由于涉及冲突双方的利益问题，该类型的冲突也是最难处理的。

2. 认识冲突

当员工的建议、意见和想法，与他人或组织的认识产生矛盾时，会产生认识冲突。比如，员工认为公司的工作考评方式不太合理，而管理者认为这种考评方式是适用的，这就产生了认识冲突。比较好的处理方式是在不严重影响团体利益的情况下，求同存异，相互包容，尊重个人的价值观和信仰。

3. 情感冲突

当员工在情感或情绪上无法与他人或组织相一致时，会产生情感冲突。情感冲突一定有产生的背景事件，有时找到了背景事件并很好地解决就能缓解情感冲突。但当情感已经成为一种定式时，单靠具体问题的解决是无能为力的。这就需要冲突双方或借助第三方进行充分的沟通，使相互之间取得信任，从而解决情感冲突。

并非所有的冲突都是不利的。有时，一些意见上的分歧是十分必要的。如果管理者和员工都认为持异议或不赞同是一种很自然的事情，并且把争论看作一种健康的行为，那么团队会因此而受益匪浅。因为，如果我们什么事都保持一致，就不会有挑战，不会有创造性，也不会有相互的学习和提高。

管理者要运用全局观来化解一切矛盾和分歧。只靠和谐管理并不能真正消解管理者和员工之间所有的矛盾和分歧。如果管理者在注重全局利益的观念下，能够对矛盾和分歧进行协调，使之得到较好的化解，从而使每一位员工都为企业的整体利益服务，那这样的管理就是成功的管理，就能够使整个企业实现和谐运转。

要使员工树立全局观念，管理者应明确每个人的工作对整体目标的意义。

在工作中，不同的人对利益的需求也各有差异，利益需求的差异性是矛盾形成的因素。身为管理者，必须站在全局和战略的高度，对各种因素间的关系及时进行协调。不协调，就必然会造成工作力量的分散，影响工作目标的实现。因为人与人之间都是相互依赖的，个人利益和集体利益、全局利益的实现都是互为前提的。

因此，管理者在协调矛盾时，要特别注意三个问题：

1. 明确协调的基础

管理者要坚持求同存异的原则，从大局出发，以组织的共同目标和共同利益来统一认识，消除矛盾。同时，充分尊重个人的合理需求，实现个人利益与集体利益的统一。

2. 掌握协调的时机

任何矛盾都会经历一个产生、发展和激化的过程。什么时候协调矛盾，要看解决矛盾的条件是否成熟。从一般意义上来说，协调的最佳时机是当矛盾处在萌芽状态之时。否则，一旦矛盾激化再着手协调，就会增加难度。

3. 灵活运用协调的方法

不同的矛盾有着不同的协调方法。管理者要善于因事、因人、因条件的不同，运用不同的方法来协调矛盾。

一般来说，重大问题的协调要在坚持全局利益的前提下，主要采取行政手段予以协调。非原则性问题，则主要采用思想工作或妥协的方法予以协调。而且，管理者在协调矛盾的过程中，应当注意克服两种倾向：

（1）无原则的协调，即不去分析矛盾产生的原因，不去分清矛盾双方责任的轻重，“一视同仁”地批评双方。

（2）偏袒某一方，即从感情出发，以个人的好恶作为标准去协调矛盾。以上两种倾向，不但不能解决矛盾，反而会激化矛盾，乃至造成下级与领导的矛盾。

让团队成员和谐共处

在企业的经营管理中，矛盾冲突是难免的。这时候领导者如何处理就很重要，处理得好就人和万事兴，处理不好就可能翻脸成仇人。

——俞敏洪

俗话说，一个橱柜里的碗碟难免会磕磕碰碰。作为上司，与下属间的摩擦，最好是采取循循善诱的方法，耐心细致地从思想引导着手。切不可采取强硬粗暴的态度，更不可以用“高压”的手段，乾隆皇帝在这方面就是一个很好的例子。

一天，乾隆在新任宰相和珅和三朝元老刘通训的陪同下，到承德避暑山庄的烟雨楼前观景赋诗。乾隆向东一望，湖面碧波荡漾，向西一观，远方山峦重叠，不禁随口说道：“什么高，什么低，什么东，什么西。”饱有学识的刘通训随口和道：“君子高，臣子低，文在东来武在西。”宰相和珅见刘通训抢在他的前面，十分不快，想了一下说道：“天最高，地最低，河（和）在东来流（刘）在西。”这里，“河”与“流”明指热河向西流入离宫湖，但和珅却用谐音暗示自己与刘通训，并借皇家礼仪上的东为上首、西为下首的习俗暗示刘通训：你虽是三朝元老，但在我和珅之下。

刘通训听了，知道和珅寓意所指，甚是恼怒，便想寻机报复。这时，乾隆正要两人以水为题，拆一个字，说一句俗语，做成一首诗。刘通训望着清波中自己老态龙钟的面容，偷视了一下和珅自负的得意之形，灵机一动，咏道：

“有水念溪，无水也念奚，单奚落鸟变为鸡。得意的狐狸欢如虎，落魄的凤凰不如鸡。”

和珅听罢，既暗自赞叹刘通训的才华，又为诗中讽刺他是狐狸和鸡而恼怒，便反唇相讥道：“有水念湘，无水还念相，雨落相上便为霜。各人自扫门前雪，哪管他人瓦上霜。”言外之意，暗示刘通训不要多管闲事。

乾隆听罢两人的诗，自然觉出了两人不和的弦音，便面对湖水说道：“两位爱卿，朕也不妨对上一首：有水念清，无水也念青，爱卿协心便有情。不看僧面看佛面，不看孤情看水‘情’。”

和珅和刘通训听罢，心中为之一震，顿时脸上烧得火辣辣的，知道皇上是在暗示他们应当同心协力。二人当即拜谢乾隆皇帝。从此，和珅和刘通训便结为忘年之交。

自己的下属，包括自己在内都是团队的整体，这个整体的运行态势决定于每个人，更决定于每个人的合作态度。有的人能力很强，但是喜欢独来独往，而有的人虽然成绩不突出，但是富于合作精神。在领导看来，其实更加喜欢后一种人，它能够使大家团结起来，齐心协力工作。日本西武集团的企业文化渗透于企业的方方面面。为了新职员的入社仪式，集团集合了旗下 65 个分社的高级职员，聚集于东京涩谷的青山学院。入社程序中有一项名为“擦皮鞋入社仪式”，首先是老资格的高级职员蹲下身子认真为新职员擦皮鞋，接着是新职员为前辈们擦。西武集团利用这样一个仪式就是为了唤起职员的团结意识，它打破了资格等级的框框，把新老职员融为一体，共同为企业的发展和目标奋斗。

在日常工作中，大家强调团队精神的同时，有害于团队精神的行为要及时予以制止。只有在全体成员的合作之下，工作效率才能够提高。能力高但不具备团队精神的员工会影响整个集体的运转。

身为管理者，经常会遇到一些十分棘手的问题，除了公事，还包括一些私事，比如下属闹情绪、不和……都需要你去调解。记住，在调解这些问题时一定要公正、不偏不倚。调解好了下属的矛盾，使他们对你感恩戴德，你就可以从容地掌握下属了。

PART 19

企业文化课：文化注入和思想改造，让内心沉淀企业基因

企业文化建设：拥有魂魄的企业才能所向无敌

企业文化的外在表现就是平时我们说的企业风气，有什么样的文化就有什么样的风气。换言之，当人们的文化观念与社会发展相一致时，就是正风正气；反之，就是歪风邪气。

——周建波（北京大学教授）

海尔首席执行官张瑞敏说过：“企业文化是海尔的核心竞争力。”凡业绩辉煌的企业，企业文化的作用都十分明显。

企业文化理论始创于美国管理学界。二战后针对日本企业对美国经济的挑战，美国一些管理学家研究和总结日本企业管理经验而创建了这一理论，并开始在美国企业界推广。

企业管理者要寻找的、要提炼的就是这种能同化员工理想与追求的精神境界，成就让员工魂牵梦绕的企业军魂。在《士

兵突击》中，“钢七连”为什么能强大？因为这支队伍中有一个魂魄：不抛弃，不放弃。只有拥有魂魄的企业才能所向无敌，战无不胜。

世界著名的企业家韦尔奇曾说：“如果你想让列车再快10公里，只需要加大油门；而若想使车速增加一倍，你就必须要更换铁轨了。只有文化上的改变，才能维持高生产力的发展。健康向上的企业文化是一个企业战无不胜的动力之源。”宝洁公司自1837年成立以来屹立不倒，注重企业文化建设，通过企业文化建设来塑造企业魂魄是最为重要的一条。

宝洁一直运用灌输信仰等方法努力延续公司的核心理念。宝洁前董事长艾德·哈尼斯的解释是：“虽然我们最大的资产是我们的员工，但指引我们方向的却是原则及理念的一致性。”这就是宝洁特有的企业文化。

宝洁的企业文化建设，最为重要的是强调内部高度统一的价值观。为了保证价值观的统一，宝洁甚至做到了中高层只从内部选拔，从CEO到一般管理人员，宝洁基本上没有空降兵。宝洁打造自己的文化有不少特有的做法。例如，仔细筛选有潜力的新进人员，雇用年轻人做基层工作，严格塑造他们遵行宝洁的思想和行为方式，清除不适合的人，中级和高层的职位只限于由忠心不二、在公司内部成长的宝洁人担任。

《美国最适合就业的100家大公司》一书写道：“加入宝洁的竞争很激烈……新人员进去后，可能会觉得自己加入了一个机构，而不是进入了一家公司……从来没有人带着在其他公司的经验，以中高层的职位进入宝洁——从来没有，这是一家彻底实施循序升级的公司……他们有一套宝洁独有的做事方式，如果你不精通这种方式，或者至少觉得不舒服，你在这里就不会快乐，更别提成功了。”

1986 年宝洁前 CEO 约翰 · 斯梅尔在一次公司的聚会上也说过意义类似的话：“全世界的宝洁人拥有共同的锁链，虽然有文化和个性的差异，可是我们却说同样的语言。我和宝洁人会面时，不论他们是波士顿的销售人员、象牙谷技术中心的产品开发人员，还是罗马的管理委员会成员，我都觉得是和同一种人说话，是我认识、我信任的宝洁人。”实际上，用企业文化来指导工作，是一门深邃的管理艺术，同时也是团队塑造未来的一种有效方法，成功的企业文化确实具有唤起成员行动的力量。

在实际工作中，企业文化并不仅仅是一种口号，它具有重要的作用：团结员工。企业文化使员工产生归属感；是一种无形的行为准则，当出现危急或突发事件时，可以有助于员工做出最快最有效的反应；它是一种品牌，一种标识，有别于其他的企业，使消费者可以明确地辨别出企业的差别。

如谷歌的创意企业文化，为了使员工可以最大限度地创新思考，谷歌的办公机制具有高度的随意性，方便用户将灵光一现变为成熟的思想。

美国管理学家彼得 · 杜拉克说，企业管理不仅是一门科学，还是一种文化，它是有自己的价值观、信仰、工具和语言的一种文化。当企业在长期的发展中，形成了具有自身特点的企业文化，并且被员工能接受，使得员工可以明显地反映出企业文化特点时，该企业的文化就成了企业的核心竞争力。

企业文化，尤其是一家企业独特的企业文化的形成往往需要较长的时期，在逐步的发展中，文化慢慢地成型，与企业自身融为一体。这种企业文化更容易被员工接受、执行，发挥出重大的作用。

世界大多数成功的企业，不是物质技术设备优越，而是企业文化的成功。企业文化才是第一竞争力，谁拥有正确的、不断创新的理念，谁就具有最强的竞争力。

愿景：帮助企业得到员工真正的忠诚

如果没有愿景，组织就失去了未来的发展方向。

——北大管理理念

德鲁克认为企业要思考三个问题：第一个问题，我们的企业是什么？第二个问题，我们的企业将是什么？第三个问题，我们的企业应该是什么？这正是企业战略与企业文化建立必须遵循的三个原点，而这三个问题集中起来正体现了一个企业的愿景。

愿景作为一种未来的景象，产生于领导者思维的前瞻性。如果领导者希望其他人能加入到自己的旅途中，他必须知道要往何处去。有前瞻性并不意味着要先知先觉，而是要脚踏实地地确定一个企业的前进目标。愿景能激励企业一步步迈向未来。

愿景能够帮助企业得到员工真正的忠诚。一个卓越的领导者必须首先明确自己对未来愿景的认识，然后才能争取下属接受共同的愿景。斯巴达克斯领导一群奴隶起义，战败并被俘虏。对方说："你们曾经是奴隶，将来还是奴隶。只要你们把斯巴达克斯交给我，就不会死。"在一段长时间的沉默之后，斯巴达克斯站起来说："我是斯巴达克斯。"之后他旁边的人站起来说："不，我是。"一分钟之内，被俘虏军队的几千人都站了起来。每一个站起来的人都选择受死。这个部队所忠于的并非斯巴达克斯，而是由他所激发的"共同愿景"，即有朝一日可以成为自由之身。这个愿景如此让人难以抗拒，以至于没有人愿意放弃它。一个人做某事的动机分为外在和内在两种，外在的动机不可能让人把工作本身当作一种使命和事业，只有内在动机产生的动力才能成就超常的结果，而一个组织的内在动力就是来自于组织的共同愿景。

中国企业的愿景目前总体上仍处于“唯利是图”的初级阶段，很多企业在制定战略规划时，只想到了表象上的做大和做强，缺乏对存在理由、意义和价值等企业哲学的思考。

管理者必须明确，一个企业的愿景必须是共同的，是员工普遍接受和认同的。如果没有共同的愿景，企业就不可能基业常青。而共同愿景就如企业的灵魂，唤起每一个人的希望，令人欢欣鼓舞，使每一个人都能激发出一种力量，为实现愿景而更加努力。一个没有共同愿景的企业很难强大，即使强大了也难以持久，而一个真正有共同愿景的企业会更容易获得成功。

稻盛和夫 27 岁时，与七条硬汉创立京都制陶公司。公司成立之初，业务发展迅速，为了赶工期，实现自己技术报国的理想，他经常要求员工加班到深夜，星期天也经常不休息。慢慢地，年轻的员工开始不满，一次加班后，年轻的员工提出了抗议，要求加薪、加奖金，并以集体辞职相威胁，稻盛和夫花费了三天三夜说服这些员工留下来。

这件事使稻盛和夫陷入了深深的思考：“本来以为创立京都制陶是为了让我们的技术闻名于世，现在看来，应该有更为重要的事。公司究竟是什么？公司的目的和信誉是什么？”

经过思考他得出结论：“让技术闻名于世其实只是低层次的价值观，是次要的事情，那种想法应该把它抛得远远的，经营公司的目的是为员工谋求物质和精神方面的幸福，为人类社会进步贡献力量。”

从此以后，“为全体员工谋幸福，为社会进步贡献力量”就成为京都制陶公司的价值观，成为全体员工共同的使命。

直到现在，京都制陶公司的员工干到晚上10点，也没有人会视为“加班”，为了赶工期，全厂干到晚上12点也是经常的事。而京都制陶也以“工作狂”著称全日本。正是基于对企业宗旨和愿景的认同，京都制陶的员工才甘愿奉献自己的力量，才赢得“工作狂”的赞誉。

如果没有认同感，企业就很可能成为一盘散沙，山头林立，各个小集团、小集体为了自己的利益而扯皮、推诿、攻击、拆台。像这样内部分裂的状况，怎么能够在激烈的竞争中与齐心协力的企业比拼？不但企业的合力没有得到发挥，而且企业更可能因为内耗而消亡。

一家公司的总裁曾说过：“我们要求员工应该认同公司的使命和经营理念，与公司的核心愿景和宗旨一致。每次新员工进公司时，我都给他们讲，进一个公司很重要的一点就是认同公司的愿景和宗旨。对企业而言，认同感就是一种强大的凝聚力，让大家可以朝一处使力。我会直截了当地对他们讲，大家到公司来，如果不认同公司的愿景、宗旨和经营理念，还不如趁早离开。”愿景和宗旨的重要性体现在以下几个方面。

1. 认同愿景和宗旨等于认同整个企业

每一个企业，都有一个发展的愿景。一个人认同了企业的核心愿景和宗旨，就代表他认同了企业文化中最本质的部分。“愿景”是企业中所共同持有的“我们想要创造什么”的图像。当这种愿景成为企业全体成员一种执着的追求和内心的一种强烈信念时，它就成了企业凝聚力、动力和创造力的源泉。

2. 对愿景的认同感带动员工的积极性

如果员工知道他们的公司代表什么，知道他们所拥护和追求的是什么，就能够主动做好公司需要的事，自觉维护公司的利益。也就是说，愿景和宗旨的认同对于员工来说也是一种激励。在认同公司愿景和宗旨的基础上，员工的积极性和创新精神会得到充分发挥。当每一个员工都能自觉地坚持在自己的岗位上做好应该做的事情时，管理就变得十分容易了。

3. 愿景和宗旨赋予员工强烈的责任感

公司的愿景和宗旨还能够让员工把工作当成一项共同的事业。愿景和宗旨可以为员工注入强烈的责任感，在这种责任感的支持下，员工将会把工作看作是一项神圣的“共同事业”。这也使得公司里许多互不相干的业务、技术和人才紧密地结合成一个整体，将一个广泛的多元化的公司团结在一起，大家就能够为了一个共同的目标而奋斗。

精神聚众——用核心价值观统领一切

塑造团队精神对民营企业突破短生命周期陷阱具有特殊意义。

——俞敏洪

价值观在韦伯字典里的解释是：“内心认为值得或欲求的原则、标准或品质。”在拉丁语中，“价值观是力量的来源，因为它能赋予人有力量采取行动”。个人有个人的价值观，作为企业也有企业的价值观。

一位南美洲的企业总裁谈及企业核心价值观时说："我的企业制造并销售塑料管，我告诉员工，我们不仅仅是卖塑料管，更重要的是帮助南美众多穷人说服政府把水管接到他们所在的偏远地区，改善他们的生活质量。我也时时与南美的塑料管同业沟通，看可不可以约定不再向地方官僚行贿，这么做不仅是道德的考虑，而且能帮助南美人民提升生活水平，让所有同业更有利可图。帮助穷人与正直经商，是我的企业和我的行业的核心价值。"

每个企业都有自己的价值理念和行为准则，如果员工不能认同自己企业的价值理念，最终的结果只有两种：一是你主动离开，二是被企业辞退。杰克·韦尔奇 1981 年担任 GE 的首席执行官后，首先强调的就是干部和员工对企业核心价值观的认

同。现在企业管理中有一个观点，叫作“赢在中层”。中层的战斗力从哪里来呢？关键在于选人，韦尔奇对待中层经理人员有四种办法：第一种人，认同公司的核心价值观，又很有成绩，这种人一路飙升。第二种人，认同公司的核心价值观，但是能力不足，可以培养。第三种人，不认同公司的核心价值观，又没有成绩，这种人要离开企业。第四种人，很有成绩，但是不认同公司的核心价值观，对待的办法是利用，但是绝不能容忍这种人动摇公司的核心价值观，否则，要请他走人。优秀者的行为虽然看起来也许与其他员工并无太大的差别，但是在公司价值观的引领下，他们做事的出发点，往往会落在公司利益上。

企业价值观提供了衡量凝聚力的尺度，这种共同的规则体系和评判准则决定了企业全体人员共同的行为取向。没有共同价值观的企业必定是松散而没有竞争力的，如同大海中失去航向的船只。企业价值观中包含的价值理想，这种永恒的追求信念赋予企业员工以神圣感和使命感，并鼓舞企业员工为崇高的信念而奋斗。

这种神圣感和使命感主要体现在这些方面：

1. 企业价值观是一种向心力，吸引员工为企业奋斗

企业价值观最大的作用便是强调企业目标和企业每个成员目标的一致性，强调群体成员的信念，价值观的趋同，强调企业成员之间的吸引力和企业对成员的向心力。

企业价值观是一个方向盘，企业提倡什么、崇尚什么，员工就追寻什么。

企业价值观可以长期引导员工为实现企业目标而自觉努力，

使之向着企业有利的方向进行。此外，企业还可以直接引导员工的性格、心理和行为，通过整体的价值认同来引导员工，为企业发展而努力。

2. 企业价值观是一种黏合剂，形成员工的强大凝聚力

以种种微妙的方式来沟通人们的思想感情，融合人们的理想、信念、作风，培养和激发人们的群体意识。在特定的信念氛围之下，员工们通过自己的切身感受，产生出对本职工作的自豪感和使命感以及对本企业的认同感和归属感，使员工把自己的思想、感情、行为与整个企业联系起来，从而使企业产生一种强大的凝聚力，发挥出巨大的整体效应。

3. 对企业价值观的认同是员工创造卓越业绩的前提

只有把自己和企业的价值观融为一体，从企业的角度来考虑问题的员工，才能创造出卓越的业绩。

因此，培养自己对企业价值观的认同感是相当重要和必要的。一名优秀的员工应从以下几方面和企业的价值观保持一致：

（1）增强对企业的认同感

心理学研究认为，人对自己所认同的东西会产生极大的热情。管理学则进一步强调，人只有在为自己所认同的目标工作时，才能全身心地投入其中，并充分发挥其创造力。

（2）增强对企业的信任感

在社会化大生产的今天，没有一个人能够孤立地生存，他必须依托一定的组织，归属于一定的集体，这样才能满足其精神、物质、心理和社会的需求。而对组织或一个团体的选择，取决于人们对它的信任度。企业是员工的工作场所，这就为它成为员工所依托和归属的组织提供了可能。

（3）培养自己对于企业的自豪感

每个人都希望自己有值得自豪的地方，并以此为荣。当一个人乐于在他人面前眉飞色舞地介绍自己的公司如何不同凡响时，可以说员工的价值观已经和公司的价值观密切地融为一体了。这种“值得骄傲”的企业形象，一方面可以有力地促进员工的工作热情，另一方面能够使员工成为企业正面宣传的重要媒介，同时可以证明员工作为“人”的价值。

建立企业文化，重在员工认同

对学生的让利使新东方获得了口碑，对员工的让利让新东方守住了人才，对管理者的让利实际上是形成新东方强大团队的根本原因。

——俞敏洪

目前，一些企业的所谓企业文化建设，仅仅是写在纸上，挂在墙上，没有深入到员工的思想深处，没有被员工认同。一个缺乏员工认同的企业文化，是无法形成强大的凝聚力的，更无法从根本上激发员工的工作积极性和创造性。

企业文化建设的核心是员工认同，要让员工清楚地知道为什么这是我们的文化、我们的文化如何解释、究竟如何做才能符合企业属性？

作为管理者，你要时时扪心自问：企业内部有没有令员工共进共退的发展目标？有没有经常与员工分享思路与价值观？

有没有一种能让员工充满激情的工作氛围？如果你的回答是否定的，那么，你的企业就缺乏一种员工认同的企业文化。

如果员工不能认同公司的文化，企业就会形成内耗，虽然每个人看起来都很有力量，但由于方向不一致，所以导致企业的合力很小，在市场竞争中显得很脆弱。加强员工对企业文化的认同感，并将之转化为他们自觉的工作行为，对企业文化建设十分重要。

当然，员工认同是一种自觉、自愿和自发的行为，而不是被管理者甚至制度被逼无奈的强制性认同。

建立员工认同的企业文化可以有效地提高员工的凝聚力，也是提高执行力最根本和最有效的方法之一。企业文化的建立是一个长期发展的过程，那么，管理者如何才能建立让员工认同的企业文化呢？

主要可以从以下几个方面努力：

1. 员工参与文化建设

很多人把企业文化认为是老板文化、高层文化，这是片面的，企业文化并非只是高层的一己之见，而是整个企业的价值观和行为方式，只有得到大家认同的企业文化，才是有价值的企业文化。

要得到大家的认同，首先要征求大家的意见。企业高层管理者应该创造各种机会让全体员工参与进来，共同探讨公司的文化。

2. 确保高层管理者全力投入

一些企业高层管理者总是认为企业文化是拿来激励和约束

员工的，这种看法是错误的。企业文化更是用来约束和激励管理人员的，作为企业文化的建筑师，高层管理人员承担着企业文化建设最重要也最直接的工作。高层管理人员要把自己塑造成企业文化的楷模！

3. 与员工的日常工作结合起来

企业确定了新的企业文化理念后，就要进行导入，其实也就是把理念转化为行动的过程。在进行导入时，不要采取强压式的，要让大家先结合每个员工自己的具体工作进行讨论。首先，必须明确公司为什么要树立这样的理念；其次是我们每个人应如何改变观念，使自己的工作与文化相结合。

4. 要改进和提高企业文化的宣传方式

宣传是让企业文化得到员工认同的一个重要方面。那么如何改进和提高我们的宣传方式呢。

首先，要学会理念故事化。企业文化的理念大都比较抽象，因此，企业领导者需要把这些理念变成生动活泼的寓

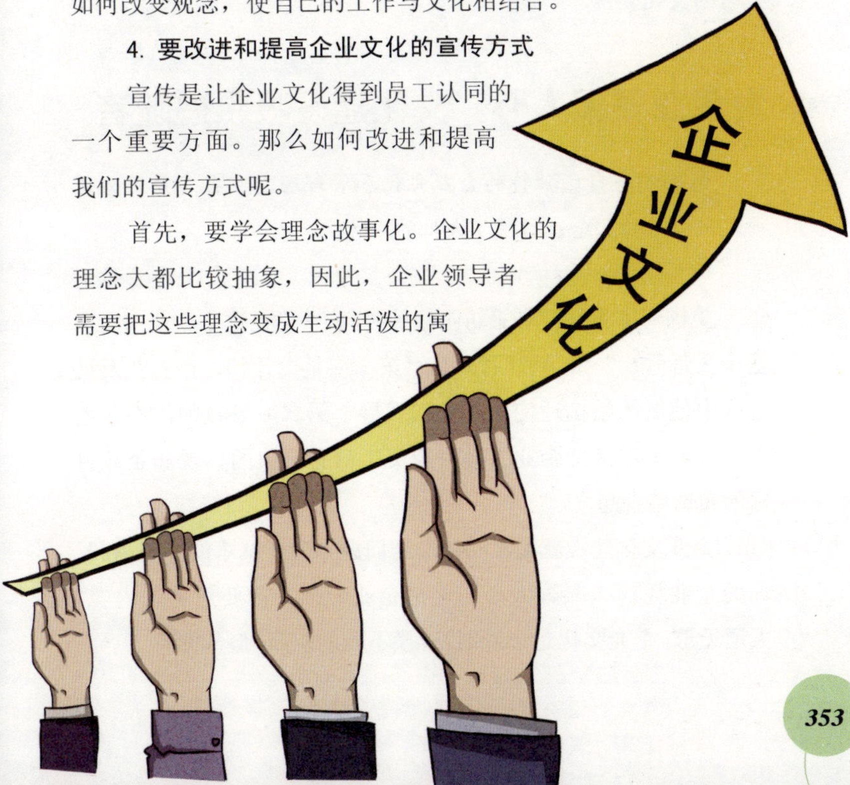

言和故事，并进行宣传。

其次，要学会故事理念化。在企业文化的长期建设中，先进人物的评选和宣传要以理念为核心，注重从理念方面对先进的人物和事迹进行提炼，对符合企业文化的人物和事迹进行宣传报道。

最后，畅通员工沟通渠道。企业文化理念要得到员工的认同，必须在企业的各个沟通渠道进行宣传和阐释，企业内刊、板报、宣传栏、各种会议、局域网，都应该成为企业文化宣传的工具，要让员工深刻理解公司的文化是什么，怎么做才符合公司的文化。

为企业凝聚人心，文化建设吸引追随者

新东方有自己独特的企业文化和管理理念，也正是因为这种文化和这种理念，留住了大批的人才。

——俞敏洪

美国一家报社记者采访张瑞敏时问："你在这个企业中应当是什么角色？"张瑞敏回答道："第一应是设计师，在企业发展过程中使组织结构适应于企业的发展；第二应是牧师，不断地布道，使员工接受企业文化，把员工自身价值的体现和企业目标的实现结合起来。"

企业文化建设就是在回答一个问题：除了基本的工资福利，你的企业凭什么凝聚人心？这是企业管理者需要思考的内容。大道无形，企业文化是个看不见、摸不着的东西，但却回答了"工

作到底是为了什么”。因此，企业文化的好坏直接关系到员工的忠诚度，管理者必须明确一点，你有几流的企业文化，你就有几流的追随者；你有几流的追随者，你就有几流的企业。

很多优秀的企业能吸引人才，在于它的企业文化吸引各方人才汇集。现在，企业最高层次的竞争已经不再是人、财、物的竞争，而是文化的竞争，最先进的管理思想是用企业文化进行管理。

因此，企业管理者越来越注重企业文化的建设和价值观的塑造，最明智的管理者一定是具备将企业文化融于员工血液中的人。只有建设一流的企业文化，才能吸引和留住一流的人才。

1984年，联想在中科院的一间小平房里成立，11个科技人员靠中科院计算所20万元投资起家。那时候联想人常说的是“要把5%的可能变成100%的现实”。这是在当时的环境下所表现出来的一种非常坚定的创业文化。

经历了艰难创业的阶段后，联想的企业文化走向了规则导向。联想人走向规则要“精准和效率”，希望人人都能够“严格、认真、主动、高效”，把很多事情都放到一个个流程制度里去规范它。他们讲“做事三原则”，讲“围着规则转”，员工的行为需要规范，业务怎么开展需要规范，企业怎么管理也需要规范，联想文化进入了“严格”文化时期。

联想发展步入更大的规模后，提倡的是团队意识、“亲情”文化，要使联想公司内部多一些利于协作的“湿润空气”。“亲情”文化提倡互相支持，提倡客户理念，推行矩阵式管理模式，要求各部门和层次之间互相配合，资源共享，实行“称谓无总”、倡导“平等、信任、欣赏、亲情”。所以这时的文化导向是支持导向。由此，我们不难看出，联想的巨大成功，在某种意义上，是文化建设的成功。也正如哈佛商学院的著名教授约翰·科特所说，企业文化对企业长期经营业绩有着重大的作用，在下一个10年内企业文化很可能成为决定企业兴衰的关键因素。

可见，一流的企业文化吸引一流的人才。因此，作为企业的管理者，必须成为企业文化的建筑师和第一推动者。

企业文化首先是企业家本人思想的浓缩。先将自己塑造成企业文化的楷模是企业文化建设中最关键的一点。IBM拥有40多万员工，年营业额超过500亿美元，几乎在全球各国都有分公司，所取得的成就令人惊叹。正是因为一套人性化的企业文化，才促使这个庞大的企业取得如此大的成就。

老托马斯·沃森在1914年创办IBM公司时设立过“行为准则”。正如每一位有野心的企业家一样，他希望自己的公司一要财源滚滚，二要反映出他的个人价值观。因此，他把这些标准和准则写出来，作为公司的基石，任何为他工作的人，都明白公司要求的是什么。

小托马斯•沃森时代，企业文化建设继续推进。小托马斯•沃森在1956年任IBM公司的总裁，老沃森所规定的“行为准则”，由总裁至收发室，没有一个人不知晓：第一，必须尊重个人；第二，必须尽可能给予顾客最好的服务；第三，必须追求优异的工作表现。

这些准则一直牢记在公司每位员工的心中，任何一个行动及政策都直接受到这三条准则的影响。全体员工都知道，不仅是公司的成功，即使是个人的成功，也一样都是取决于员工对以“沃森原则”为基础的企业文化的遵循。而IBM的企业文化不仅让员工忠诚追随，更是吸引着许多非常优秀的人才，IBM也因此取得越来越伟大的成就。如果管理者总感觉企业文化是为了激励和约束员工，这是不正确的。其实恰好相反，恰恰是那些企业文化的塑造者最应该成为被激励和约束的对象，因为你的一言一行都对企业文化的形成起着至关重要的作用。

一旦建立被员工认可的强大的企业文化，企业在任何一方面都将受益无穷。企业要想吸引优秀的人才，应先从文化建设入手；要想建设一流的文化，管理者应先从自身做起。

PART 20

危机管理课：繁荣时代不要忘了自己的“渴求”

21世纪，没有危机感是最大的危机

每一个企业要做强，就要有很强的抗风险能力，你要经得起现代经济的波澜起伏。

——周春生（著名风险管理专家）

北大管理理念，非常重视危机管理的重要作用。一个企业的成长需要时刻保持危机意识，在没有危机出现时制定相应的危机处理机制，并将危机意识不断灌输给企业的全体员工。“一个商人不想到破产，好比一个将军永远不预备吃败仗，只算得上半个商人。”巴尔扎克这句耐人寻味的名言，对企业管理者不乏启发意义。科学家做过一项实验：把一只青蛙放到盛满凉水的大锅里，然后，用小火慢慢加热，青蛙没有感到温度在慢慢升高，一直在水中欢快地游动。随着水温逐渐升高，青蛙的游动渐趋缓慢。等到温度升得很高时，青蛙已变得非常虚弱，无力挣扎，缓慢而又安乐地被煮死。

第二次，科学家把一只青蛙放到盛满开水的大锅里。这只青蛙一入水，便立刻感觉到环境的变化，迅速挣扎，急速蹦出来，虽受轻伤，但避免了被煮死的命运。

两只青蛙不同的命运告诉我们：在时刻变化的环境中，觉察不到危机的存在是最大的危机。如果企业像故事中的第一只青蛙那样，对生存环境的变化浑然不觉，就会失去竞争力，待意识到危机来临时，已无力应变，最终被市场淘汰。

众多案例告诉我们，一个人、一个企业如果不想着如何谋发展，很快就会被淘汰。每一年，我们都可以看到许多企业在突如其来的危机面前不知所措，其中也不乏一些实力雄厚的企

业。1999年6月9日，比利时120人（其中有40人是学生）在饮用可口可乐之后发生呕吐、头昏眼花及头痛的症状，与此同时，法国也有802人出现类似的症状。已经拥有113年历史的可口可乐公司遭遇了历史上罕见的重大危机。

但是，可口可乐公司事发后并没有意识到此次事件的严重性，表现在没有立即采取积极的姿态声明自己的态度，甚至没有宣布要收回受污染的产品，以免连累其他市场的可口可乐的产品信誉，只是一再声明自己产品的安全可靠。消费者并不买账，可口可乐针对此事的态度激怒了消费者，最后比利时和其他邻近国家饮料零售商采取局部或全部停售可口可乐产品。

可口可乐公司在这场危机中的表现令公司的形象遭到前所未有的损害。作为管理者，需要在危机出现时做出正确的判断，而不能心存侥幸。否则的话，一个本不会产生多大影响的事件也有可能被放大，给企业带来极大的损失。

在任何时候，任何企业中，危机是无处不在、无时不有的。管理者如果不能意识到这一点，后果将会是很严重的，即便企业有着很强的实力，也仍会给企业带来不利影响，甚至是破产的命运。

提起三鹿，这个曾经的中国奶业巨无霸，在2006年被《福布斯》评选为“中国顶尖企业百强”乳品行业第一位。经中国品牌资产评价中心评定，三鹿品牌价值达149.07亿元。

但就是这样一个中国奶业的巨无霸，在2008年奥运会之后，瞬间倒塌。事发于2008年8月13日，因销售三聚氰胺污染的毒奶粉，导致死亡3人、数百名儿童不同程度的泌尿系统病变，2008年12月三鹿集团最终破产。看看三鹿集团面对危机时的反应：

混淆视听：面对甘肃省发现“结石婴儿”的报道，三鹿集团声称，委托甘肃权威质检部门对三鹿奶粉的蛋白质含量等多项指标进行逐一检验，结果显示各项指标符合国家的质量标准，因此三鹿奶粉质量是合格的。

转嫁责任：2008年8月6日三鹿集团称，婴幼儿奶粉受到三聚氰胺的污染，系不法奶农向鲜奶添加三聚氰胺以提高蛋白质含量所致。

掩盖事实：奶粉事件暴露的几个月时间里，三鹿一直在瞒报，不仅封锁了传统媒体，还企图封锁电子商务领域和网络媒体，并进行了大量的媒体公关，欲盖弥彰。

由此可见，三鹿集团的失败在于平时缺乏危机意识，以及企业面对危机时缺乏处理危机的能力。任何隐瞒、掩盖，都于事无补，几乎所有危机处理失败的案例，都存在着态度上的偏差。此时企业最明智的办法是面对事实，正视事实，认真对待，敢于公开真相。

实际上，那些能够在很长一段时间内保持竞争优势的企业都有着强烈的危机意识和完善的危机处理措施，当危机真正出现的时候，便能够有效地将其化解，最大限度地减少危机给企业带来的影响。

对于每个企业来说，危机也许是不期而遇的，因此，最重要的是要树立危机意识。北大管理理念指出，在一个多变的环境中生存，谁准备得更为充分，谁就能够第一个崛起。也就是说，必须具备危机意识，当危机来袭时，可以化腐朽为神奇，可以将别人所认为的危机转化为你发展壮大的机遇。

危机的突然来临的确很可怕，但是，比危机更可怕的是缺乏危机意识。就像温水煮青蛙一般，很多企业都是死于安乐。

作为企业管理者，一定要时时拥有危机意识，让危机意识时刻给我们以警醒。要明白，我们今天所担心的可能就是明天将要发生的，这样才能提前做好防患措施。

天下虽安，忘战必危：不要被暂时的辉煌蒙蔽眼睛

企业的经营即便对一个成功者来说也不是一帆风顺的，你今天是一个成功者，你明天如果不防范的话可能会变成失败者。

——周春生

“人无远虑，必有近忧。”在这个竞争残酷的时代，一切都是瞬息万变的，任何企业都不能保证自己在任何时候都立于不败之地，居安思危、未雨绸缪才是高明之举。当代管理革命已经公认，有效的组织现在已不强调“有反应能力”，而应强调“超前管理”。

在市场中，许多企业虽有过辉煌的历史，但由于管理者忽视危机的存在，没能让危机意识在企业内部长久存留，使企业最终陷入危机中。电脑界的蓝色巨人 IBM 当年的“惨败”就是一个生动的实例。当大型电脑为 IBM 带来丰厚利润，使 IBM 品尝到辉煌的甜头后，整个 IBM 都沉浸在绝对安逸的氛围里，危机感尽失。在市场环境慢慢发生变化，更多的人青睐于小型电脑时，IBM 却对市场出现的新情况不予理睬，麻木不仁，没有意识到市场危机的降临。或者说，在企业不断成长的过程中，IBM

没有注意到企业危机管理的重要性，依然沉醉于大型主机电脑铸就的辉煌中，按部就班，继续加大大型主机电脑的市场比重，最终自己打倒了自己。如果企业满足眼前的一时辉煌，没有看到潜伏的危机，最后的结果只能是被市场所抛弃。可见，危机感不但是医治人类惰性和盲目性的良药，也是促成变革的最大动力之一。富于前瞻性、挑战性和创造性的危机制造以及危机解决，可以有效引导员工，强化凝聚力，有效提高企业竞争力。

在管理的过程中，我们经常会说“创业容易守业难”，在一个商机遍地的时代，虽然创业也不是一件简单的事情，需要长期努力与投入才有机会取得成功，但守业却是一件更不容易的事情。许多曾经优秀的企业照样从我们的视野中消失，看似风光无限的一些企业，却潜藏着许多危机。

管理者需要强调在任何时候都做到防微杜渐。曾经有许多名噪一时的大企业在人们的注视下悄然而逝，退出了历史的舞台，而一些人们眼中的小企业不断强大，将其取而代之。百年老字号都难免被淘汰的结局，作为管理者，怎能被眼下的辉煌蒙住自己的眼睛？

危机无处不在，无论是对于一个人，还是一个企业，都要增强自身的危机意识，尤其是在企业的辉煌阶段，更不能掉链子。要知道，站得越高，摔得越疼。巨人集团作为一个曾经红遍全国的知名企业，在不到两年的时间就实现了销售额近四亿元，员工更是达到了2000多人，然而，在不到四年的时间里，便沉陷危机之中。

1993年到1996年，巨人集团放弃了自己的专业化发展之路，

开始在房地产、生物工程和保健品等领域朝“多元化”方向发展。但是，这让巨人集团自身的弊端一下子便暴露出来，公司落后的管理制度和财务战略上的重大失误最终使巨人集团身陷困境。

史玉柱并非没有意识到企业存在危机。在1995年的时候，为此，他走访了太平天国起义的旧址——金田，仔细研究了洪秀全的成败得失；他来到大渡河，面对滔滔河水，仰天长叹：“我们面前就横着一条大渡河呀！”

像巨人集团这种在当时十分成功的企业，最终也不免陷入危机之中。在当时，电脑还是朝阳产业，巨人集团在这方面还远没有成熟，可以将其作为核心业务来发展，在其他业务上不必投入过快。但巨人集团却反其道而行之，使企业陷入难以自拔的地步。“兵无常势，水无常形。”管理者如果不思进取，或是盲目发展，都会给企业带来不利的影响，甚至使企业淡出人们的视线。尽管后来巨人集团重新站了起来，但20世纪的危机无疑给新世纪企业的发展敲响了警钟。

作为管理者要居安思危，这样才能让自己不满足于眼前的所得，保持不断努力奋斗的良好状态，让自己、让企业走得更远，不至于昙花一现，如流星般光耀一时。在激烈与残酷的竞争中，没有一个企业能在一成不变或盲目进取的基础上保持永恒的竞争力和领先优势。

在一个企业的创业阶段，管理者总是在考虑该怎样把企业做大做强，但是，当企业取得一定的业绩后，管理者便有可能因过高地评估了眼下所取得的辉煌成绩而沾沾自喜，难免滋生骄傲之心。尤其是一些在行业内颇有影响的企业，似乎更容易以为自己是一枝独秀，以为其他企业在很长一段时间内不可能对自己形成威胁；更有甚者，会认为自己将在此领域永远充满竞争力，以至于故步自封，难觅更大的发展。2009年6月1日，美国通用汽车公司正式申请破产保护，这个世界上最大的汽车企业、美国的老字号最终还是陨落了。

分析其走向衰落的原因，我们会发现，骄傲自满、轻视对手是一个重要因素。宾夕法尼亚大学沃顿商学院教授凯德·何塞说："通用在产品和客户群方面都感到自满，以为美国购车者只会选择通用，日本汽车制造商的强势竞争并没有引起通用的注意，最终使市场份额被丰田、本田、日产等其他品牌不断蚕食。"在辉煌的成就面前，骄傲自满本身就是一个可怕的陷阱，更让人感到可怕的是，这个陷阱是企业的管理者亲手挖出来的。

作为管理者，千万不要被一些繁荣的表象所迷惑，那么多优秀的企业一夜间轰然崩塌，带给我们多少启示？越是在企业做大做强的时候，管理者越要保持谨慎，反思自己、企业在成功的过程中还存在的一些不足，以待改进，让潜在的危机得到及时的处理，让危机消失在萌芽阶段。

找到"蚁穴"，注意危机前的隐性信号

不断有人提醒说这儿可能出问题，那儿可能出问题，我们就想办法去看是不是真的有可能在这些方面出问题，如果有隐患的话，我们怎么去避免。

——李彦宏

当危机出现的时候，总给人一种猝不及防的感觉，很多人不会想到自己或者企业怎么一下子陷入如此被动的境地。

“千里之堤，溃于蚁穴。”当危机前的隐性信号没能引起管理者的重视，任其发展到一定程度的时候，就会表现出一连串的很直观的危机迹象。

在危机发生之前，总会或多或少地暴露出一些异常的蛛丝马迹，展现出一般正常状态下不正常的反应，这些不正常的反应就有可能是危机出现前的一些征兆。在面对这些问题的时候，管理者不能松懈、不能麻痹大意。

在现代安全生产工程学研究中，有一条著名的“海因里希法则”，即每一起生产事故背后有 29 个事故征兆，一个事故征兆背后有 300 个事故苗头，一个事故苗头背后有 1000 个事故隐患。

海因里希法则又称“海因里希安全法则”或“海因里希事故法则”，是美国人海因里希通过分析工伤事故的发生概率，为保险公司的经营提出的法则。海因里希法则的另一个名字是“1 ： 29 ： 300 法则”，也可以是“300 ： 29 ： 1 法则”。这个法则的意思是，当一个企业有 300 个隐患或违章，必然要发生 29 起轻伤或故障，在这 29 起轻伤事故或故障当中，必然包含有一起重伤、死亡或重大事故。是美国著名安全工程师海因里希提出的，这一法则完全可以用于企业的安全管理，即在一件重大的事故背后必有 29 件“轻度”的事故，还有 300 件潜在的隐患。可怕的是对潜在性事故毫无觉察，或是麻木不仁，结果导致无法挽回的损失。了解“海因里希法则”的目的，是通过对事故成因的分析，让人们少走弯路，把事故消灭在萌芽状态。

海因里希认为，人的不安全行为、物的不安全状态是事故的直接原因，企业事故预防工作的中心就是消除人的不安全行为和物的不安全状态。海因里希的研究说明大多数的工业伤害事故都是由于工人的不安全行为引起的。即使一些工业伤害事故是由于物的不安全状态引起的，但物的不安全状态的产生也是由于工人的错误造成的。

危机可以预防，也可以避免，关键在于每一个员工，在于每一个员工在工作中的每一个细节。要从根本上防止事故的发生，就必须把安全生产中一切潜在的危险因素事先辨识出来，加以控制和解决。由“海因希里法则”我们可以看出，危机发生之前一定有其信号。

当这些尚处于隐性的危机信号没有引起管理者的重视时，一旦越积越严重，便会导致危机的爆发。

那么，危机前的隐性信号有哪些呢？在众多的案例中我们可以总结出这样几个方面，如企业有少部分优秀的人才流失、所占的市场份额逐渐萎缩、企业的盈利能力相对较差、执行力差、信息沟通与传递不畅、创造力低下、缺乏发展后劲等。

任何危机的发生都会有一个酝酿的过程，不要对潜在的危机视而不见，更不要纵容危机！作为管理者，在发现一些不好的苗头、认识到危机前的隐性信号的时候，就要采取有效的措施进行处理，把可能出现的危机消灭于萌芽阶段。

惠普曾经也在中国遭遇了危机，但这场危机本可以迅速解决却没有有效解决，大大影响了惠普在中国的销售。2009年以来，惠普DV2000、V3000等型号的笔记本电脑集中出现质量问题，引发消费者集体投诉，但惠普公司一直没有给予积极回应。

同时，根据有关媒体报道，中国惠普公司客户支持中心的有关人员否认惠普笔记本存在任何质量问题。客户体验管理专员袁明在接受采访时称惠普笔记本出现故障与消费者笔记本使用环境的脏乱差有关，导演了一场“蟑螂门”。

直到 2010 年 3 月 17 日，惠普才召开紧急新闻发布会，承诺将在今后的 30 天中展开综合整顿计划，但整个发布会只用了 20 分钟便草草收场。可以说，惠普的质量问题在很久之前就已经暴露了出来，面对消费者的不满，不仅显得反应缓慢，更是显得傲慢，“蟑螂门”一出，也让惠普的产品销量急骤下降，品牌形象一落千丈。

其实，对于危机前的信号只有防而不实，没有防不胜防。预见和防范危机才能更好地避免危机。

美国一家船运公司每年都评选一次最优秀的船队，这样的船队首先要满足一个条件：出海的过程中出现事故最少。有一个船队每年都会被评上，因为在海上航行的时候，这个船队几乎没有出过什么事故，当然，一些自然事故是无法避免的。

当有人问及是什么让这个船队如此优秀时，这个优秀船队的船员说：“其实没什么，我们只是定期进行细心的船舶检修，尤其是航行前。因为我们知道，今天不做，明天就会后悔，仅此而已。”熟悉航海的人都知道，由于船舶运行的故障和磨损、海水较强的腐蚀性、海洋生物强烈的附着力和快速的生长力，使得船体很容易出现问题，产生难以清除的锈斑、锈皮，严重影响船舶的行使效率和行驶安全。所以，必须对船舶进行定期检修，这样才能不出问题或者少出问题。

我们要尽量在错误发生过程中准确地辨认出问题，并有效地解决它，这样可以避免不必要的损失。

作为管理者，对危机前的隐性信号不予重视已然是失职，而危机前的显性信号还不能引起重视更是无法原谅。危机给企业带来的危害是不容忽视的，当管理者已经发觉的时候，一定要马上采取行动，冷静地面对危机。

找出危机的源头，把危机消灭在萌芽状态

任何一个企业发生事件以后，危机有放大功能，往往是一个小事情引发的。如果不加以控制，它就有可能变成第二个、第三个，甚至更多的危机，引爆更多的危机出来。

——艾学蛟（著名危机管理专家）

对企业进行经营管理，经常面对的都是看似琐碎简单却最容易被忽略、最容易错漏百出的事情。如果一个企业有着辉煌的目标，但如果在某一个环节连接上、某一个处理上不能够到位，都会导致最终的失败。

有这样的故事或许能给管理者以启发：一位勇士发誓要排除万难去攀登一座高峰。从优良的身体条件和过人的勇气和毅力来看，他是最佳人选。于是，在众人期待与敬仰的目光中，他出发了。然而，他却失败了。出人意料的是，使他放弃的原因只是鞋中的一粒沙子。

在登山途中，险峻的山势没能阻止他前行，疲惫、饥饿和寒冷没能使他畏惧，恶劣的气候没能使他退缩，不知何时他的鞋里落入一粒沙子，却成了他攀登过程中难以逾越的障碍。

起初，他是有时间将那粒沙子从鞋里倒出来的，但是他并没在意，或许，一粒小小的沙子在勇士的眼里实在是太微不足道了。的确，和悬崖峭壁相比，那粒沙子的存在简直可以忽略不计。然而，随着路程的增加，那粒沙子钻进勇士的皮内，越走下去越是觉得磨脚，最后，每走一步都伴随着一阵锥心刺骨的疼痛，他终于意识到这粒沙子的危害。但在陡峭的崖壁上他实在没有力气屈身脱掉鞋子取出沙子。当他终于把沙子取出来时，脚已被磨出了血泡，而且伤口很快就被肮脏的鞋袜感染而化脓。最后，除了放弃，他别无选择。

沙子虽小，不会像巨石般挡道，但在登山途中却成了勇士

无法战胜的“高峰”。同样，每一个岗位、每一个流程都有可能成为管理中的沙子，如果我们看不到其中潜藏的危机，不能及时将其取出，危机就不可避免。

企业规模越大，就越容易出现各种各样的沙子。因为人们很容易忽略一些小的方面，就如登山的勇士一样，无暇去顾及鞋内的一粒沙子。小疏忽往往会带来大灾难。所以，我们要尽量在危机发展过程中准确地辨认出危机并有效地解决它，这样可以避免不必要的损失。

宝洁公司应对它的“Rely”牌卫生棉条被消费者担心可能引起中毒性休克综合征，它的早期反应就是一个例子。宝洁公司在得到并不充分且结论不完全一致的一些证据后，立即停止生产这一产品，并将它们从市场上收回，这一举动赢得了绝大多数人的赞赏。管理层勇敢地迅速采取措施，以保护宝洁产品用户的健康（这同时也保护了公司的声誉），这个决定在短期内确实使公司蒙受了部分损失，但与公司长期获得的收益相比，就微不足道了。公司由于遵循了一条商界管理者都认同但经常在危机中忽视的原则——顾客利益至上原则，从而避免了公司长期利益受损。很明显，在考虑自身健康和安全问题上，宝洁公司的客户最大的担心是这家他们多年使用其产品的公司是否真正值得信赖。宝洁公司把与客户的相互信任和沟通置于公司关心的问题的首位，使它成为一位长期赢家。《淮南子·说山训》中有“一叶而天下知秋”的说法，“以小明大，见一叶落而知岁之将暮”，意思是说一个人见树叶落了，就能够预见到秋天即将来临，这和道家庄子所说的“飓风起于萍末”是一种思想。

大部分危机并不是由单一事件引起的，而是微小的、容易被人们忽视的一系列事件综合引发的结果。在工作中见微知著，防患于未然，是每个人都应当认真思考的问题。

造成企业危机的原因会有很多，有来自企业内部的，如产品质量问题、服务问题、管理问题等，也有可能是一些外部原因，如恶意竞争、虚假消息等。作为管理者，要找到危机的源头，找出使企业陷入危机的真正原因，这样才能让企业在处理危机时做到有的放矢。

2005年4月中旬，国内各大媒体转载国外的一则报道，报道称包括高露洁在内的数十种产品内含有致癌危险的物质。

此消息一出，高露洁作为领军的牙膏品牌，在中国的销售大幅度下降，绝大部分人在接受调查时声称将不会再购买高露洁牙膏。

对此，高露洁迅速组建公关团队，召开新闻发布会，到了4月27日，高露洁又澄清信源，播放了美国弗吉尼亚理工学院的教授彼得·威克斯兰的一段录音。彼得表示，自己的研究只是关于自来水和含有玉洁纯的清洁剂相互之间的化学反应，根本没有涉及牙膏。同时“刷牙时仅用少量的水，因此研究中所提及的化学反应不会发生在任何类型牙膏的使用过程中”。通过各种措施的综合运用，高露洁慢慢地消除了危机造成的不利影响。

遇到危机，应积极寻找危机的源头，针对危机发生的原因，采取有针对性的措施解决危机。如果危机的原因在于企业内部，便进一步完善；如果危机的原因在于外部不实的报道或恶意竞争等，则快速澄清事实，最大限度地减轻危机给企业带去的损害。

疏忽容易导致危机的发生，麻痹大意容易犯错误。所以，我们在工作中必须时刻保持警惕，认真对待每一件事情。

“千里之堤，溃于蚁穴。”联想到那些重大事件的起因往往都是微小的、容易被疏忽的小错误，也正是这些很难察觉、让人容易麻痹大意的小错误导致了无法收场的严重后果。

很多人和企业在认为危机是突发性的，面临危机时并不知道为什么企业会突然面临危机。不要去抱怨，而是要积极采取有关行动，找出危机的源头，把危机消灭在萌芽状态。

不可抗危机的应对机制，怎样才能转危为安

我们说危机管理，首先要把逐步有可能放大的危机缩小，再缩小，大事化小、小事化了。

——艾学蛟

“冰冻三尺，非一日之寒。”危机的爆发也是一个长期的过程，但这一瞬间的释放还是会让许多人觉得难以接受。不管危机该不该来，但还是来了。既然如此，管理者就不能选择在这个时候退缩，要勇敢地站出来，应对危机。

面对一些无法预料的不可抗拒因素，很多企业都会因此而陷入危机，有的企业会因此而一蹶不振，有的企业却能够将危机转化为良机，从而扭转乾坤。那么，作为一个企业的管理者，如何在面对危机的时候，化危机为良机，转败为胜呢？这需要

领导者拥有过人的智慧，娴熟运用危机管理的能力。

在危机管理中，有一个专门的词语叫“危机公关”，它指的是应对危机的有关机制，具有意外性、聚焦性、破坏性和紧迫性。对一个企业来讲，管理者需要想办法使“危”转“机”，在危机中克服危机。

2005 年 3 月 15 日，在肯德基新奥尔良烤翅和新奥尔良烤鸡腿堡调料中发现了微量苏丹红（一号）成分。苏丹红（一号）是一种红色染料，为溶剂、油、蜡、汽油增色，为鞋、地板等增添光泽。有关研究表明，苏丹红（一号）具有致癌性，我国和欧盟都禁止其用于食品生产。

肯德基是怎样化解危机的呢?

危机出现后，肯德基一个由各相关部门组成的危机小组马上成立，共同应对危机。此后，肯德基第一时间抓住极其重要的信息传播机会，积极面对、迅速反应，堵住虚假信息、抑制混乱局面。在事件来龙去脉还未完全明朗的情况下，肯德基向公众公布权威部门的检测结果，同时向公众表示歉意的“自责”，在第一时间赢得了媒体的关注和支持。

由于肯德基以不回避问题的积极态度，并通过媒体公布事件进展，在公众中塑造了“肯德基是一个有信誉和敢于承担责任的企业”的良好形象，在一定程度上减轻了消费者的疑虑和来自媒体的压力，防止了舆论环境的进一步恶化。

此后，肯德基一边向公众致歉，一边追查事件根源，并在事件发生的第四天，肯德基就公布了“调查苏丹红的路径图”，成功地把媒体的注意力从肯德基产品转移到对“苏丹红”来源的问题上，将公众的视线引向对“苏丹红”的关注，而非肯德基本身。

在危机事件后期，各大网站、新闻媒体跟踪报道，“肯德基自查出‘苏丹红’”“愿承担法律责任”“肯德基将赔偿”等几百条标题醒目的报道，成为处理肯德基危机的一股强大的化解力量。

3 月 23 日肯德基在全国恢复了被停产品的销售，表示决定采取中国餐饮行业史无前例的措施确保食品安全，加强食品安全监测。肯德基不仅将这次“苏丹红”危机成功化解，而且公众形象没有受到损害，反而在危机中体现出大品牌的社会责任感，不愧为危机应对的成功典范，值得我们在危机管理中借鉴学习。

所以，如何化危机为良机，企业管理者必须学会如何使得企业转危为安。很多时候，危机的形成是我们无法预料、也无法阻止的。危机降临后，有的企业管理者会迅速让自己龟缩起来，有

的人会在危机面前惊慌失措、手忙脚乱，做出一些错误的决策，而有的人却能够从正面突破这种危机，靠自己的勇气和决心去化解危机。

美国银行是全球最大的商业银行之一，它的创始人是艾曼迪奥·彼得·吉安尼尼。

加利福尼亚州的旧金山地区经常发生地震。1906年，这里发生过一场严重的地震，致使许多建筑物倒塌，城市里到处都是废墟和蔓延的火苗。地震发生后，吉安尼尼匆匆坐火车赶到了旧金山，因为他刚刚在那里创办了一个意大利银行，他必须去确认一下情况。

地震后的旧金山情况非常混乱，人们拥挤着要逃离市区，而吉安尼尼却逆着人群经过几个小时的艰难行进，终于到了银行大楼。当时火势已经蔓延到了银行大楼，他在员工的帮助下取出了银行里的现金后匆匆返回了家。

地震过后，银行家开始聚集在一起商议对策，很多银行家都主张在此后一段时间里要暂缓对旧金山市的放贷业务。可是吉安尼尼虽然在地震中遭遇损失，却觉得这是个好机会，认为第二天应该赶紧重新开张，他甚至大声喊道："我们要在这个时候重建旧金山。"

很多企业在地震中受到了严重创伤，又有很多小企业想趁机发展自己的事业，于是便有很多企业到吉安尼尼的银行做借贷业务，吉安尼

尼也将钱贷给了这些企业。作为回报，这些企业也把自己的钱存进了吉安尼尼的银行里。

随着时间的推移，旧金山慢慢地从地震的混乱中恢复过来，经济发展也日渐繁荣。在这样的形势下，吉安尼尼把越来越多的钱贷给了这些企业，而这些企业也把越来越多的盈利资金存进了他的银行。伴随着经营业务的扩大，该银行的盈利迅速增加，最终业务遍布了整个加利福尼亚州，这家银行最终改名为美国银行。

要将危机转化为良机，最重要的还是要找到一个正确的突破口。只有找到这个突破口，让自己有机会冲出危机的包围圈，才能拥有更加广阔的发展天地。

机遇往往与风险共存，一些优秀的企业管理者就是在危机中寻找机会，取得成功的。企业管理者通过应对危机，可以获得很多的间接经验，在真正的危机爆发时，如果能正确面对，措施得当，就能发现危机背后的成功机遇。

危机中同样蕴藏着机遇的种子。管理者需要做的，就是避开不利的条件，利用有利条件，化危机为良机，把握事业成功的契机。

PART 21

管理艺术课：难得糊涂，“在恰当的时候做最恰当的事”

不同人的不同管理方式——没有一成不变的管理模式

管理既是一门科学，更是一门艺术。

——北大管理理念

有些工作，必须按照一定的规律进行，不然就会出问题；同时还有大量问题需要对具体情况进行具体分析，从这个意义上来说，没有一成不变的管理模式。

尼克松在他的《领导人》一书中这么说：“每一个领导人都属于特定的时间、地点和环境，领导人和国家是不能调换的。丘吉尔固然伟大，但是很难想象他在战后德国能扮演像康德拉·阿登纳所扮演的那么成功的角色；阿登纳也不可能像丘吉尔那样在英国存亡关头唤起民众的同仇敌忾。”

随着时代的发展，比如劳动者从奴隶社会的“会说话的工具”到今日作为推动社会前进的决定力量的角色，地位的转变也带来了人才管理方式的转变，无论是X理论抑或是Z理论等，只要适合企业的发展，都是合适的管理。

1981年4月，杰克·韦尔奇接管通用电气。他拒绝了在华盛顿扮演的政客角色，全力以赴在通用电气上进行大刀阔斧的改革。韦尔奇取消了整个官僚作风严重的管理层，抛弃了业绩不佳的部门，废除了数年来与政府来往的工作指导思想。他重新定义了CEO的角色任务。以前，通用电气集中关注收入的增长，雇员、股东与社会利益的平衡，但韦尔奇却提出了一个简单明了的成功准绳：提高通用电气的股票价格。在韦尔奇管理的20年里，通用电气的股价狂飙。韦尔奇最出色的一个方面就是他的自发性和先知性，因为并没有人要求他必须这样做，而当时其他许多总裁只是被动的公司管家。他的“铁腕”曾经被人戏称为“中子弹”，因为爆发力太强。也许在有人看来，这样的强制性决策与今日“以人为本”的管理理念不相符合，但通用和韦尔奇的成功却说明他决策的正确性。此一时、彼一时，管理风格也是因时、因地、因人而异的，不能“一刀切”。因为没有哪一种领导风格是“最好”的，以菲德勒的“权变领导理论”来说，它们都是时势和天性的产物，不过可以通过后来的调整进行磨合互补。

世界上没有一成不变的管理模式，必须选择最合适的管理方式。说管理是一门艺术，因为管理是一种操作性非常强的技能，任何生搬硬套都可能碰壁。权变管理理论认为，一个高明的管理者应该是一个善变的人，即根据环境的不同而及时变换自己的领导方式，不断地调整自己，使自己不失时机地适应外界的变化，或者把自己放到另外的一个适应自己的环境中。权变管理主要包括“因地制宜”和“因人制宜”两重方式。

1. 因地制宜

每位管理者都是在一定的工作环境中工作的，在不同的工作环境下管理者应该采取不同的管理方式。

美国管理学家菲德勒认为，管理者的工作环境主要由三个要素构成：上下级关系，比如管理者与下级的关系是否融洽；任务结构，比如管理者所管理的工作究竟是常规性的还是突发性的，一般来说常规性的任务结构比较明确简单，工作环境好，

但突发性的任务就属于结构不明确，环境比较差；职位高低，一般职位越高，权力越大，环境也就越好。

当工作环境非常有利或非常不利时，一般采用以工作为中心的办法较好；当组织状态、任务情况对下级的控制要求居中时，可考虑用以人际关系为中心的方式；或者说当组织状态、任务情况对下级的控制水平居高或居低时，集权方式比较有效。某厂最近由于客户订单纷纷而来，而且催货特别急，生产任务供不应求。而分配到某车间的生产任务非常沉重，此时如果不能按照客户的要求生产，不仅失去了一大笔生意，而且还可能在市场上使自己的信誉受到较大影响。时间紧任务急，此时厂长决定采取突击办法抓紧生产，号召员工克服一切困难，加班加点按时完成任务，同时厂长也以身作则，与员工一起共同奋斗在生产一线。在大家的共同努力下，最终保质保量地按期交货。

在这种情况下，管理者的管理方式就应该采取以生产为中心的方式，必要时甚至专断一些。

2. 因人制宜

下级的综合素质更多地决定了管理者的管理方式。我们可以把管理者的素质看作是一片土壤，在什么样的土壤上就会滋生出什么样的管理方式。比如在文化水平较低的团队，在管理中要更多地运用命令的方式；而对文化素质较高的下属，则不宜用这种方式，应该多征求大家的意见。

做一名高明的管理者，就应该根据环境的变化和管理对象的不同，采取“因地制宜”和“因人制宜”的权变管理方式，使管理的效果达到最优。

不要把拥有的权力当成领导力：树立起你的威望

威信是“无言的召唤，无声的命令”。

——李彦宏

管理者的权力分为职位权、专长权、威望权。具体来说，职位权是法律或公司制度所赋予的，所以有其强制性；专长权来自于个人拥有的知识和专业技能，即所谓的“才”；威望权来自于个人品质和心理素质以及处世风格，即所谓的“德”。对于管理者而言，这三种权力缺一不可，但很多人却忽视了威望权的重要性。由于威望权缺乏强制性，它们的影响完全出自于员工主动的内心认可，我们常说的领导魅力或领导影响力指的就是威望。

管理者要想带领好自己的团队，就要在员工心中树立一种威望。这种威望有时候比职位权力更重要。

拿破仑发动百日政变，不花一枪一弹夺回了法国。这在别人看来是不可思议的事情，可拿破仑却做到了，原因之一就是他在士兵中享有崇高的威望。

威望对管理者而言，具有十分重要的作用。它是每个组织实施统御的必备条件，是领导者身上的无形光环，是领导者力量的化身，也是成就事业的基础。管理者如果没有威望，组织就不会有任何一致的行动，最终会使其走向衰亡。

一个利用职位权来行使管理权的管理者，只会让下属行动上服从；而一个靠自身威望来行使管理权的管理者，会让下属心服口服地服从管理，达到良好的管理效果。可以说，威望要比权力更能达到有效的管理效果。

聪明的管理者，都会想方设法建立自己的威望，从而最终收到事半功倍的管理效果。作为管理者，能够发号施令使下属依己之意行事，而下属也是言听计从，这当然是一件好事。但能够立权树威却不是一件简单的事情，只有从小事做起，在管理工作中注意细微小事，点点滴滴地树立自己的威信。

领导者要在下属中树立权威，赢得人心最重要的是以理服人，公正待人。俗话说，“有理走遍天下，无理寸步难行”。道理没讲清，下属会认为你是无理取闹，下属把怨气憋在心里还好一点，万一和你当面争执起来，你这个上司可就没法当了。松下电器的创始人松下幸之助批评下属是很出名的，但他批评下属有一个特点，他会边批评边讲出自己的道理，让下属虽然

挨了批评，却都心服口服。以理服人是松下赢得下属尊重和信任的重要原因。

有近重信刚进入松下电器就被分到电池厂，按规定生产技术人员必须到第一线实习，他整天跟黑铅锰粉打交道，浑身黑乎乎的。一天，松下来电池厂巡视。有近见门外进来一个穿礼服的绅士，立即跑过去把他拦住，问道：“请问你有公司开的参观证吗？”

松下说：“没有。”

有近重信把双臂一伸，拦住了松下，并且毫不客气地说道：“那就对不起，不能进去。”“我是……”

“你是天王老子都不许进！”不等松下说完，有近就打断了他要说的话。

有近重信接着又说：“我们老板松下先生有规定，没有公司的参观证，任何人都不得进来！”

松下没有生气，叫来了厂长后才进去。松下见了厂长井植薰说：“你们员工中有个很固执的家伙，大概是新来的吧，死活不让我进来，真是个很有特点的人。”

这件事给松下的印象很深，他认为有近是个可造之才，原则性很强。所以井植薰每次去汇报工作，松下都很关注有近的情况。

不久，电池厂盖成品仓库，由于松下的坚持，决定采用木结构。井植薰把设计任务交给有近，有近说：“我是学电子的。”井植薰说：“我是做操作工的，现在不是在做厂长吗？”

有近经过计算，需增加四根柱子才能达到安全系数。其他的就没有多作考虑。仓库落成那天，松下见中间竖有四根柱子，大为不满，先把井植薰批评了一通，然后又把有近叫了进去，被训斥了整整九个小时，从下午三四点，到深夜12点，连晚饭都没吃。

刚开始有近的心里不服，可到后来，有近终于明白了松下的意思是，他不知道要立柱子才坚持使用木结构，而有近明知要立柱子却不敢坚持钢筋结构。井植薰自己不懂，才找有近来帮忙，而有近明知不好，却偏偏要这么设计，这才是让松下恼火的原因。松下不仅对普通的下属，就是对公司的管理人员，也会让他们明白道理，从而让大家心服口服。管理者在工作中一定要注意以理服人，才能赢得下属的敬重和追随。

要求下属必须遵从，就必须具有足以让下属心服口服的理由才行，这样的威信只有靠平时一点一滴才能树立起来。

管理者必须正确认识自己手中的权力结构，职位权可以被别人拿走，而一旦有了威望权，别人是拿不走的，永远属于你自己。因此，通过加强威望权来充实职位权，决不能够仅仅凭借自己手中的职位权在那发号施令。如果忽视自身的威望权，这样的管理注定会遭遇失败。

管理者一旦缺失威望权，就在员工中失去了支持的基础，管理工作必定难上加难，而威望又是在日常的管理工作中一点一滴的形成和积累起来的。假如管理者知识超群、经验丰富、能力突出，或者关心下属、处事民主、实事求是、令人佩服，那么他在企业中就有一种实际上的影响力和支配力，员工都心甘情愿跟随和听从他。如果个人影响力小，就得不到团队成员的应有支持和拥护，管理者的管理效果必然会大打折扣。

人与人的交往，常常是影响力之间的较量。不是你影响他，就是他影响你，只有影响力大的人才有可能成为强者，才有可能成功。因此，如何塑造个人影响力、如何通过个人影响力创建一个超级团队，则是今天企业管理者们必须修炼的课程之一。

树立起管理者的威信，在很大程度上取决于自身的良好素质，包括资历、业务水平、品格、知识、才能和情感等诸多方面。要想使管理者具备较强的影响力，就必须努力提高自身的素质。

一个有威信的管理者，除了要靠其自身的品德及修养支撑起来的人格魅力，还要依靠自身的思想修养、领导艺术、文化素养、群众关系等因素来练就。

那么，管理者怎样做才能在下属心中树立起极高的威望呢？

1. 才干出众

对于管理者来说，不仅要努力学习管理才能，还要学习本行业的各种技能，不当门外汉。同时也要学习法律、经济、心理学以及领导艺术等相关知识，以提高自己的综合素质。综合素质越高，知识越丰富，能力越强，就越会受到大多数员工的尊重和信赖。

2. 一专多能

领导不仅要有过硬的专长，而且也要有广泛的兴趣，要博学多才，这样才能受员工尊敬。

3. 敢于承担

在困难来临时，要勇于承担责任，不畏艰险，冲在前头，为战胜困难做出表率，带领全体员工战胜困难。真正受员工爱戴的领导会少说多做，不做表面文章。一切从实际出发，真真切切地为员工谋福利，办实事。

其身正，不令而从：成为优秀的带队者

遵守纪律的风气的培养，只有领导者本身在这方面以身作则才能收到成效。

——王强（真格基金联合创始人）

“其身正，不令而行；其身不正，虽令不从。”北大管理理念认为，管理者作为一个团队的中心，其一言一行都会受到团队成员的关注，也会对员工造成深远的影响。所以，要想使管理卓有成效，就要懂得“正其身”。

玛丽·凯是当今世界上著名的女企业家，她非常重视管理者在员工中的榜样作用。她说：“管理者的行为受到其工作部门员工的关注。下属往往模仿部门负责人的工作习惯和行为，且不管其工作习惯和行为的好坏。例如，我习惯在下班前把办公桌清理一下，把没干完的工作装进包里带回家，坚持当天的事当天做完。尽管我从未要求过我的助手和秘书也这样做，但是她们现在每天下班时，也常提着包回家。假如一个经理经常迟到，工作散漫松懈，上班期间打私人电话，经常因喝咖啡而中断工作，那么，他的部下大概也会如法炮制。”管理者只有带好头、树好榜样，才能赢得下属的信任与追随，这是任何法定权力都无法比拟的一种强大的影响力和号召力。管理者职位越高，就越应重视给人留下好的印象，因为你总是处于众目睽睽之下。

正人先正己，做事先做人，管理之道正是如此。因此，领导者无论职务多高、权力多大、资历多深，要求别人做到的自己都应先做到，这样才能树立起威望，增强执行力，提高管理效率。

能“正其身”的管理者浑身都闪耀着一种人格魅力，会有形或无形、有意或无意地感染下属。如果管理者不能严于律己，却又对员工要求严格，员工自然不会服从。优秀的管理者首先应该做到“正身”以感染员工，为员工树立榜样。

作为管理者，要扮演好带队者的角色。有人说，带队者就应有“平常时段，看出来；关键时刻，站出来；生死关头，豁出去”的素养。“平常时段，看出来”，是个人素质、潜在能力和品质的体现；“关键时刻，站出来”，是勇气、原则和实力的展现；“生死关头，豁出去”，是一种勇于奉献和敢于牺牲的精神。很多人在关键时刻丧失领导力的原因就是：要求下属“照我说的做”，而不是“照我做的去做”！在关键时刻不能坚持原则，更没有勇气和实力站出来，也就是不敢说“看我的”！

事实上，任何一个管理者的行为，都会影响他的追随者和身边的每一个人。追随者会通过一种被称为“示范”的学习过程而受到影响。这种影响在平时是潜移默化的，也许不会被清醒地认识到，可在关键时刻却是非常强烈的。

1942年，二战进行得如火如荼。随着战争局势的变化，盟军与德军的战场逐渐转移到北非。盟军最优秀的将领之一巴顿将军意识到自己的部队可能无法适应北非酷热的气候，一旦移师北非，盟军士兵的战斗力就有可能因为酷热的天气而减弱。

战争不会随着人的意志而转移，摆在盟军面前的只有一条路：那就是适应。为了让部队尽早适应战场变化，巴顿建立了一个类似北非沙漠环境的训练基地，让士兵们在48摄氏度的高温下每天跑一英里，而且只给他们配备一壶水。巴顿的训练演说词就是："战争就是杀人，你们必须杀死敌人，否则他们就会杀死你们！如果你们在平时流出一品脱的汗水，那么战时你们就会少流一加仑的鲜血。"

虽然人人都意识到战争的残酷性，但酷热的天气还是让许多士兵暗地里抱怨不已。巴顿从不为训练解释，他以身作则，和士兵们一样在酷热的环境中坚持训练。当士兵们看到巴顿每次都毫不犹豫地钻进闷罐头一样的坦克车中时，再多的怨言也只能变成服从。

显然，巴顿把自己当作是一个普通的士兵，在这个角色上，他以完美的职业军人精神树立了典范，起到了榜样作用。在巴顿的带头作用之下，整个军队的训练进行得非常顺利。正是有了这样的训练，在随后的北非战场上，巴顿的部队迅速适应了沙漠环境，以较小的代价一举击败德军，取得重大胜利。企业就是军队，其管理者也必然像巴顿将军一样，成为具有强大影响力的带队者，才能促进团队成长。建立成功的团队，就需要管理者推动团队成员共同进步。

诸多优秀的管理者都懂得，领导的工作作风就是团队的工作作风，一个懒懒散散的管理者，其下属也勤快不到哪里去。管理者应该考虑到自身的榜样作用，注意自身的一言一行。

管理者如何做才能成为具有影响力的带队者呢？不妨用以

下方法。

1. 成为遵守制度的模范。管理者不仅是制度的制定者，更是制度权威的忠实维护者。

2. 加强自我管理。善于自我管理的管理者能够独立思考、工作，无须严密的监督。

3. 为目标的达成全力以赴。大多数人都喜欢与将感情和身心都奉献给工作的人共事。

4. 具有超强的解决实际问题的能力。轻而易举地解决掉别人无法解决的问题，从而能够获得追随。

5. 具有非权力影响力。不仅要关爱员工，还要具有人格魅力，具有较高的道德标准，这样才能获得员工的信赖。

勇于担责，与员工一起分享荣耀

在企业中，领导者要有和员工共享荣誉的精神和敢于为下属承担责任的勇气。

——北大管理理念

对一个团队的管理，无论获得成功还是遭到失败，管理者都负有不可推卸的责任。即使是员工的失误，也有领导失察、指挥不当的责任。所以，与下属共享荣誉，是领导应该做到的。

一位著名的美国橄榄球教练保罗·贝尔在谈到他的球队如何建立团队精神时说：“如果有什么事办糟了，那一定是我做的；如果有什么差强人意，那是我们一起做的；如果有什么事做得很好，那一定是球员做的。这就是使球员为你赢得比赛的所有秘诀。”这是一种很高的个人风范，这种共享荣誉的精神鼓励了球队的每一个人，能做到这一点，其团队精神是牢不可破的，球队每战必胜也在情理之中。

共享荣耀，也就是说，管理者在获得各种荣誉后，如果不“贪污”，以各种形式让下属分享荣誉带来的喜悦，会使下属得到实现自身价值和受到领导器重的满足，这种满足在以后的工作中会释放出更多的能量，也在无形中冲淡了人们普遍存在的对受表彰者的嫉妒心理。

例如，不少主管拿到奖金后，请贡献大的中层干部、骨干员工到饭店“撮”一顿，实际上也是共享荣誉，这是物质的、更是精神的分享。一位获得上级表扬的厂长在全厂大会上讲话，

他不是泛泛地说“成绩是归于大家的”之类的套话，而是颇有感情地把所有的在工作中有突出贡献的员工的事迹一件件列举出来，连一位员工休假提前上班的事也提到了。最后，他说，“荣誉是全厂员工的，没有你们的努力，就没有今天”，并且向大家表示深深的谢意。可以肯定地说，厂长的话起到了巨大的激励作用。

试想，如果这位厂长将光环紧紧地罩在自己头上，将一切成绩归为己有，这不但容易树立对立面，而且也会使员工失去继续努力的积极性。

与下属共享荣誉，而不是争功抢赏，可以用自己的人格力量感召下属，鞭策和激励他们，调动员工的积极性，让他们最大限度地发挥出自己的才智，促成事业发展。

美国零售大王山姆·沃尔顿在总结自己的成功时说：“和帮助过你的人一起分享成功是我成功的秘诀。”通过与所有员工共享利润，以及赋予他们在工作岗位上的权力，山姆赢得了员工极大的忠诚，这也是他创办的沃尔玛如此成功的重要原因。事实上，有的领导最容易犯的毛病之一就是有功劳归自己，有错误怪员工。

在向上邀功这件事上，假如主管是个喜欢独占功劳的人，相信他的员工也不会怎样为他卖力。反之，如果主管能乐于和员工分享成功的荣耀，那么员工做事也分外卖力，并期盼下次也获得成功。所以，领导者正确的做法是与员工分享功劳的幸福和喜悦。每个人都希望被人肯定，即使工作不一定成功，但始终是卖力了，谁也不希望被人忽视。一个人的工作得不到肯定，他的自信心必然会受到打击，所以作为主管，千万不能忽视员工参与的价值。

三国时期，曹操为了统一北方，决定北上征服塞外的乌桓。这一举动十分危险，所以许多将领纷纷劝阻，但曹操还是率军出击，将乌桓打败，基本完成了统一北方的大业。

班师归来，曹操调查当初有哪些人不同意他北伐的计划。那些提出反对意见的人认为要遭到曹操严惩了，一个个都十分害怕。不料，曹操却给了他们丰厚的赏赐。大家很奇怪：事实证明，劝阻北伐是错误的，不仅不受惩罚，怎么反而会得到赏赐呢?

对此，曹操的解释是："北伐之事，当时确实十分冒险。虽然侥幸打胜了，是天意帮忙，但不可当作正常之举动。各位的劝阻，是出于万全之计，所以要奖赏，我希望大家以后更加敢于表达不同意见。"从那以后，将士们积极进言献策，尽心尽力地要为他效劳。事实上，合格的领导者，总是能够肯定员工的成绩,承担自己的错误。曹操这种人是拥有超级"揽心术"的人，即使他力排众议而且大胜，也绝不骄傲，而且充分肯定那些有一定道理的将士。如果管理者都能像曹操这样，还愁企业没有凝聚力和向心力吗?

管理者必须具备这样一种胸怀，为别人的成就打上聚光灯，而不是为自己的成就打灯。他们应让别人成为组织里人人皆知的英雄。正如一位成功的企业家所说："如果最高领导者从来都不让他的员工分享权力，分享成功荣誉，而是把功劳全往自己身上堆，那谁还会跟着他干呢？除非是傻瓜。"

不要和下属走得太近，保持适当的距离

作为一名管理者，要善于把握与下属之间的远近亲疏，领导和下属的距离，并不是越近越好。

——北大管理理念

孔子曾说："临之以庄，则敬。"意思是说管理者不要和下属过分亲密，要保持一点距离，给下属一个庄重的面孔，这样才可以获得他们的尊敬。有些管理者认为，越平易近人，和下属打成一片，越能赢得下属的尊敬。但结果往往是恰恰相反。

有些管理者认为，与下属打成一片、称兄道弟，这种融洽的关系最好。这种想法不仅是错误的，而且是可笑的。在管理工作中，管理者必须树立起工作的权威，如果在工作中还是"兄弟"，一定会影响到工作效果。

如果你是个管理者，你可以反思一下，你是否想要把下属团结成你的"哥们"？你是否对某一位知心的下属无话不谈？你的下属是否当着其他人的面与你称兄道弟？如果上述几种情况已经在你身上出现，那么就应该引起你警惕了，你需要立即采取行动，与你的下属保持一定的距离。

管理学中有这样一则寓言故事：曾经有两只困倦的刺猬，由于寒冷而拥在一起。可因为各自身上都长着刺，它们离开了一段距离，但又冷得受不了，于是又凑到一起。几经折腾，两只刺猬终于找到了一个合适的距离：既能互相获得对方的温暖又不至于被扎。"刺猬法则"就是人际交往中的"心理距离效应"。领导者要搞好工作，应该与下属保持亲密关系，这样做可以获

得下属的尊重。但也要与下属保持心理距离，以避免下属之间的嫉妒和紧张，可以减少下属对自己的恭维、奉承、送礼、行贿等行为，防止在工作中丧失原则。

“近则庸，疏则威”，与下属保持一定的距离，可以树立并维护领导者的权威。适度的距离对管理者是有益的。即使你再“民主”，再“平易近人”，也需要有一定的威严。

“仆人眼里无伟人”，这是法国历史上的伟人戴高乐的一句名言。此话怎讲？因为所谓的伟人，如果他的一点一滴，甚至每个毛孔都呈现在你眼前时，你不仅会发现他只是个凡人、或是某些方面比较突出的凡人；更有甚者，你会发现在暗角里，他也有那么多可耻的、不为人所知的缺点。

你可以是下属事业上的伙伴，工作上的朋友，但你千万不要成为他的“哥们”。当众与下属称兄道弟只会降低你的威

信，使人觉得你与他的关系已不再是上下级的关系，而是“哥们”了，于是其他下属也开始对你的命令不当一回事。

领导者与下属保持一定的距离才能树立威严，适度的距离对于领导者管理工作的开展是有好处的。

在日常管理中，你是否会听到下属这样议论你：王总这些天是怎么了，前天还与我们有说有笑着吃晚饭，今天又把我叫到办公室给训了一顿，一会儿把我们当朋友，一会儿又要做主管，真没想到他被提拔后会这样对待我们，太令人失望了。

领导者与下属等级有别，扮演的角色更是截然不同。作为一名上级，最不讨好的事情就是纠正下属的行为，尤其是在工作进展不顺利时。如果你一方面想当下属的好朋友，另一方面又想当好管理者，同时想扮好这两个角色只会让你吃力不讨好。你的下属会对你的“两面派”行为怀恨在心，而你的上司则会怪你办事不力，你只好两头受气。

总之，作为管理者，必须摆正自己与下属的位置。与下属保持适当的距离，不即不离，亲疏有度。

难得糊涂：学会在下属面前装糊涂

古人说：“文武之道，一张一弛。”有张无弛不行，有弛无张也不行。张弛结合，实乃正道。提倡糊涂一点、潇洒一点，正是为了达到这个目的。

——季羡林

管理要讲究艺术，在适当的时候管理者需要装点“糊涂”，这样才是真正聪明的管理者。“难得糊涂”四个字是郑板桥在山东莱州的云峰山写的。

有一年，郑板桥专程至此观郑文公碑，流连忘返，天黑了，不得已借宿于山间茅屋。屋主为一儒雅老翁，自命“糊涂老人”，出语不俗。他的室中陈列了一块方桌般大小的砚台，石质细腻，镂刻精良，郑板桥十分叹赏。老人请郑板桥题字以便刻于砚背。郑板桥认为老人必有来历，便题写了“难得糊涂”四字，用了“康熙秀才雍正举人乾隆进士”的方印。

因砚台尚有许多空白，郑板桥说老先生应该写一段跋语。老人便写了“得美石难，得顽石尤难，由美石而转入顽石更难。美于中，顽于外，藏野人之庐，不入宝贵之门也”。他用了一块方印，印上的字是“院试第一，乡试第二，殿试第三”。郑板桥一看大惊，知道老人是一位隐退的官员。有感于糊涂老人的命名，见砚背上还有空隙，便也补写了一段话：“聪明难，糊涂尤难，由聪明而转入糊涂更难。放一著，退一步，当下安心，非图后来报也。”糊涂是聪明的高级阶段。现实生活中有些事情，与其较真，倒不如睁一只眼闭一只眼效果更好一些。

在管理工作中，也有不少事需要“糊涂”对待。

不过，要明白所谓“糊涂”是“装糊涂”，而不是真糊涂。大智若愚的精辟之处不在“愚”，而在“若”。“装糊涂”的主要宗旨不是为了推卸责任，而是为了应变，掌握调整决策的主动权。管理者要懂得怎样去运用糊涂艺术，成为一位不糊涂的“糊涂领导”。

在某些时候，领导者可以不将自己推上第一线，退到第二线，对自己未必没有好处。如果部下成功了，领导可得“用人有方”的美名。如果不慎失败了，自己还可以出面挽回，可以干预、调整甚至撤换人员，若能转败为胜，仍不失英明。当上级领导追查下来，还可以起一种缓冲责任的作用。

有人觉得这是老油条的处世厚黑经，其实不然。庄子说：“吾生也有涯，而知也无涯。”人的智慧是有其局限性的。所谓糊涂，就是认识到了这一点。在管理中也要糊涂，要给员工一些自由发挥的空间，不要让员工感觉到一无是处。

日本松下电器的创始人松下幸之助以严格和认真著称，他骂人的风格是出了名的，但他有的时候是比较糊涂的。松下每天都做很多的决定，并要批准很多人的决定。在他批准别人的决定中，其中只有40%是松下真正认同的，余下的60%是松下有所保留的。他的副总问他：“你这样不累吗？你不同意你一口否决就可以了。”松下说：“有的时候要糊涂一点，不要太认真。”人由聪明到糊涂是需要智慧的，松下就是一个有智慧的人。他这样做的目的是培养一批能干的部下，而不是他带领一批无能的部下。

优秀的管理者要学会小事糊涂，大事认真。当然，这种糊涂不是真的很糊涂，而是需要学会装糊涂，要信任员工。管理者不能太斤斤计较，一定要学会睁一只眼，闭一只眼。不要老是盯着小细节不放，不该管的事不要管。因为世上没有完美的人和完美的事，人生不如意十有八九，所以管理者不要总是抱怨这里不如意，那里不如意。这样会严重打击员工工作的积极性。

管理者保留了“几分糊涂”，也就为下属的聪明才智的发挥提供了几分余地和空间。即使自己智力超群，远远超出下属，也必须保留“几分糊涂”。在决策制定过程中，下属所提出的意见即使存在偏颇，也要装作不明白，按照下属的思路提出问题，引导下属进行自我思考，让他们自己修正自己的意见，找出正确的答案来。这样既能让下属的价值得到充分的实现，又能保证他们的意志选择与企业发展的目标一致。

虽然如此，装糊涂也有门道，不可时时糊涂，事事糊涂。糊涂和精明是事情的两极，过分的精明，是没有认识到自身的局限；过分的糊涂，是没有意识到自身的价值。积极竞争进取，难免不伤及左右；一味隐忍退让，又无端受人欺侮。所以，最好还是取中庸之道。

那么，哪些时候不应装糊涂呢？事关团队利益、个人气节的时候不应该糊涂；在损己害人，误事危身的时候，也不能糊涂。相反，如果只是关乎个人的利益、个人的荣辱，就可以糊涂一点，忍让一点，放人一马，留一点余地，无须锱铢必较、寸土必争、针锋相对。

如果要装糊涂的话，一定要装得像。管理者一定要明白，装糊涂并不是一种卑鄙或伪善，糊涂不是愚蠢，而是一种智慧的运用。这种智慧是经过长期的养成、反复的自省、丰富的积淀、勤奋的学习和刻苦的磨炼，而后才获得的。有了“糊涂”的智慧，才能大智若愚、大巧若拙。装糊涂是在心静如水、明察秋毫的基础上所做出的一种明智的选择，是智慧的表现。这种糊涂，是精心追求、刻意达成的。所谓“做出来”，并非给人以欺骗，而是让人能够放心接受，坦然不疑。

小事可糊涂，大事不可糊涂。糊涂是基于对自身局限的一种认识，自有其不得已的成分。一个人纵使天纵奇才，也不可能免除自己的局限，因而也就难免糊涂。

对管理者来说，偶尔糊涂一点，宽容一些，企业内部的亲和度就高。这样，企业就不单有了凝聚力、战斗力，也会有生命力，从而形成一个有机协调、不断成长的整体。

错误面前，管理者该不该认错

作为一个管理者，重要的就是要勇于承认错误。

——李彦宏

企业家俞敏洪在谈到管理者的素质时，说道："我宁愿承认错误也不愿意死要面子。

"管理者一定要心胸开阔，敢于承认错误，这样才能起到应有的作用，才能为自己树立极好的威信。这个对我来说问题不大，因为我善于承认错误。如果我不承认，就可以被我的高层管理人员骂上很长时间，我还不如赶紧承认算了，他们就没得骂了。新东方的元老从来不把我当领导看。坏处呢，新东方结构调整管理的难度增加；好处呢，因为有人敢骂我，我能及时纠正自己的错误，因为这帮人都是我大学的朋友哥们，向他们承认错误不算丢面子。然后，我发现向下属承认错误也不丢面子。有一次，我骂一个员工，凶了一点，伤他自尊了。第二天我意识到这个问题，就给他发了一个邮件，向他道了歉。这个员工感动得不得了，在我面前保证说一定要好好干，做出成绩来。所以，我们要勇于承认错误。"

但是有的管理者则喜欢将过错推给下属，这是不可取的。现代管理之父彼得·德鲁克说过，当自己分管的部门出现问题时，管理者不应推卸和埋怨，而应主动承担责任，从自身的管理中去找原因。

现实生活中，一些管理者犯了错误总会遮遮掩掩，支支吾吾给自己找客观理由，总是害怕下属会嘲笑自己。殊不知，勇于承认错误是自信心强大的表现。你在下属面前犯了错，能够主动承认，不仅不会引起下属的嘲笑，相反，还会让下属觉得你是个心胸宽阔的人，从而受到他们的崇敬、爱戴和拥护。

一个愿意主动承认错误的管理者，能够充分表现其对下属的尊重，也是树立威信的重要方式之一。

某家建材公司的采购员在采购一批货物时犯了一个错误：将客户订购的产品颜色弄混了。结果造成较大的损失，最后经理帮他处理了后续问题。自知闯下大祸的采购员向经理递交了辞职信。经理问他："我骂过你吗？""没有。""我跟老板说到你了吗？""没有。""一万多元的损失是你承担的吗？""没有。""我刚刚替你交完学费，你却要走，我不同意。"

采购员流下了眼泪，经理说："把眼泪擦掉，有本事就把我那一万多元赚回来再辞职，我马上就批。像个男人！这事就算了。"几年之后这个采购员成了公司的副总经理。可见，管理者主动承担责任，不但可以稳定军心、保持士气，还有助于维护自身的威望。不诿过于下属的管理者，下属看到了他的高风亮节，更加愿意追随。

在管理工作中，犯错和出现问题都不可怕，可怕的是否认和掩饰错误。管理者如果一味地为自己的错误辩解，找各种各样的理由来证明这些过错与己无关，最简单的方式就是推给下属。明智的管理者则不然，他们会主动承认错误、承担责任，并努力改正。

对于智慧的管理者来说，在工作中出现过错时自己揽下来，而不是推给下属，恰恰是树立权威的机会。

作为管理者如果能勇于认错，不但能给下属留下好印象，而且还能及时挽回因过错而造成的损失。勇于承认错误，不仅没有失去领导的“面子”，而且还会使领导在下属心目中的威信大增。

小张是一家建筑装饰公司的负责人，他带领着一个工作小组，除了他自己以外，还包括三名成员。这个小组负责企划、时间安排，并协调安装壁饰和窗帘，同时也为单位客户进行大型室内装修设计和环境美化工作。

小张的作业小组通常在客户的新写字楼竣工后，就进驻工地并完成内部的装修工作。但是该作业小组很少能够顺利完成到手的工程，他们总是会碰到一些麻烦不小的插曲，害得他们总是需要花费更多功夫去加班。三名组员彼此之间相处得非常融洽，但一碰到重大工程要赶工的时候，就会为谁应该做什么事发生争执。他们一致认为是小张的管理不到位。

其实小张自己也意识到，这都是因为他的协调工作没做好，分工不明确造成的。但他却碍于面子，不愿承认是自己的责任，总是责怪下属，结果小组成员抱怨连天，工作进度更慢。和小张一样，有些领导总感到自己在下属面前承认错误有失“面子”，不成体统。有时明明知道自己错了，却难以开口，任错误继续下去，这才是懦夫的表现。真正的勇士生死都可置之度外，区区一点小错便拿不起、放不下，如何统帅三军、叱咤商场？小张如果能找出他对问题处理不当的原因，并着手改正他的错误和缺憾，就能赢得属下的尊重及合作。

有时候，下属提出的意见可能过于片面，作为领导，一定要耐得住性子，沉得住气，听完下属的意见、批评，然后以全面、确凿的事例来向他解释，使其心服口服。千万不要听到下属言论带有片面性时，便脸露不悦，顾左右而言他，一副十分不耐烦的样子。下属也并非不通情达理，听了领导解释，也能体谅你的苦心，意见虽不能被采纳，但却感其诚、会其意而心中释然。

“人非圣贤，孰能无过。”有错并不可怕，关键是勇于承认错误，知错必改。任何人和事物都是在不断地改进中得以逐步完善的。

PART 22

自我管理课：我不进步，企业就不会进步

知人者智，自知者明：首先要认识自己

能和别人沟通的人也是能和自己沟通的人。

——翟鸿燊

闻一多在20世纪30年代到清华大学执教前，在与人交往方面曾走过弯路，受过挫折。闻一多1925年5月回国，暑假结束后就到北京就任北京艺术专科学校教务长。刚开始时他热情极高，全力以赴地工作。但由于他只有诗人的热情，没有行政工作者的练达，很快就遭到了中伤。他于是“愤而南归”，连衣物、书籍都没有带走。

1927年秋，“第四中山大学”成立时，聘他去担任外文系主任。但他还是不能适应环境，不久又离开了。他在一首诗里写道：

我挂着一面豹皮的大鼓，

我敲着它游遍了一个世界，

……

我战着风涛，

日暮归来，

谁是我的家。

1932年秋，闻一多应清华之聘，任中文系教授。这时他觉得比较痛苦。他在给朋友的信里说："我现在最痛苦的是发现了自己的缺陷，一种最根本的缺陷——不能适应环境……"1933年春，应届毕业年级请他为纪念册题词，他竟以"败"为题，信笔挥就了一篇文字。

随后，总结过去"败"的经验教训和任教的需要，闻一多决心改走一条学者的道路，他把它叫作"向内走的道路"。他拟订了一个庞大的研究古典文学的计划，决心在这方面有一番作为和突破，他说："向外发展的路既走不通，我就不能不转向内走。"于是，他在教学之余，便把自己关在书斋里完成他那庞大的计划，过起"隐士"的生活来。认识自己才能超越自己。有人问哲学家泰勒斯："什么是最困难之事？"泰勒斯回答："是认识你自己。"

对于管理者来说，要使自己能在企业中发挥自己应有的作用，首先必须认识自己，认识自己作为一个管理者在企业中的作用，充分扮演好自己在企业中的角色。

一个管理者，只有在他最擅长的位置上才能发挥最大的作用，这有利于他的优势能够得到最大限度的发挥。作为管理者，如果希望自己的能力也能得到有效的发挥，自然也需要把自己摆在一个正确的位置，正确地认识自己的优势，并将其完全发挥出来。美国军方曾进行过这样一项研究：成功者都具有什么样的品质？研究人员从军队不同部门选出12位成功人士，把他们集中在一起进行测试。这些人年龄大约三四十岁，有男有女，表面看上去都很普通，家庭也一般，但他们都取得了令人瞩目的成就。

在对他们进行的大量测试中，有一项尤其引人注目。这项测试要求他们按先后顺序写下三样东西，他们认为生活中最重要的三样东西。

就是这样一项简单的测试，第一个交卷的人竟花了40多分钟，许多人则花了1个多小时。尽管看到同组的多数人都已交卷，有些人仍一丝不苟地做完了问卷。更令人想不到的是，在每个人的答卷上，虽然选项各不相同，但几乎无一例外地都写上了自己的缺点。金无足赤，人人皆有短板，每个人都有自己的缺点，首先要意识到自己的缺点，才能有的放矢地去改正。

很多时候，我们都需要主动寻找自己的缺点进行弥补，时时揽镜自问：我哪方面还存在不足？一般来说，经常自省的人都非常了解自己的优劣，因为他们时时都在仔细检视自己。这种检视也叫作“自我观照”，其实就是跳出自我，以他人的眼光重新审视自己的所作所为是否为最佳的选择——审视自己时必须坦率无私。这样做才可以真切地了解自己。

作为管理者，不求自己的职位越高越好，但求职位与自己越匹配越好。有一句广告语说得好，“不选贵的，只选对的”。很多人也曾身居高位，但后来还是黯然而退，能力不及是一个重要的原因。作为管理者，要认识自己真正的长处，这样才能让自己在工作中更加得心应手。

李冰的销售业务能力很强，被誉为公司的金牌销售员。因为销售方面的出色业绩，深受上司的器重。刚好销售主管的位置空缺出来，上级决定任命他为新的销售主管。这在很多人眼中真是求之不得，但李冰却并不高兴，有一种赶鸭子上架的感觉，因为销售主管必须要从事更多的管理性工作，离开了最熟悉的销售岗位，总让他提不起精神。

当然，上级领导也看出了他在新岗位上的问题，在与李冰进行一番交流后，又把他调回了原来的岗位。这样一来，李冰的工作激情又重新点燃了。作为管理者，要做到扬长避短，不要在自己不擅长的地方做那些让自己蹩脚的工作，这样只能是事倍功半，而我们要做的是事半功倍，发现自己的优势，才能让自己更好地工作。

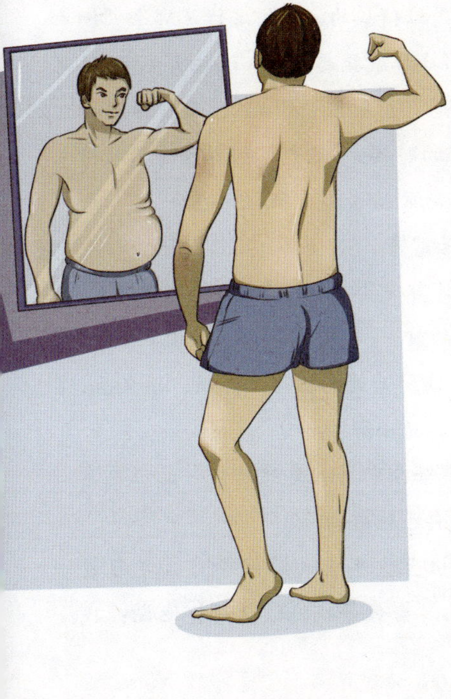

自知之明，是追求进步的起点，没有这一点，也就没了成长的欲望。我们只有更好地认识自己，对自己有了清醒而正确的认识，有了客观而中性的评价，才能更

好地完善自我。

A公司是一家中型广告公司，设计部员工有两男一女。平日里，三个人总能够在繁忙的工作中找到偷闲的机会。例如，聊聊电视剧，或者说说商场里最新的打折信息，就这样，三个人过得优哉游哉。

一天，老板领着一个稚气未脱的男孩走进了他们的办公室，说是新同事，应届大学毕业生小林。

小林来到设计部上班，就像每个新人一样默默无闻、勤勤恳恳地工作。早上，“元老”们还没到，小林就开始打扫办公室。设计部有很多需要跑腿的活儿，以前设计部的人都干得不情不愿的，“三个和尚没水喝”，总是以猜拳的方式决定谁是那个“倒霉蛋”。但是现在，不用言语，小林就揣起文件，送往有关部门。而小林跑前跑后的时候，“元老”们按照“惯例”，又将话题扯到热点新闻上去了。每当下班的时候，“元老”们都会迫不及待地离开公司，小林则毫无怨言地收拾着遍地狼藉的办公室。“元老”们还打趣说：“新人都是活雷锋。”

没多久，老总开会说设计部是公司的重心，要适当扩大，还要选出一个部长。涉及各自的前途，那几个“元老”收敛了许多，都想在老总面前好好表现，以赢得升迁的机会。然而，不久后，人选张贴在办公室外的公布栏，是小林。

小林在上任致辞时说，现如今职场就是战场，一切都要靠自己努力，升迁的机会也是靠自己把握的。

原来小林每周六都会抽出至少半天的时间学习，学习最新的广告设计理念，提高自己。当领导找他谈话时，他说：“我给自己'加班'，不是为了完成工作任务，而是为了提高自己的能力。当别人都在向前走的时候，我要跑起来，这样才会比别人进步快，而周六，正是我提高自己的最佳时机。”正视自己，需要勇气，更需要行动。一个人若只对自己的缺点、错误停留在表面认识而不去用行动改变时，那么正视自己也失去了意义。因此，我们需要敢于承认错误，更需要敢于改正错误。

歌德说，一个目光敏锐、见识深刻的人，倘若还能承认自己有局限性，那他离完人就不远了。成功的人之所以能够成功的很大原因在于他能及时地认识到自己的缺点。一个人的成功不在于他有多大的优点，而在于他能分析自己的弱势，并巧妙利用，将其转变为自己的优势。

你也可以成为自己的人力资源主管

没有任何外界的力量能把一个人或者一个机构打败，能把一个人打败的是自己的内心世界，把一个机构打败的是内部的管理。

——俞敏洪

管理者必须时时提醒自己，自我管理究竟有没有做好，能不能成为员工们的表率，自己还有哪些需要改进的地方。有潜力的管理者，总会面临比别人更多的机会。对于他们来说，高薪职位唾手可得，机遇到处都有，成功的巅峰触手可及。

实际上，每个人唯一经营的产品是自己，你做的每一件事都是你自己的“产品”，这就要求我们要学会自我管理，让自己变得更出色。每一个人都是自己的人力资源主管，只有能够自我管理的管理者，才能逐步实现自我价值。我们要回报企业，不仅要遵守规则，做好手头的工作，更要学会做自己的人力资源主管，努力提升自己，让自己的能力越来越强。这样，我们才可以随时做企业需要的事。

吴士宏原本只是一名小护士。一无所有，但她并不服输。工作之余，她自学成人高考英语专科，在还差一年就毕业的时候，她看到 IBM 公司在报纸上发文招聘，于是她通过外企服务公司准备应聘该公司。IBM 公司的面试十分严格，但吴士宏都顺利通过了。到了面试即将结束的时候,主考官问她会不会打字。她十分珍惜这个机会，毫不犹豫地说道："会！"

"那么你一分钟能打多少？"

"您的要求是多少？"

主考官说了一个标准，吴士宏马上承诺说可以。因为她环视四周，发现考场里没有一台打字机。果然，主考官说下次面试时再加试打字。

实际上吴士宏从未摸过打字机，但她倍加珍惜这一次机会。面试结束，吴士宏飞快地跑回去，向亲友借了 170 元买了一台打字机，没日没夜地敲打了一星期，双手疲乏得连吃饭都拿不住筷子，竟奇迹般地敲出了专业打字员的水平。后来她用了好几个月才还清了这笔对她来说不小的债务，而 IBM 公司却一直没有测她的打字水平。

吴士宏就这样成了这家世界著名企业的一名最普通的员工。

得到这份工作之后，吴士宏满怀感激，更加努力地学习和工作。每天，她比别人多花6小时，成为同一批应聘者中的首位业务代表。接着，同样的付出又使她成为第一批本土的经理，然后又成为第一批去美国本部进行战略研究的人。最后，吴士宏又第一个成为IBM华南区的总经理。感恩的心让她珍惜每一次机会，也更加努力地投入工作中，当好自己的人力资源主管，不断地提升自我。

1998年2月18日，吴士宏被任命为微软（中国）有限公司总经理，全权负责包括香港在内的微软中国区业务。据说为争取她加盟微软，国际“猎头公司”和微软公司做了长达半年之久的艰苦努力。吴士宏在微软仅仅用7个月的时间就完成了全年销售额的130%。

在中国信息产业界，吴士宏创下了几项第一：她是第一个成为跨国信息产业公司中国区总经理的内地人；她是唯一一个在如此高位上的女性；她是唯一一个只有初中学历和成人高考英语大专学历的总经理。在中国经理人中，吴士宏被尊为“打工皇后”。正是这种懂得自我管理、主动晋升的进取精神，成就了吴士宏事业的辉煌。齐格勒说：“如果你能够尽到自己的本分，尽力完成自己应该做的事情，那么总有一天，你能够随心所欲地从事自己想要做的事情。”反之，如果你凡事得过且过，从不努力提升自己，不将自己的工作做到最好，那么你永远无法到达成功的顶峰。

对管理者而言，要学会自我管理，一方面要控制好思想上的阀门，与时俱进，不断地吐故纳新，确立正确的理念、思路、心态等。另一方面，也要控制好行动的阀门，什么该做，做到什么样的程度；什么不该做，如何控制，都要有十分明确的目标要求与行为规范，并且还要自觉地强化自我管理。无论想问题、做事情，都要抓好事前、事中、事后的控制，经得住磨难，耐得住寂寞，抵得住诱惑。

一个觉得自己做得已经够多、够好的人不会知道进取为何物，躺在过去的功劳簿上的人永远也不会获得进步。做自己的人力资源主管，合理地分配自己的时间与精力，努力提高自己的工作能力和业务水平。

一个人只有把自己当成优秀的人看，努力提升自己，才有可能做出较好的业绩，成为企业的好员工、员工的好领导，最终踏上职业的更高峰。

点燃激情，让自己发光发热

不管做任何事情都需要激情，因为只有激情才会让人变得积极主动。一个积极主动的人，总是很认真地去做每一件事情。

——俞敏洪

比尔·盖茨有这样一句名言："每天早晨醒来，一想到所从事的工作和所开发的技术将会给人类生活带来的巨大影响和变化，我就会无比兴奋和激动。"

这句话阐释了他对工作的激情，也是作为一名优秀的管理者应该具备的最重要的素质。在工作中，热情的表现就是：视热情如同生命，毫不保留，有多少力出多少力，要做就做最好的，哪怕是1%的小事也要用100%的热情投入其中。唯有如此，我们才可能达到完美，才可能成为公司中不可或缺的人。

人一旦有热情就会受到鼓舞，鼓舞为热情提供能量，工作也因此充满乐趣。即使工作有些乏味，只要善于从中寻找意义和目的，热情也会应运而生。而且，当一个人对自己的工作充满干劲时，他便会全身心地投入到工作之中。这时候，他的自发性、创造性、专注精神就会随之而来。在NeXT公司的时候，乔布斯对细节和完美的追求近乎疯狂。他在决定NeXT机箱该使用何种黑色颜料时，不厌其烦地比对几十种不同的黑色颜料样本，又几乎对每一种都不满意。这把负责机箱制造的员工折腾得苦不堪言。

他还要求工程师把NeXT机箱内部的电路板设计得漂亮、吸引人。工程师不解地问："电路板只要清晰、容易维护就好了，为什么要吸引人呢？谁会去看机箱里的电路板呢？”

“我会。”乔布斯说。事实证明，一个人能够在工作中创造出怎样的成绩，关键不在于这个人的能力是否卓越，也不在于外界的环境是否优越，而在于他是否竭尽全力。一个人只要竭尽全力，即使他所从事的只是简单平凡的工作，即使外界条件并不有利，他仍然可以在工作中创造出骄人的成绩。

能力、责任等条件是作为优秀管理者所具备的，但是，如果没有对工作的热情，这一切都将会黯然失色。作为管理者，对工作的热情是必不可少的，这样才能让自己的才能真正地发挥出来，才能让自己真正感受到工作所带来的快乐。

很多人工作没有做好，总是能给自己找到借口：“我已经尽力了啊！”殊不知，做任何事情要想获得好的结果，就不能仅仅是尽力而为，而必须是全力以赴，在每件小事上投入100%的热情。

弗兰克·帕特在做人寿保险推销工作之初，业绩平平。这时，卡耐基的一句话点醒了他，卡耐基说：“弗兰克·帕特先生，你毫无生气的言谈怎么能使大家感兴趣呢？”于是，他决定以自己最大的激情来做推销员的工作。

有一天，弗兰克进了一个店铺，怀着极大的热情试图说服店铺的主人买保险。店主人大概从未遇到过如此热情的推销员，只见他挺直了身子，睁大眼睛，一直听弗兰克把话说完，而且最终没有拒绝弗兰克的推销，买了一份保险。从那天起，弗兰克的推销工作才真正开始。毫无生气的语言，足以使得一个保险推销员业绩惨淡。每一件小事，都是能够影响我们工作成果的大事。一个对自己工作充满热情的人，无论在什么地方从事何种职业，他都会认为自己所从事的工作是世界上最神圣、最崇高的一项职业；无论工作的困难多大，或是质量要求多高，他都会一丝不苟、不急不躁地完成它。

如果我们在工作中无论做什么事都追求尽善尽美，不给自己留丝毫松懈的余地，那么无论我们做什么工作，身陷怎样的困境，处于怎样平凡的岗位，都能在最短的时间获得成长和发展的机会。

现实中，许多人不可避免地遇到这样严酷的事实：即使不喜欢的工作，也必须长期、努力地工作，因为很难改变什么。遇到这种境况，我们必须调整自己的心态，把它当作值得做的事去做，否则这份工作势必会成为我们的负担，长期下去将会

心情压抑，甚至身心疲惫。不仅如此，面对小事情时，我们也应该拿出百分之百的精力，哪怕中间的过程很艰难，也要饱含激情，克服一切困难。

管理者提升激情可以遵循以下几个步骤。

1. 从内心出发

迈出第一小步总是最难的。坦承和接受这样的内心思想。我们必须先克服对感情和欲望的成见，并且肯定它们具有无比的威力。我们必须跨越自己所画的框框，如恐惧、怀疑、不安，放手拥抱我们的潜能。

2. 发掘激情

发掘激情，包括接触可以激发激情的事物，辨识伴随而来的感受。发掘是一种渐进的过程，可能找到已被遗忘的激情和发掘到新的激情，或确认目前已感受到却不了解的激情。在这个过程当中，你必须面对自己的弱点——自我怀疑、恐惧，再找到让激情燃烧生命的勇气。

3. 澄清目的

一旦发现和确定自己的激情后，必须弄清楚发挥激情的目的所在，是追求名利、个人成长，还是丰富人生、追求世界和谐。你所界定的目的，将决定你追求激情的方式，也将提供执行激情计划的理由。

4. 确定行动

确定目的后，须拟定行动计划，确定采取哪些行动来实现目的。有人或许会认为，激情是一股不受限制、自然发生的力量，似乎不可能跟着计划走。的确，激情的威力强大无比，但为了让它生生不息，需要赋予它一个结构，借着激情的扩大，可增强激情的威力。

行动计划，事实上也必须涵盖生活或事业的不同层面。这不是让你按部就班地执行一连串的步骤，而是兼顾许多不同领域的一张蓝图。

5. 热心推动

一旦计划拟定，下一个步骤就是执行，这个步骤让你的激情开始接受考验。发现、确认激情，并拟好计划后，除非你能将激情融入生活，否则一切都徒劳无功。

一旦你投入激情去执行计划，你看到的将是机会、可能性，而不是障碍、限制，你将亲眼看见激情的威力，并了解什么是推动成功和改变的一股重要力量，你会开始创造自我的成功模式。简单地说，你会成为积极者。

6. 传播愉悦

一旦激情成为生命的主宰力量，你会有很大的改变，连别人也会感受到。沃尔玛创始人山姆·沃尔顿坚信："如果你热爱工作，你每天都力求完美，你周围的每一个人也会从你这里感染这种热情。"在他的一生中，一直被一种追求卓越的念头所驱使，几十年如一日，每天起床开始就有一大堆事情干，他在对工作的热爱中找到了一条使生命一直激越和更加充实的阳光大道。

7. 持续追求激情

不管你多么富有激情，执行计划时仍会面临阻碍和挑战。当你面临这些困境时，就回到改变的源头——激情，它会提供你实现目标所需的精力和激励。

归零心态——放下才能得到

生活中其实没有绝境，绝境在于你自己的心没有打开。你把自己的心封闭起来，使它陷于一片黑暗，你的生活怎么可能有光明！

——俞敏洪

如果你的“杯子”里面装满了太多的“知识”“优秀”“经验”，等等，便再难装入更多的东西，更不敢于“归零”。每一天都是一个新起点，每一次落实都应从零开始。

“归零”的心态就是空杯、谦虚的心态，就是重新开始。成功仅仅代表过去，如果一个员工沉迷于以往的成功业绩，那他就再也不会进步。

老宋是某公司的一名老员工，他经过数十年的努力，终于从一名普通的财务人员做到了公司财务部门总监。论资历，公司很少有人能与他相比，于是，老宋常常以功臣自居，逐渐养成了自以为是、目中无人的习惯。

后来，公司扩大规模，陆陆续续进来了一批新人，很快，老宋感到了一种压力，因为财务部最近新进的一位员工工作能力很强，不仅精通财务、营销和电脑，还懂外语，相比较之下，老宋除了资历以外，别无他长。

老宋很不服气，于是，经过一番计划，老宋对财务部的这位新员工实行了“全面遏制”政策：尽量不让新员工接触核心业务，甚至连电脑也不让碰。可这也没有难倒这位新员工，一支笔、一把算盘，她把经手的账目做得漂漂亮亮、无可挑剔。

而老宋自己做的一些账目却频频出错。

不久，公司领导决定，由那位新员工担任公司财务总监，老宋负责内务，这让他处在下岗的边缘。

老宋的心，就像一个装满水的杯子很难接纳新东西，这也导致了他事业的不顺利。事实上，如果你的“杯子”里面装满了太多的“知识”“优秀”“经验”等等，便再难装入更多的东西，自然也就谈不上超越和进步了。想要发展，必须倒空杯中水，敢于“归零”。每一天都是新的，每一次落实都应从零开始，每个任务都应以一种崭新的心态去学习并完成。

前几年，美国当代杰出的管理学家柯林斯在畅销书《从优秀到卓越》中提出了一个明确的观点：优秀是卓越的大敌。

这句话十分耐人寻味。众所周知，从优秀往前面走一点，就到卓越了。应该说优秀是卓越的基础才对，为什么他偏偏会提出这样的观点来呢？

原来，职场上有不少这样的管理者，由于觉得自己优秀就开始自以为是，越来越听不进别人意见、越来越不尊重领导和单位的规章制度，不是在混日子，就是在不停地“跳槽”去寻找能实现自己雄伟抱负的舞台，结果却是一场“空折腾”。因此，在迈步之前，先倒空你的“优秀”就显得尤为重要了。

有一个叫何维的人，他曾经在一家私企任人力资源部的经理。在成为人力资源部经理之前，他工作非常卖命，并做出了突出的成绩。老板非常赏识他，工作的第二年就把他提拔为公司的人力资源部经理。

坐上人力资源部经理的职位后，拿着丰厚的薪水，驾着公司配备的专车，住着公司购买的房子，他的生活品质得到了很大的提升。但他不满足于现在的工作环境，总认为公司发展很慢，于是跳槽到了现在这家大型合资企业。

到了这家企业以后，公司把何维安排在了人力资源部门担任一个小职员。何维心怀不满："凭什么我一个人事经理要屈居在你这里做一个小职员呢！凭我的能力，做一个经理还不是手到擒来。"面对工作任务，何维总是认为自己能力大，不屑于做"小事"。于是他在人力资源部待了半年，依旧没有什么特别的表现。

朋友曾善意地提醒他："应该踏实一点儿了，没有业绩是危险的。"没想到，何维竟然说："我是有能力的人，却在人力资源部门做个小职员，我早就不想干了。这家公司没发现我的能力，失去我是他们的损失！"

的确，老板确实没有发现何维有什么能力。因为他并没有在工作中展现自己的能力。而他的糟糕表现，最终让老板动了换人的念头。终于，在一个清晨，何维和往日一样优越感十足地迈着方步踱进办公室里，第一眼看到的却是一份辞退通知书。

从何维的例子中可以看出，优秀是一个变数。今天，你可能是一个很优秀的人，但如果环境变化了，你却不懂得用能力展现自己，不能将自己的能力发挥出来，明天，你的优秀就会不被认同，被一个又一个敢于倒空自己的“优秀”、融入企业的人超越。躺在过去的“优秀”上而不思进取，你将永远不再有“优秀”的机遇。

冰心说：“冠冕，是暂时的光辉，是永久的束缚。”一个人只有摆脱了历史的束缚，才能不断地向前迈进。作为管理者，我们要学会“自我革命”，只有从自身开始融入企业，不断地突破自我，才能够不断地成长。

化抱怨为抱负，为自己的未来而努力奋斗

其实，哪一个人在人生的坎坷的路途上没有过颠簸？哪一个人不在憧憬那神圣的自由的快乐的境界？不过人生的路途就是这个样子，抱怨没有用，逃避不可能，想飞也只是一个梦想。

——梁实秋

抱怨之所以不可取在于：抱怨等于往自己的鞋里倒水，只会使以后的路更难走。常言道，放下就是快乐。与其抱怨，不如将怨气转化为志气、化抱怨为抱负，用超然豁达的心态去面

对一切，这样迎来的将是另一番新的景象。

抱怨对事情没有一点帮助，与其不停地抱怨，不如把力气用于行动。在职场上，也有许多人虽有远大的理想却因种种原因而无法实现，满腹的怨言无处倾诉，如果能把怨气化为志气，努力奋斗，就能成就自己的事业。

肯德基的创始人哈兰·山德士，六岁丧父后，母亲外出工作，小小年纪的哈兰就要照顾三岁的弟弟和尚在襁褓中的妹妹。他 10 岁到农场打工，赚取每月两美元的酬劳养家。他什么工作都做过：售卖过车票、轮胎、保险，驾驶过蒸汽船。

哈兰经过 10 年的钻研，调配出一道独特单方——以 11 种香草和香料混合的腌料。后来，哈兰遂迁往加油站附近的餐厅开展他的饮食生意。为了配合旅客短促的逗留时间，率先采用能加快鸡块烹煮时间的压力锅，以最短的时间生产最大量的炸鸡。1935 年，他被肯塔基州州长授衔上校，以表扬他对肯塔基州饮食界所做出的贡献。

第二次世界大战爆发令餐厅关门大吉。战争结束后，餐厅虽然重开，但一条横跨科尔宾的州际公路粉碎了哈兰东山再起的美梦。旅客都选择走州际公路，根本不会经过他的餐厅，生意一落千丈，哈兰不得不拍卖掉所有财产还债。

当时已 62 岁的他带着仅余的资产：一张炸鸡秘方、一个压力锅，驾着老爷车穿州过省从头干起。他逐间餐厅兜售自己的配方："尝尝我的炸鸡吧，要是你喜欢，我可以把调味料卖给你，条件只是你每卖出一块鸡，需要分我四美分。"放下自尊，顶着失败的创痛，拖着年迈的身体，每天重复地说着同一番话，可

不是每个人都能挨得住。终于，第一间被授权经营的肯德基餐厅在盐湖城开业了。至 1964 年，经哈兰游说成功的特许经营店已达 600 间，并遍及美、加，那年上校已经 74 岁。肯德基上校面对事业的起落，并没有怨天尤人，而是努力重新开始，最终让肯德基名扬全球。

怨气并不能给你的工作带来任何实质性的帮助或指导，在工作当中，怨气只会成为事业发展的阻力，将怨气转化为志气，才能成为助推事业发展的动力。在面对坎坷的时候，要将自己的抱怨化为抱负，以重新来过的志气和勇气，不断前进。

许多年前，史坦雷还是一位 16 岁年轻小伙子的时候，他在一家著名的五金公司当一名小店员，每个月领着极其微薄的薪水，他希望能通过自己脚踏实地的工作，使自己步步高升。所以他做起事来，永远抱着学习的态度，处处小心留意，想把工作做得十分完美。他希望能够获得经理的赏识，提升他为推销员，谁知他的经理对他的印象却恰好相反。

有一天，他被唤进经理室遭到了一顿训斥，经理告诉他说：“老实说，你这种人根本不配做生意。但你的臂力健硕无比，我劝你还是到钢铁厂当一名工人去吧，那种活不需要大脑！我这里用不着你了。”

一个年轻气盛的人，踏入社会不久便遭受这样严重的打击，换了别人，谁也受不了。他们会气得暴跳如雷，从此做起任何事情来，都会抱着消极的态度。而史坦雷虽被辞退，但仍有他自己的理想。他要在被击倒后重新爬起来，争取更大的成绩。

“是的，经理。”他说，“你当然有权将我辞退，但你无法消磨我的意志。你说我无用，当然，你也有你的自由，但这并不减损我丝毫的能力。看着吧！迟早我要开一家公司，规模比你的大十倍。”

从此他借着这次受辱的激励，努力上进，几年后，果然有了惊人的成就。唯有用实力才能证明自己的价值，去抱怨别人、抱怨环境又有什么作用？人人都有怨气，但并不是人人都能将怨气转化为志气。生活从来不简单，不去抱怨生活，就要将抱怨化为抱负，这是需要学习的生存智慧。

有一个10岁的小男孩，在一次车祸中失去了左臂，但是他很想学柔道。

最终，小男孩拜一位柔道大师做了师傅，开始学习柔道。他学得不错，可是练了三个月，师傅只教了他一招，小男孩有点不明白大师为什么要这样做。

他终于忍不住问师傅：“我是不是应该再学学其他的招数？”

师傅回答说："不错，你的确只会一招，但你只需要会这一招就够了。"

小男孩仍旧不是很明白，但他很相信师傅，于是就继续照着师傅的教导练了下去。

几个月后，师傅第一次带小男孩去参加比赛。小男孩没有想到自己居然能进入决赛。

决赛的对手比小男孩要高大、强壮许多，也似乎更有经验。小男孩一度显得有点招架不住，裁判担心小男孩会受伤，就叫了暂停，还打算就此终止比赛，然而师傅不答应，坚持说："继续下去！"比赛重新开始后，对手放松了戒备，小男孩立刻使出他的那一招，制服了对手，由此赢了比赛，获得了冠军。

回家的路上，小男孩和师傅一起回顾每场比赛的所有细节，小男孩鼓起勇气道出了心里的疑问："师傅，我怎么凭一招就能赢得冠军呢？"

师傅答道："有两个原因，第一，你基本掌握了柔道中最难的一招；第二，据我所知，对付这一招唯一的办法就是抓住你的左臂，可是你没有了左臂。"小男孩的成功在于把自己的劣势转化为了优势。职场上也是如此，遭遇不幸的时候，不要只是抱怨，主动在困境中寻找机遇，你也可以成功。

如果你对工作依然存有抱怨、消极和斤斤计较，把工作看成是苦役，那么，你对工作的热情和创造力就无法被最大限度地激发出来，你的工作将永远归于平庸。与其怨天尤人，不如立志实干，将自己的怨气转化为提升工作的动力，相信你一定会取得自己所期待的成功！

吾日三省吾身：经过反省的人生才有意义

反思，总是在生活中遇到什么困难，受到什么阻碍，感到什么痛苦，才会有的。如同一条河，在平坦的地区，它只会慢慢地流下去。总是碰到了崖石或者暗礁，它才会激起浪花。或者遇到了狂风，它才能涌起波涛。但并非所有的人，在面对困难、阻碍和痛苦之时，都会做出相应的反思与自省，始终还是有一些执迷不悟者存在。

——冯友兰（著名哲学家）

"吾日三省吾身。"中国古代圣贤就非常重视自省的重要性。北大管理理念认为，反思是一个管理者不断前进的动力。善于反思自己，是一个人不断走向成熟、走向卓越的重要方式。

人做一次自我审视很容易，难就难在时时进行自我反省，时时给自己一点压力、一点提醒，尤其是对管理者而言。在有空的时候，还是多反省一下自己吧，它会使你在人际关系上多一些自如，少一些摩擦；也会使你在人生路上多一些成功，少一些失败。有了这样的心态，一个人、一个企业才会无往而不胜。

孟子有这样一句话："权，然后知轻重；度，然后知长短。物皆然，心为甚。"宋代的朱熹说："日省其身，有则改之，无则加勉。"其意皆在反省。反省可以"自知己短"，弥补短处，纠正过失。在古代的先贤那里，反思与自省是一种不可或缺的行为，它应时刻伴随身旁，不断地对自己的灵魂进行拷问。季羡林在一篇名为《反躬自省》的文章中提到，自省要从认识自我开始。他在剖析自己的时候说，自己并不是天才，也不是蠢才，资质中等，喜爱绘画和音乐。但中学的时候，他的绘画水平已落后于其他同学，他曾深深地为此感到无奈。季先生觉得自己是个谨小慎微、性格内向之人。有自己的私心，也为别人着想。曾经犯过错误，伤害过一些人。但在大是大非面前，会挺身而出，不计较个人利害。所以，季先生觉得自己是个好人，是个讲原则的人。反思令人知得失，晓进退，不必总是马不停蹄地奔跑，偶尔停下来想一想你的人生，或许这样更能让你明白生活的真谛。

古希腊哲学家伊壁鸠鲁说："认识错误是拯救自己的第一步。"人难免有错，有了错误并不可怕，可怕的是不懂得反省自己、改正错误，这样很容易迷失了真正的自我。所以，反省是砥砺自己的最好磨石，是自我认识水平进步的动力。反省可以对自我的言行进行客观的评价，认识到自我存在的问题，修正偏离的行走航线。晚清名臣曾国藩一生都在反省自己。他留下的百万字的日记里，大多数都是对自己行为的反省。

初到京师为官的曾国藩忙于应酬交际，而忽略了学习，于是，曾国藩在日记里痛批自己的行为，并决定谢绝应酬，减少交游。

曾国藩年轻得志，因而高傲，喜欢与人争论，结果经常使得朋友之间不欢而散。于是曾国藩也在日记里反省这样的行为。

创办团练的时候曾国藩一时急功近利，伸手向朝廷要官，结果被雪藏了起来。这让曾国藩后悔不已，他在日记里不断自我反省。

曾国藩几乎每天都对自己的行为进行反省。这些使得他不断改过迁善，优化自己的行为，在官场中也越来越顺畅，终成

一省　　二省　　三省

一代中兴之臣。经常有人说："不能被同一块石头绊倒两次。"这话说起来容易，做起来却很难。因为我们被绊倒之后，往往是立刻起身离开了，根本没有细查到底是什么把自己绊倒了。等到下一次，照旧还是会被绊倒。所以，当我们做错了某件事，或者某一件事情失败了，一定要认真反省、认真总结，争取以后不再犯同样的错误。

作为管理者，没有反思就不会有进步。从这个意义上来说，进步是由反省诞生的。不能因为业绩的上升，就认定昨天和以前的做法是对的。企业管理者一定要知道，今天的做法并不能得到满分，一定还有值得改进的地方，每个人都应以 100 分为目标去努力。即便做不到，也要经常保持这种反省的态度。

可以说，反省的过程就是学习的过程。有没有自我反省的能力，是否具备反省的精神，决定了企业管理者能否认识到自己所犯的错误，能否改正所犯的错误，能否不断地学到新的东西。要知道，企业在任何时候都有可能会遭遇挫折或遇上低潮，在这种时候，企业管理者的反省能力和自我反省精神决定了企业最终能否走出低谷、渡过难关。

北大管理课

成长是第一战略，而不是利润最大战略